中国哲学社会科学学科发展报告

当代中美关系研究

（1979–2009）

陶文钊　等著

CONTEMPORARY STUDIES OF SINO-US RELATIONS

中国社会科学出版社

图书在版编目(CIP)数据

当代中美关系研究(1979—2009)/陶文钊等著. —北京:中国社会科学出版社,2012.12
ISBN 978-7-5161-1790-3

Ⅰ.①当… Ⅱ.①陶… Ⅲ.①中美关系-研究-现代 Ⅳ.①D822.371.2

中国版本图书馆CIP数据核字(2012)第287900号

出版人 赵剑英
责任策划 任 明
责任编辑 孔继萍
责任校对 张玉霞
责任印制 李 建

出 版 中国社会科学出版社
社 址 北京鼓楼西大街甲158号(邮编100720)
网 址 http://www.csspw.cn
中文域名:中国社科网 010-64070619
发行部 010-84083685
门市部 010-84029450
经 销 新华书店及其他书店

印 刷 北京七彩京通数码快印有限公司
装 订 北京七彩京通数码快印有限公司
版 次 2012年12月第1版
印 次 2012年12月第1次印刷

开 本 710×1000 1/16
印 张 17.5
插 页 2
字 数 291千字
定 价 58.00元

目　录

绪　论

一

从1949年10月1日中华人民共和国成立以来，中美关系走过了曲折的历程。在朝鲜战争以前，中美关系还处在未定之秋。中国共产党提出了“一边倒”的方针，确定了“另起炉灶”，“打扫干净屋子再请客”的原则，估计美国政府不会很快改变敌视中国共产党的政策，因此认为与美国建交的问题“就是在全国胜利以后的一个相当时期内也不必急于去解决”。① 在美国方面，杜鲁门政府还抱有离间中苏关系的幻想。1950年1月5日杜鲁门发表声明，表示遵守《开罗宣言》和《波茨坦公告》关于台湾归还中国的规定，美国将不遵循卷入中国内争的方针。② 但随后不久，《中苏友好互助同盟条约》及有关协定签订，美国分化中苏关系的图谋破产，新中国“一边倒”的外交方针更加确定。美国国内麦卡锡主义开始作祟，反共的意识形态成为笼罩全国的白色恐怖。1950年6月25日朝鲜战争爆发。两天后，杜鲁门就发表声明，其中一项内容是，命令第七舰队开进台湾海峡，并称，台湾未来地位的决定，必须等待太平洋安全的恢复、对日和约的签订或者经由联合国的考虑。③ 这样，杜鲁门政府利用朝鲜战争爆发的契机，推翻了先前宣示的政策，以制造“台湾地位未定论”，重新陷入了对中国内政的干涉。

朝鲜战争对中美关系的影响是深远的。首先，中美两国对抗和隔绝的关系从此确定下来。但两国之间不是没有交往，实际上从1955年到1971

---

① 毛泽东：《在新政治协商会议筹备会上的讲话（1949年6月15日）》，《在中国共产党七届二中全会上的报告》，《毛泽东选集》第4卷，第1446、1325页。

② The US Department of State, ed., *The US Department of State Bulletin*, Vol. XXII, No. 550 (January 16th, 1950), p. 79.

③ 《艾奇逊回忆录》，上册，上海译文出版社1978年版，第269—270页。

年7月基辛格访华，两国间的大使级会谈举行了130多次；两国间也在某些问题上达成妥协，如1954年日内瓦会议上关于印度支那问题的协议。但总的来说，两国之间的敌视在20年间没有根本改变。其次，美国从此对中国实行长期、全面的遏制政策。美国把中国看做在亚洲主要的遏制对象，把遏制线划在中国大陆的沿海岛屿和中国南部边界，并采取了种种遏制的措施：在联合国排斥中国；不断鼓吹“台湾地位未定论”；与日本片面媾和并扶植日本，与之订立安保条约；拼凑《美澳新条约》和《东南亚集体防务条约》，直到后来卷入印度支那战争。再次，对中国实行全面的、比对苏联和东欧国家更严格的禁运，使中美两国实际上处于没有经济和贸易关系的状况。

20世纪60年代中苏同盟的破裂，尤其是1969年的珍宝岛边界冲突，使中美两国都重新思考两国关系。中国领导人认定，在中美苏三大力量之间，美苏矛盾和斗争是“经常的，尖锐的”，“中苏矛盾大于中美矛盾，美苏矛盾大于中苏矛盾”，对中国的主要安全威胁来自苏联。[①] 美国决策者则越来越意识到，不可能永远把中国排除在国际事务之外，改善对华关系是可能的，这将有利于加强美国在亚洲和全球的战略地位。经过许多小心翼翼的试探、拐弯抹角的接触，1971年7月美国国家安全事务助理基辛格对中国进行了秘密访问，消息传出，举世震惊。1972年2月尼克松总统成功实现对中国的破冰之旅。双方达成了具有历史意义的《上海公报》，公报中关于“只有一个中国，台湾是中国的一部分”的表述成为此后美国一个中国政策的经典表述。中美关系的解冻和中国1971年恢复在联合国的合法席位使中国的国际地位明显提高。西欧各国掀起了一股同中国建交和发展关系的热潮。意大利、奥地利、比利时、冰岛、马耳他、希腊、联邦德国、卢森堡、西班牙、葡萄牙和爱尔兰等国相继与中国建交，中英和中荷关系也从代办级升格为大使级。

从尼克松1972年访华到1978年底两国决定实现关系正常化，经过了近7年时间。这里有国际和中国国内的种种原因，包括美国寻求与苏联的缓和、“水门事件”、中国的“文化大革命”以及台湾问题等等。[②] 及至1978年，中国拨乱反正的工作取得重大成果，实行改革开放的条件渐臻成

① 熊向辉：《历史的注脚》，中共中央党校出版社1995年版，第189、196—197页。

② 陶文钊：《美苏缓和与中美建交》，《哈尔滨工业大学学报（社科版）》2001年第2期。

熟，中美关系正常化的迫切性也越来越凸显出来。

二

三十多年的中美关系大致走过了三个阶段：第一阶段，从 1979 年至 1989 年 5 月，两国建交，双边关系得到初步的稳定发展；第二阶段，从 1989 年 6 月至 2001 年 7 月，两国关系起伏不定，甚至大起大落；第三阶段，从 2001 年 7 月至今，两国建设性合作关系得到全面推进。

（一）中美建交和建交后两国关系的发展，1979 年至 1989 年 5 月

2008 年是中国改革开放三十周年，也是中美建交三十周年。这不是偶然的巧合。在邓小平关于中国改革开放的总体设想中，中美关系正常化占有重要位置：它将有利于为中国的现代化建设创造一个良好的外部环境，美国也可能成为中国重要的经济合作伙伴。

卡特 1977 年当政以后，仍然继续推行与苏联缓和的政策，中美关系正常化不是他的当务之急。由于苏联不遗余力地在第三世界进行扩张，威胁美国利益，到 1978 年春，卡特才下定决心实现中美两国关系正常化。

尽管如此，关于正常化的谈判仍然是艰难的过程。中方的条件是美国必须断绝与台湾的政治和军事关系，做到“断交、撤军、废约”。美国在接受中国的三项条件的同时也提出了三项条件：第一，为了避开废除美台《共同防御条约》将在国会引起争议，卡特政府决定采用“终止”条约的办法，即在正常化的同时通知台湾当局，美国将终止该条约，一年以后“终止”生效；第二，中国要承诺放弃对台湾使用武力；第三，在美台《共同防御条约》终止后，美国将继续向台湾出售有限的防御性武器。①

关于美方的第一项条件，中方比较容易地同意了。关于第二条，中方放弃对台湾使用武力的问题，实际是从 20 世纪 50 年代中美大使级会谈以来美方的一再要求，并一直遭到中方拒绝。邓小平在谈判中、在建交前后的多个场合，反复阐明了中方的立场，表示中国希望用和平方式解决台湾问题，但“我们不能承担这么一个义务：除了和平方式以外不能用其他方式来实现统一祖国的愿望。我们不能把自己的手捆起来，如果我们把自己的手捆起来，反而会妨碍和平解决台湾问题这个良好愿望的实现”。② 最

---

① Jimmy Carter, *Keeping Faith, Memoirs of A President* (St. James Place and London, 1982), p. 197.

② 《人民日报》1979 年 1 月 6 日。

后，双方达成妥协，在发表建交公报的同时采用各说各话的办法：即美方可发表声明表示要求台湾问题和平解决的愿望，而中方也可发表声明，表示什么时间、用什么方式解决台湾回归祖国，完全是中国的内政。①

最棘手的问题是第三条，即关于售台武器问题。美方答应在1979年内美国不与台湾进行新的军售交易，但1979年以后，美国仍要继续向台湾出售武器，而中方的要求是美国从此终止对台军售。双方在这一问题上都十分坚持，正常化谈判一度面临功亏一篑的危险。最后邓小平果断拍板，两国先建交，美国对台军售问题建交以后接着谈。

1978年12月16日上午10时（华盛顿时间15日晚9时），华国锋和卡特在各自国家首都同时宣读了两国《关于建立外交关系的联合公报》，决定从1979年1月1日起正式建交。公报除了重复《上海公报》中关于一个中国的表述，美国还承认中华人民共和国政府是中国的唯一合法政府。中美关系正常化揭开了两国关系的新篇章。两国结束了对抗和隔绝的历史，开始了全面发展两国关系的新时期。

中美建交也有利于太平洋地区和世界的和平与稳定，有利于中国和其他国家发展关系、打开外交工作的新局面。由于美国的态度而造成的某些国家与中国的关系发展不快的情况，可以得到相应的改变。②

中美建交后，美国国会参众两院经过激烈辩论，于1979年4月通过了《与台湾关系法》，以比较模糊的措辞写进了美国对台湾的所谓“安全承诺”：台湾问题必须和平解决，任何非和平的方式，包括抵制和禁运，都是对西太平洋地区的和平和安全的威胁，是美国所严重关切的；美国将继续向台湾提供防御性武器。③《与台湾关系法》的出台是中美关系正常化过程中一个强烈的不和谐音，它成为此后两国关系发展的主要制约。

中美建交以后，美国对台湾出售武器的问题立即对两国关系提出了考验。里根当政后，台湾当局立即提出了向美国求购先进武器，尤其是F-X战斗机的要求。邓小平敏锐地感觉到，在正常化过程中没有彻底解决的台湾问题，仍然是中美关系中的障碍。1981年他利用接见外宾的场合多次明确地表示：“由于台湾问题迫使中美关系倒退的话，中国不会吞下去。中

① 《邓小平年谱（1975—1997）》，中央文献出版社2004年版，第442、449—450页。

② 田曾佩：《改革开放以来的中国外交》，世界知识出版社1993年版，第385页。

③ *American Foreign Policy*, *Current Documents*, 1977 - 1980, pp. 989 - 994.

国肯定要做出相应的反应。我们说中美关系停滞不好，倒退更不好，但是一旦发生某种事情迫使我们的关系倒退的话，我们也只能正视现实。”[①] 双方从 1981 年底开始谈判，经过半年多十分艰苦的努力，终于在 1982 年 8 月 15 日达成了协议，并于 17 日发布公报。在公报中，美国重申了“无意侵犯中国的主权和领土完整，无意干涉中国内政，也无意执行‘两个中国’或‘一中一台’的政策”，并表示，美国“不寻求执行一项长期向台湾出售武器的政策，它向台湾出售的武器在性能和数量上将不超过中美建交后近几年供应的水平，它准备逐步减少对台湾的武器出售，并经过一段时间导致最后的解决。在作这样的声明时，美国承认中国关于彻底解决这一问题的一贯立场”。[②]《八一七公报》使中美双方在解决建交时遗留的美国售台武器问题方面迈出了重要的一步。公报的达成表明，中美双方都不愿意让美国售台武器问题破坏整个中美关系，而希望把这个问题放在中美关系的大框架之中来加以解决，置于可控制的范围之内。如果美国方面切实履行公报，后来中美两国间的许多摩擦本来是可以避免的。但事实表明，美国并没有这样做，甚至还有严重违反公报的情况，美国向台湾提供先进武器至今仍是中美两国间的一个主要分歧。中国方面为此不得不进行持续不断的交涉和严正的斗争。

在公报达成后的六年多时间里，由于台湾问题在中美关系中不再成为突出问题，也由于当时的其他种种因素，两国关系在政治、军事、经济、文化等各方面得到了全面的发展，尤其在两军关系和美国对华技术转让方面。这个时期成为中美关系中以前没有、以后也难得的全面、稳定发展时期，两国之间各方面的纽带越来越牢固，使中美关系能够经受后来急风骤雨式的考验。

（二）寻求稳定中美关系，1989 年 6 月至 2001 年 7 月

20 世纪 80 年代末到 90 年代初，东欧剧变，苏联解体，冷战结束，国际形势大变。中美关系也进入了一个动荡不定，甚至大起大落的时期。

1989 年春夏，北京发生了政治风波。美国和西方国家对中国处理政治

---

① 《发展中美关系的原则立场》，《邓小平文选》第 2 卷，人民出版社 1994 年版，第 375—378 页。

② 《人民日报》1982 年 8 月 18 日；*American Foreign Policy. Current Documents.* 1982，pp. 1038 - 1040.

风波的方式表示强烈不满，联合起来对中国施压。美国宣布了一系列制裁中国的决定。此后三年中，由民主党主导的美国国会提出了各种各样的议案，要取消中国的最惠国待遇。由于中国进行了有理、有利、有节的斗争，也由于乔治·布什总统奋力抵制国会的压力，美国对华最惠国待遇仍然得以延续。

在克林顿任内，中美关系的特点是起伏不定。小的如1993年的“银河号事件”，美国国会反对北京申办2000年奥运会，1994年克林顿政府对台湾政策的审议；大的如中国的最惠国待遇与人权状况“挂钩”和“脱钩”，1995年李登辉访美。中国方面本着邓小平提出的“增加信任，减少麻烦，发展合作，不搞对抗”的原则，在起伏跌宕中坚定不移地寻求中美关系的稳定。

1997年10月江泽民主席访美和1998年6月克林顿总统访华是两国领导人稳定两国关系的重大努力。互访取得圆满成功。但当时美国社会关于中美关系的共识还比较脆弱，首脑互访和中美关系的改善在共和党主导的国会引起强烈反弹。共和党议员攻击两国元首达成的“致力于建立建设性的战略伙伴关系”的共识；攻击克林顿在上海所做的关于台湾问题的“三不”表态，还针锋相对地提出了“加强台湾安全法案”，试图进一步提升美台关系；并且无中生有地捏造了“中国窃取美国技术”的问题，发表了《考克斯报告》，蓄意妖魔化中国，毒化中美关系的气氛。尤其严重的是，1999年5月8日发生了中国驻南斯拉夫使馆被美国飞机发射的导弹击中的不幸事件。中国领导人既坚持维护国家主权和尊严，又坚持改革开放的方向，正确处理了发展和美国的正常国家关系与反对霸权主义之间的关系，使中美关系较快地走出了由此造成的低谷。

克林顿执政时期中美关系的一个重大进展是两国于1999年11月达成了关于中国加入世界贸易组织的协议，美国于2000年通过了关于中国永久性正常贸易待遇的立法。这项立法是从1979年以来两国关系中最具有实质意义的进展，是中美关系的里程碑，对中国经济更广泛和深入地融入世界经济具有促进作用。

2001年4月1日中美军机在海南相撞本身是一次偶发事件，但它使中美关系整体气氛变得紧张了。在处理“撞机”事件中，中美双方总体说来都采取了比较务实的态度，把此事对两国关系的影响限制在一个比较短的时间、比较小的范围内。

（三）全面拓展中美建设性合作关系，2001 年 7 月至今

2001 年 7 月底鲍威尔国务卿对中国的访问是两国关系恢复的一个重要信号。在 2001 年 9 月 11 日国际恐怖组织对纽约、华盛顿的袭击之前，中美关系已经开始改善。“9・11”恐怖主义袭击让美国意识到非传统的威胁是对美国国家安全的真正的迫在眉睫的威胁，布什宣布美国处于战争之中，“反恐”被列为第一要务，客观上为中美关系的发展提供了契机。10 月下旬在上海举行的亚太经合组织领导人非正式会议期间，中美两国领导人举行会晤，就反恐合作和两国建立建设性的合作关系达成广泛共识。①

“9・11”后，中美两国在反恐和防止大规模杀伤性武器扩散方面进行了有效合作。中国投票赞成联合国安理会关于支持美国打击恐怖主义的 1368 和 1373 号决议，这是中国在安理会表决涉及使用武力的决议时第一次投赞成票；中国派遣资深外交官出访伊斯兰堡，说服巴基斯坦成为美国打击塔利班的前线国家；关闭了与阿富汗的边界，向难民提供人道主义援助；同美国政府开展反恐合作和情报官员代表团互访；冻结基地组织在香港的账户；总体上支持美国在阿富汗采取军事行动；同意在美国驻华大使馆设立司法专员（Legal Attache），所有这些对于美国迅速取得阿富汗战争的胜利是不可或缺的。

在防扩散方面，中国政府在 2002 年颁布了导弹及相关物项和技术、生物两用品及相关设备和技术、化学品及相关设备和技术等三套出口管理条例及管制清单，并重新修订了《军品出口管制条例》，颁布了管理清单，完成了从行政管理向法制化管理的转变，实现了与国际惯例的接轨。从 2002 年以来，中美两国在朝鲜半岛无核化方面进行了卓有成效的合作。中国在关于朝核问题的六方会谈中起到了东道主、积极的参与者、美朝之间的调停人的三重作用。这是中国第一次在重大的地区安全问题上发挥这样的作用。美方一再对中国的外交努力表示赞赏。中美双方在伊朗核问题和其他重要的地区和国际问题上也保持着密切的沟通和磋商。

在过去八年中，陈水扁的“台独”分裂路线对海峡两岸和地区的稳定提出了挑战。在他的第二任期，他更热衷于推动法理“台独”。中美两国联手维护了台湾海峡的稳定。2004 年 3 月 20 日，陈水扁执意推动的“公投”遭到挫折，两个议题的投票率均未过半，“公投”无效。2007 年以

① 美国领导人在讲到两国关系的定位时还常常加上“坦率的”，表示两国有分歧。

来，陈水扁的“台独”分裂活动集中表现在“以台湾名义加入联合国”，以及在2008年3月台湾地区领导人选举的同时举办“入联”公投。中国政府高度关注这一动向，并敦促美国就此表明态度。从2007年6月以来，布什政府多名官员对“入联”公投多次公开进行严厉批评，在一定程度上影响了台湾的民意。在2008年3月22日的投票中“入联公投”被挫败。美方坚持一个中国的政策受到中方的赞赏。

2008年北京奥运会是中国人民百年期盼的大事。布什总统不顾国内一些政治势力的反对，坚持来北京参加奥运会开幕式并观看比赛，以表示对中国人民的尊敬和对中美关系的重视，他的态度受到中国人民的欢迎。

第一章

中美建交的历程

1979年1月1日，在历经20多年的隔阂和7年的艰苦谈判之后，中华人民共和国与美利坚合众国正式建立外交关系，实现了两国关系的正常化。中美建交本身，既是美国在两极对抗中的战略需要，也是中国在强敌威胁中的生存需要；既是美国希图领导世界的现实需要，也是中国追求改革开放的发展需要。

中美建立外交关系是一个外交转型的过程。第二次世界大战结束以后，美国外交政策的核心是如何对付苏联共产主义，因此美国的决策者习惯通过美苏关系来确定中美关系。从1949年到1969年尼克松上台，美国政府一直奉行遏制和敌视新中国的政策。到了60年代末，美国对外扩张的战线过长，实力大为削弱。而苏联在经受古巴导弹危机的羞辱之后奋发图强，终于在两极对抗中取得优势。但苏联以大国沙文主义对待独立自主的中国，导致中苏关系破裂，并严重威胁中国的生存。在争霸中落于下风的美国谋求恢复自身实力和战略优势，中苏的分裂使它觉得有机可乘，因此美国政府放低了其在国际社会中高高在上的姿态，开始寻求在实力均衡基础上的“均势外交”，推动美中和解，以图借中国之力增强美国在争霸中的地位。而中国也在经历了“文化大革命”初期的“左”倾混乱之后，希望能改变孤立于世的外交困境及摆脱与两个超级大国对抗的危险，因此摈弃了意识形态作用下向苏联“一边倒”的战略，选择与威胁相对较小的美国合作，共同反对苏联的霸权主义。这在事实上也导致了国际格局权力结构的变化，这就是中国的作用，这也是美国借重中国之所在。中美两国外交战略的转型，为两国在冷战对抗的环境中建立外交关系奠定了基础。

中美建立外交关系是一个利益互动的过程。客观地讲，导致中美两国在1969年至1979年逐步接近，从对抗走向缓和，并且最终实现两国关系正常化的根本原因，并不在于两国有什么共同的理想和信念，而是由于两国在一系列涉及各自国家根本利益的重大问题上具有共同点，这是中美关系能够得到改善和进一步发展的内在动力。① 美国改善两国关系的利益所在即帮助美国从亚洲收缩战线和摆脱越战泥潭，在美苏争霸中借助中国遏制苏联。中国改善两国关系的利益所在则是摆脱两面受敌的危险和改变外交孤立的困境。双方利益的共同之处在于对抗苏联的威胁，这促使中美两国尊重客观事实，搁置意识形态等方面的争议，寻求两国的和解与合作。

中美建立外交关系是一个长期斗争的过程。1949 年至 1969 年的中美关系是以意识形态等方面的敌视和对抗作为基本特征的，这种敌视和对抗不仅在中美两大民族之间造成了整整一代人的相互隔绝，而且在两国人民的心理上埋下了不少误解的种子。所以美国政府在寻求中美和解时会遇到来自民众的强大阻力。另外，中美两国之间存在台湾这个棘手的问题。盘踞台湾的国民党政权在 1971 年之前占据着中国在国际社会中的代表权，美国与台湾当局保持着传统的友好同盟关系，美国在台湾的利益根深蒂固，并且乐于以台制华。因此，如何处理美国与台湾的关系，始终是中美关系的一个结构性难题。最后，在 70 年代，美国的争霸实力不及苏联，因此美国热衷于与苏联缓和矛盾。当美苏关系紧张时，美国会利用中国因素向苏联施压；当美苏关系缓和的时候，美国唯恐与中国接近会破坏与苏联的关系，因此会放缓与中国的和解。所以，中美关系从试探接触到解冻到正式建交，走过了长达 10 年的艰难历程。这期间，中苏珍宝岛战争促使中美两国政府开始认真地考虑和解的可能并开始试探，乒乓外交使中美摆脱“外交小舞步”的僵局并迎来两国关系的解冻，水门事件导致失信于民的美国政府在中美关系正常化的问题上裹足不前，布热津斯基访华重开两国建交谈判的局面，美国通过《与台湾关系法》和继续对台出售武器则是中美在建交问题上未了的争议。

所以，中美建立外交关系是一个曲折艰辛的过程。中美建交绝不仅仅只是 1978 年卡特政府那一段时间的努力，而是在 1979 年之前的 10 年甚至 30 年的两代人的努力。

---

① 宫力：《跨越鸿沟——1969—1979 年中美关系的演变》，河南人民出版社 1992 年版，引言第 3 页。

第一节　通往建交之路

中美两国曾有多次建交的可能，肯尼迪、尼克松、福特，直至卡特等多位总统都曾努力过，但建交之路漫长而又曲折。中美为了建交磨合了7年，试探建交的可能更是耗费了20年，甚至在确定建交的卡特政府时期，中美关系正常化一度也看不到曙光。直到卡特政府转变消极的建交态度之后，中美关系才峰回路转，建交的谈判花了不足半年时间，而积极的谈判只用了3个月。这3个月的背后，是差不多30年的隔绝。但即便是在隔绝时期，美国的有识之士也敢于冲破麦卡锡主义反共的樊篱，探求中美和解之道。肯尼迪总统还来不及确实改善中美关系，就撒手人寰。尼克松总统出于国际政治的现实，主动打开了中美建交的大门，并誓言在他的第二任期建交，可惜他因水门事件而告别政治舞台。福特继任后延续了尼克松的外交政策，但脆弱的政治基础迫使他也把建交的时间推到他所希望的第二任期，结果卡特在选举中打败了他。理想主义色彩十分浓厚的卡特对国际政治的认识起初非常乐观，因此积极投身于和苏联的缓和以及各种和平事业，也就降低了对中国的战略需求和与中国建交的热情。直到苏联扬威阿富汗，威胁与美国利益攸关的中东之后，卡特才如梦初醒。卡特对国际局势及苏联新的认识促使他完成前人未竟的中美关系正常化，但他对台湾问题的态度和由此开出的条件差点让谈判推迟到他所希望的第二任期，如果真的那样，中美关系正常化可能会再推迟好些年，因为卡特困于伊朗人质危机也没能如愿再任一届。而新总统里根一度是坚定的亲台反华派，他在竞选时期大肆攻击中美关系，再三扬言当选后要恢复与台湾的政府间关系，保守反共的他尽管通过星球大战等手段整垮了苏联，但他在相当长的时间里也积极与苏联缓和。因此如果不是1978年末中美相互妥协和确立建交的现实，很难想象两国能在里根时期顺利实现关系的正常化。所以，中美建交的历程，非常艰辛；中美两国当今的友好关系，来之不易。

一、建交的基石：解冻

中美建交不是一蹴而就的，从隔绝到建交，首先就需要双方转变敌对的态度和存在友好往来的意向或需要。新中国成立之后，美国杜鲁门政府以中国共产党政权不履行国际义务等为借口拒绝承认新中国，还在政治上遏制、经济上封锁、外交上孤立、军事上包围新中国。艾森豪威尔时期的对华政策是根本无视中国存在的“鸵鸟”政策，唯一的作为是于1955年开通了华沙中美大使级谈判这样一个间歇性沟通的渠道。为了反共，美国还与国民党政权签订了《共同防御条约》，强化了与台湾当局的同盟关系。

但美国政府自杜鲁门时期就有在中苏关系中打入“楔子”的构思，50年代中后期，在美国的外交研究机构等小范围内也仍有人持之以恒地研讨与大陆中国接近以及离间中苏关系的可能性。这一时期代表性的产物是名为《美国对亚洲的外交政策》的“康伦报告”，它是应参议院外交委员会之请，由包括之后成为总统的约翰·肯尼迪等一批十分有影响力的精英人士策划，组织了一批学者重审美国的东亚政策，其核心是找出打破对华关系僵局之道。尽管存在艾森豪威尔政府的压制和时局的限制，但“康伦报告”要求美国政府改变其对华僵硬政策的思想却传播开来。这份报告影响了相当一批以后掌权的精英，由此也成为20世纪60年代以后美国调整其对亚洲尤其是对华政策的重要依据。甚至有证据表明，在肯尼迪遇刺之前，他就已经开始考虑改善与中国、越南、古巴等国的关系，而非继续前任的以孤立、封锁和包围为手段的敌视和遏制中国。①

进入60年代以后，新中国政权的巩固和发展已经是不可否认的事实。而由于中苏分裂，美国前国务卿杜勒斯“共产主义是铁板一块”的论断受到了质疑。另外，新中国的核武器研究进展迅速，即将迈过核门槛。美国最重要的盟国英国、法国也已同新中国改善了关系，美国人已经意识到：长期孤立占人类总数四分之一的中国是行不通的。改善同中国的关系由此被列入了肯尼迪的议程。肯尼迪在中国遭受自然灾害的时期，曾想借援助中国之机改善两国关系，甚至表示愿意支持中国进入联合国。但肯尼迪没有理解中美关系的症结，以及当时中国政府对外政策的基本立场和态度，他既要维护台湾当局的权益和地位，又想在此前提下与中华人民共和国政府接触。因此肯尼迪一直企图绕过台湾问题，通过一些“微调”来缓和中美之间的气氛。肯尼迪推行的事实上是“两个中国”的政策，这当然为中国所拒绝。不过这一时期中国对改善同美国的关系却没多少兴趣，因此坚持“一揽子”解决的方案，即在不解决台湾问题之前，拒绝一切发展双边关系的建议。不久，中国就陷入了“文化大革命”的混乱时期。

---

① 相关研究可参阅苏格著《美国对华政策与台湾问题》第九章及陶文钊编《中美关系史》中卷第七章第三节。

约翰逊上台以后，中苏分裂日益明显，美国不再把中国看成苏联的附庸，随之而来的是美国政界和舆论界要求同中国恢复关系的呼声。此时约翰逊政府卷入越战的政策也在国内引起了争议，由此导出了 1966 年初的富布赖特听证会，它试图重新评估美国的外交政策。参议院外交委员会主席富布赖特在三个星期内共举行了 12 次有关中国问题的听证会，有著名的国际问题专家如摩根索和中国问题专家参加，长期被打入冷宫的费正清也应邀出席。多数人从不同的角度，在不同程度上否定了原来的政策依据，主张美国政策应有所变化。就是在这次听证会上，鲍大可创造了著名的对中国“遏制而不孤立”的提法。但在美国政府眼里，中国则是一个“好战”和妄自尊大的极权主义国家，根本不打算“遵守文明国家的惯例”，“它的外交政策是敌视我们和我们的亚洲盟国的”。① 中美两国的尖锐对抗和在越南战场进行的间接战争，更是推迟了美国调整对华政策的进程。而国外的越战和国内的动乱，使得约翰逊政府疲于奔命，应接不暇，因此改善对华政策始终没有摆上约翰逊的议事日程。但约翰逊政府还是采纳了富布赖特听证会的部分建议，将对华政策由“封锁孤立”转为“遏制而不孤立”，为后来美国公众和国会理解并接受尼克松总统打开中美关系大门做好了心理准备。按资中筠女士的区分②，美国国内要求政府改变对华政策的呼声自此从“精英舆论”扩散到“公众舆论”。

60 年代末、70 年代初，国际形势发生了重大变化。按毛泽东的说法，世界上各种力量经过“大动荡、大分化、大改组”形成了新的战略格局。原来“铁板一块”的社会主义阵营由于中苏分裂而不复存在；美国由于陷入越战泥潭，实力受损，在与苏联争霸的斗争中开始处于守势；此外，由于日本、西欧的国际地位日益上升，以美国为首的资本主义阵营不断分化；再加上第三世界的兴起，世界开始呈现出多极化的趋势，从而使第二次世界大战后美苏主宰世界事务的国际格局发生了动摇。

1968 年尼克松上台时，人们有理由认为，美国似乎正在成为冷战中失败的一方，至少，人们没有理由相信，美国会成为冷战中获胜的一方。1969 年美国陷入战后最严重的经济危机，进入 70 年代之后，美国经济一

① 宫力：《跨越鸿沟——1969—1979 年中美关系的演变》，第 10 页。

② 具体内容详见资中筠《缓慢的解冻——中美关系打开之前十几年间美国对华舆论的转变过程》，《美国研究》1987 年第 2 期。

度“滞胀”，1971 年美国政府还不得不将美元与黄金脱钩。美国实力的衰落严重至斯，需要美国政府在各方面大胆地开创新的局面，确保美国在与苏联对抗中不至于落败。这种国际关系的巨大变革为中美关系解冻提供了历史契机。

尼克松上台后，急需应对的问题是美国实力的衰落、苏联势力的扩张和越战困境。根据变化了的国际国内形势，他选取对华政策及东亚战略作为调整的着眼点，对美国外交进行了“以守为攻”、“以退为进”的“选择性收缩”的战略调整。美国外交的宗旨，由过去的主动推行“遏制”政策和不断向外扩张，转变为力图维持既得利益和保住已有的势力范围。尼克松把摆脱越南战争的束缚当做“最紧迫的外交问题”。他公开表示，美国在越南战场上要取得军事胜利是不可能的，必须“尽快并且尽可能体面地结束战争”。他知道中国是越南人民反美战争的坚定支持者，因此认为同中国改善关系，“可能帮助我们结束那场战争的苦恼”，他还认为，“问题的关键不在河内，而在北京和莫斯科”。

尼克松首先摆脱了美国在国际社会中惯有的高高在上的姿态，寻求与各世界大国之间“平等”的“均势外交”。持有“均势”理念的亨利·基辛格随即成为推行尼克松新外交战略及美国对外交往的旗手，寻求收缩美国战线，摆脱越战的困境，以多边力量制衡苏联扩张，以“伙伴关系、谈判和实力”为基本政策来确保美国国家利益的最大化。

为此，尼克松政府还抛开了意识形态的束缚，开始采取一种务实的对外政策。基础就是改变第二次世界大战以后美国的全球作战计划，该计划是冷战兴起时基于打“两个半战争”的战略而设计的，即同时进行两场战争：一场是在亚洲对付中国，另一场是在欧洲对付苏联，同时还要在中东等世界其他地区应对半场“小规模的局部战争”。然而，美国的常规力量根本就不足以实施这一计划。美国在越南进退维谷的情形，极为突出地揭示了美国在 20 世纪 60 年代后期所面临的自身力量与所追求目标之间失衡的战略窘境。因此，在对与中国发生战争的可能性进行评估和中美接近变得可能之后，尼克松把美国的全球作战计划调整为“一个半战争”，去除了与中国的“那一场战争”，减少了一个主要的敌手。在美国的新战略中，虽然还没有排除中国是对其亚洲盟国的一种威胁，但美国已不再认为在同苏联的冲突中会导致中国的自动卷入。并且西欧，而不是亚洲被当做最有可能遭到攻击的战区，这也表明美国更担心的是来自苏联而不是中国的威胁。这也算是公开承认美国对中国和苏联的政策及态度有所不同，同时也为中美关系的改善清除了一大障碍。

对此毛泽东心知肚明，他在珍宝岛事件之后曾对身边的工作人员说："中苏发生交战了，给美国人出了个题目，好作文章了"，"美国的全球战略理论不是已经提出信号了吗？他要打'两个半战争'，如果他缩减到了'一个半战争'，你联系起来想想他们会怎么样？"①

接下来，尼克松一方面谨慎地向中国示好，一方面寻找改善两国关系的机会。如果中国依旧无意同美国交好，尼克松的努力将是一相情愿。毕竟中国外交政策的基础一直是革命外交和以意识形态划分敌友，中华人民共和国自成立之日起，与苏联结盟和与美国对抗便构成了中国对外政策相互影响的两个基本方面。即便中苏之间存在分歧和争端，那通常也只被视为内部矛盾。这个时候，苏联霸权主义的恶性发展给尼克松创造了机会。

20 世纪 60 年代后期，中苏两党关系中断、两国关系恶化。1968 年，苏联入侵捷克斯洛伐克，勃列日涅夫还大肆鼓吹富有侵略性的"有限主权论"。同时，苏联不断扩充本已十分庞大的军事力量，对中国形成越来越大的军事压力。中国安全形势实际处在新中国成立以来最为不利的状况：在东侧，两岸关系紧张；在西部，中印关系尚未缓和；在南边，中国承担着援越抗美的重任；而在北面，中苏关系又处于严重的剑拔弩张的局面。中国开始把苏联称为"社会帝国主义"，并认为其更富于侵略性和欺骗性，由此加紧了备战工作。为了应付四处威胁，中国当时的军队总员额高达 600 余万人，军费和直接的国防开支占国家财政支出的 1/4。此数字还不包括三线建设和人防工程等间接费用。②

而在"文化大革命"时期，中国宣扬"输出革命"，推行"不妥协"的"左"倾外交政策，故一度被世界各国视为比苏联更富于侵略性和冒险性的共产主义国家。仅仅在"文化大革命"第一阶段一年多的时间里，中国就同建交或半建交的 40 多个国家中的近 30 个国家发生了外交纠纷，甚至发生了火烧英国驻华代办处这样的恶性事件，中国外交在极端"左"倾势力的影响下一度处于失控状态，中国外交因此也陷于十足的困境。毛泽

---

① 陶文钊主编：《中美关系史》中卷，上海人民出版社 2004 年版，第 320 页。

② 资中筠：《一份鲜为人知的建议书：中美关系解冻过程中的一页》，《世界知识》2007 年第 6 期。

东对此亦有同感，他在 1968 年 3 月 22 日同中央“文革”碰头会成员陈毅、叶剑英等人谈话时说：“我们现在孤立了，没有人理我们了。”[①] 从而表明了他对当时中国外交被动状况的不满和忧虑。

1969 年，苏联在中苏边界地区制造了一系列的武装冲突事件，引起中国领导人对本国安全的严重关切。1969 年 3 月珍宝岛之战，使得中苏关系彻底破裂。中国同时暴露在美苏两个超级大国之下的事实，使毛泽东和其他中国领导人开始考虑，应该怎样对付来自两个超级大国的威胁，是采取对苏对美的等距离政策，还是向一个超级大国倾斜？[②]

毛泽东清楚美苏两个超级大国都企图称霸世界。但从当时的情况看，美国过去伸手过长，实力相对削弱，处于守势；而苏联则处于攻势，对中国人民和世界人民来说，苏联的扩张更为危险。所以，中国当时对外战略的重点应该是反对苏联的霸权主义。

而从 1966 年开始，越南战争的发展使毛泽东认识到，美国并不愿意跟中国打仗。美国对越战的处理方式表明，华盛顿在极力避免第二个朝鲜战争。1969 年，当美国认真考虑从越南撤军，并答应减少在亚洲地区的美国军事力量之后，中国开始谨慎地降低了抗拒美国威胁的调门。[③] 1969 年春，毛泽东委托陈毅、叶剑英、徐向前、聂荣臻四位元帅研究国际形势和中国的国防战略。

7 月和 9 月，元帅们提交了两份研究报告。报告认为，苏联把中国当成主要敌人，在中苏边境制造紧张局势，对中国领土发动武力进攻，在亚洲试图联合其他国家形成对中国的包围，都是准备发动对华战争步骤的一部分，但真和中国大打还有很多困难，苏联的决定很大程度上取决于美国的态度。报告还指出，考虑到苏联深惧中美联合的可能性，考虑到美国新政府多次表示要缓和中美关系，我们应该利用可以利用的矛盾，对美苏进行针锋相对的斗争，包括用谈判方式进行斗争，同苏联举行边境会谈，对美国采取恢复大使级会谈的战术性行动，争取获得战略上的主导性效果。报告最后得出结论认为：

---

① 转引自陶文钊主编《中美关系史》中卷，第 320 页。

② 郝雨凡、张燕冬：《无形的手——与美国中国问题专家点评中美关系》，新华出版社 2000 年版，第 22 页。

③ 同上书，第 22—23 页。

在中美苏三大力量之间，美苏之间的矛盾和斗争是“经常的，尖锐的”，“中苏矛盾大于中美矛盾，美苏矛盾大于中苏矛盾”。由于美苏矛盾大于中美、中苏矛盾，就必然会制约它们的对华政策，同时也为中国外交提供了广阔的回旋余地。①

毛泽东接受了陈毅等人对中美苏矛盾的分析，放弃了传统的“美苏勾结论”，并把霸权主义和推行霸权主义的国家区分开来，最后做出决定：“两霸我们总要争取一霸，不能两面作战。”而缓和中美关系，显然是中国对付苏联这个最大威胁以及改善外交困境的最佳选择。至此，中国在对美国的态度上发生了颠覆性的转变，中美改善关系成为一个必然的趋势。而事实上，早在一年前毛泽东就开始了改善中美关系的尝试。

尼克松在竞选美国总统时期发表了一篇题为《越战之后的亚洲》的文章，除了表达美国应该尽早从越南脱身的意向外，还向中国试探性地发出信号：“从长远来看，我们简直经不起永远让中国留在国际大家庭之外，来助长它的狂热，增进它的仇恨，威胁它的邻国。在这个小小的星球上，容不得十亿最有才能的人民生活在愤怒的孤立状态之中。”② 无论尼克松出于何种动机，其文章也包含了一个意味深长的暗示，这就是美中关系的僵局并不是没有被打破的可能。此情况引起了毛泽东的注意，他在研究之后认为尼克松如果上台，美国可能会改变对华政策。

1968 年 11 月初，尼克松当选为美国总统。11 月 25 日，毛泽东就指示相关部门通知美方，同意恢复已中断两年多的华沙中美大使级会谈。但此时建立的与美国的联系在性质上还停留在“利用敌人内部矛盾”的阶段，中国的根本目的是向苏联施加压力。因此，中国在和美国接触的同时，也在进一步侦察和估摸美国对华政策的真实意图。③

珍宝岛事件发生后，尼克松和基辛格等人经多次研究，认为责任在苏联一方。在基辛格看来，这对美国来说既是问题也是机会。问题是，苏联对中国的威胁如果得逞，就有打破国际战略格局的平衡，甚至会出现苏联势力无法阻挡的严重局面。而机会在于，中国可能由此愿意缓和同美国的

---

① 陶文钊主编：《中美关系史》中卷，第 232 页。

② 转引自资中筠《一份鲜为人知的建议书》。

③ 陶文钊主编：《中美关系史》中卷，第 326 页。

紧张关系。同时，中苏冲突加剧也会减轻欧洲受到的压力。[①] 最后尼克松和基辛格认为：美国有必要支持中国，以防止中国被苏联摧毁，导致苏联坐大，从而不利于美国的国家利益。

所以在珍宝岛事件发生后不久，美国政府就开始采取一些实在的行动来缓和中美关系。由于美国方面感到中国方面的意图还不明朗，美国有意识地选择采取一些可能得不到理会或者也可能被悄悄加以接受的主动行动。比如逐步放宽美国公民前往中国旅行的限制等。与此同时，尼克松还利用出访与中国交好的国家的机会，多次委托他国领导人向中国转达美国的意愿。中国对尼克松政府放宽对中国的贸易和旅行的限制的举动也作出了有限的积极反应。

苏联看出美国意欲同中国接近，而中苏两国边境日趋紧张，于是苏联部长会议主席柯西金紧急求见周恩来。中国方面一是为有效解决边境冲突，二也是有意刺激中美之间微妙的关系。于是周总理在北京机场与柯西金会晤了三个小时，两国一致同意避免武装冲突。中苏之间的紧张局势暂时得到了缓解，但加强了美国改善与中国关系的紧迫感。尼克松担心中苏政府首脑会晤会导致中苏之间的缓和，从而影响美国在与苏联争霸中的势力，随即决定采取主动，加快与中国的接近。

1970 年 1 月，第 135 次中美大使级会谈在华沙举行，中美关系取得了两点重要的进展。一是在台湾问题上，美国政府首次表态，不妨碍两岸中国人自己“达成任何和平解决方案”；中国政府也表示了相应的灵活态度，不再坚持台湾问题若不解决其他问题就一概不谈的“一揽子”解决方案。二是两国代表第一次面对面地表明了改善两国关系的愿望，并且都希望实现两国间更高级别的会谈。美国政府还准备直接派代表去北京商谈，也愿在华盛顿接待中国代表。[②]

1970 年 2 月，尼克松在向国会提交的首次对外政策年度报告中明确指出：在处理敌手与伙伴关系时，要以实力为基础和后盾，建立一支强大的现实威慑力量，提供“核保护”；要以谈判为重要手段，从实力地位出发进行谈判，在五大力量和三角关系中搞均势外交，增加美国全球战略的灵活性，巧妙地利用各种相互斗争的力量的对立，来抑制它们自己，使它们

① 宫力：《跨越鸿沟——1969—1979 年中美关系的演变》，第 37 页。

② 同上书，第 51 页。

相互制约，以使美国处于有利地位。这就是以“伙伴关系”、“实力”、“谈判”三原则作为“新的和平战略”的三大支柱的“尼克松主义”，成为尼克松任内对外政策的指南。[①] 这一对外新战略的确立，在理论上为尼克松“灵活”利用中苏“相互斗争的对立”和与中国接近指明了方向。

不过中美在华沙重新启动会谈不久，就发生了美国中央情报局在柬埔寨策动政变并出兵入侵柬埔寨的事件。美国再度扩大印度支那的战火，使中国对尼克松缓和中美关系的真实动机和企图产生怀疑，中国领导人再次对国际形势作了严重的估计。自此，中美双方都因风险而不愿主动，以至于自上而下的“外交小舞步”越来越行不通，双方的僵局越来越明显。

1971 年 4 月，毛泽东果断地打出自下而上、以民促官的“乒乓外交”，总算打开了中美接触的新局面。为此，周恩来于 1971 年 5 月主持召开中央政治局会议，专门商讨了中美关系问题，提出了新的方针。在要求美国从台湾撤军的同时，不再坚持把美国同台湾断交当做两国政府之间交往的先决条件。这一重要的改变，为中美两国关系的解冻去除了最大的障碍。随后，周恩来通过巴基斯坦渠道给不断向中国示好的尼克松和基辛格回复了一个口信，重申了中国在恢复中美关系正常化问题上的立场，并在原则上同意接待美国总统特使和总统本人对中国的访问。“乒乓外交”和周恩来的口信结束了中美之间长达两年之久的小心试探和相互猜测，从而将两国关系的缓和从口头的言辞表示推进到了具体的政策行动。基辛格抓住时机秘密访问了中国，促成了尼克松的访华，中美两国的关系由此解冻。

二、建交的挫折：停滞

1971 年 7 月基辛格秘密访问中国，与中国政府达成改善两国关系和尼克松访华的一致意见。

1972 年春，尼克松总统对中国展开了“破冰之旅”，《上海公报》的发表表明两国间的敌对状态由此而结束和解冻。虽然中美因台湾问题尚未建立外交关系，但双方经过谈判，毕竟还是缩小了分歧，从而为两国关系的进一步发展奠定了基础。《上海公报》既阐述了中美双方的共同点，也载明了双方的分歧点，解决双方原则上的分歧，是中美两国随后为实现关系正常化而共同努力的核心。

---

① 张志忠：《论 70 年代初美国外交战略的转变——兼论中美关系的解冻》，《内蒙古大学学报（哲学社会科学版）》，1996 年第 3 期。

此后的美国对华政策，追求的目的始终都是同中华人民共和国关系“正常化”。然而，此时美国政府在台湾问题上的立场仍无突破性的变化。从20世纪50年代中美大使级会谈以来，美国一直要求中国政府承诺放弃对台湾使用武力。中美关系解冻之后，尼克松也多次表达美国对台湾安全的关心。而基辛格等人一直认为：美中关系中的台湾问题并不重要，中国的兴趣在于借助美国的战略力量对抗苏联。① 因此美国虽希望在其对苏斗争中打中国这张牌，发展同中国的关系，但在中美关系正常化的过程中，又力图以所谓“不牺牲台湾”为代价。美国人自身将这种政策称为“双轨”政策，该政策一直是中美关系正常化的最大障碍。

进入1973年，尼克松连任总统。1月27日越南和平协定签字，消除了中美交往的一个主要障碍，中美关系由此取得新的进展。经过近一年的观察，中国最高决策层对中美《上海公报》的实施比较满意，因此对尼克松政府的信任逐步增加。尼克松在访华时，曾经向中方表示如果他当选连任，他将在其第二任期与中国建交，实现两国关系正常化。

2月15日，基辛格再次访华，中美双方商定在北京和华盛顿互设联络处。基辛格称，美方设想在尼克松第二任期的头两年削减驻台军事力量，中美互设联络处；后两年，美国将考虑以类似日本的模式，实现同中国的关系正常化，即美中建交。中国方面十分重视此次访问，毛泽东亲自接见了基辛格，主题就是如何对付苏联在全球的战略行动。毛泽东审时度势，根据当时世界各国的发展变化，明确提出了“一条线”战略，即把美国、日本、欧洲以及周围一大片亚非国家团结起来，形成“一条线”、“一大片”的战略格局，以对付苏联的挑战。这一构想把联美抗苏上升到了理论高度，从战略上为进一步加强中国同美国的关系确定了方向。

不过，美国在寻求中美关系正常化的同时，也在寻求与苏联缓和关系，而且美国政策的重心常常在两者之间摇摆。美苏从1969年11月以后断断续续地进行限制战略武器谈判，美国希望同时限制进攻性武器和防御性武器。苏联只愿讨论限制进攻性武器。1971年4月，中美之间开展了乒乓外交，5月苏联的态度就发生变化，同意同时谈判限制进攻性和防御性武器。1972年5月下旬，尼克松在访问中国后3个月即访问苏联，达成了

---

① ［美］亨利·基辛格：《白宫岁月：基辛格回忆录全集》，世界知识出版社2003年版，第705页。

美苏第一阶段限制核武器的协议。从此，开始了美苏关系缓和的时期。相比之下，这种缓和比中美关系正常化的进程具有更实际的内容，对美国具有更现实的战略意义。

美国担心与中国太过接近反有可能刺激苏联对美国采取强硬的立场，所以尼克松在一定程度上认为改善与中国关系的目的已经达到，美国没有必要为此作出更大的让步和努力。美国甚至希望在美苏中三角关系中玩弄平衡，即在保持与中国的高层接触和建交谈判的同时加紧推行对苏缓和政策。中美接近使得苏联不得不对美作出某种让步并设法缓和与西方特别是美国的关系；而美国抓住时机实现美苏和解，既有限度地控制了苏联的扩张，又加剧了中国对美苏可能勾结的担忧。这样，美国就处于中国和苏联都有求于它，而它又可以在中国和苏联之间讨价还价的有利地位。①

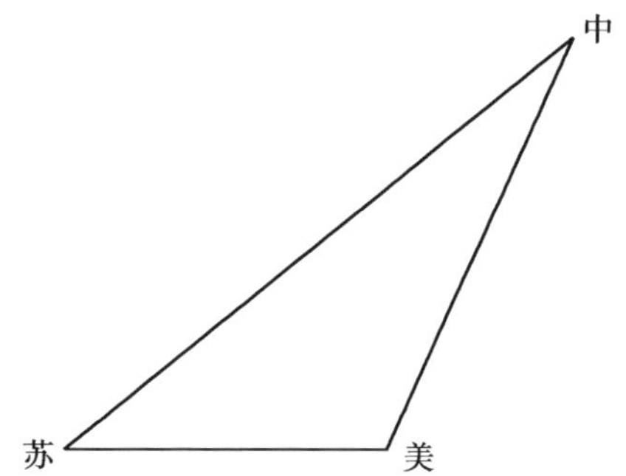

中美关系解冻后中美苏三国矛盾结构示意图

针对美苏之间的外交接触，中国保持了高度的警惕。中国认为，中苏两国关系的极度恶化使苏联必须在东西两个战略方向应对挑战，为避免两线作战，苏联很可能寻求与美国的某种妥协甚至合作。事实上，在这一时期，苏联也确实多次主动向美国探寻联合反对中国的可能性。所以中国担心美国为了改善美苏关系，不惜牺牲中国的利益，“踩着中国的肩膀”与苏联搞缓和。周恩来在与基辛格会晤时单刀直入地问道，如今越南战争已经结束，美国是准备对苏联扩张主义进行针锋相对的斗争，还是有意安抚苏联，企图“把苏联这股祸水引向东方”？②

① 王仲春：《中美关系正常化过程中的苏联因素（1969—1979）》，《党的文献》2002 年第 4 期。

② 宫力：《跨越鸿沟》，第 196 页。

在对苏问题上，中国和美国虽然有着共同的利益，但利益并非完全一致。美国对苏联的政策是回避冲突，实行缓和。而出于安全利益的考虑，中国希望看到美苏关系的紧张，而不是缓和。从现实的角度来说，美苏缓和或许有助于欧洲的稳定，但对亚洲的稳定无济于事。相反，尼克松主义要求美国在亚洲收缩其地盘，所以中国担心欧洲的稳定将为苏联在亚洲的扩张提供一个无法抗拒的良机，中国还担心美国为稳固与苏联的关系而牺牲中国的利益。① 所以，中国对美国对苏推行的缓和政策表现出强烈的不满。为防止美国对苏作出可能损害中国国家安全利益的妥协，也为有效地减缓苏联对中国的军事压力，毛泽东认为必须寻求并建立与美国共同的战略利益，以共同抗苏作为中美两国建立稳定关系的战略支点。正是基于这种战略考虑，毛泽东才亲自接见基辛格，并提出“一条线”联合抗苏的战略构想。基辛格则一再解释说美国同苏联搞缓和不过是一种策略，是为了增强美国对付苏联的实力，争取西欧和美国国内自由主义派而采取的策略。于是中国从战略的高度出发，继续推进中美关系正常化的进程，顺利互设了联络处。但接踵而至的“水门事件”断送了尼克松的政治生涯，也破坏了两国关系正常化的进展。

1973 年 4 月，舆论界和民主党控制的国会开始就“水门事件”扩大对尼克松的攻击，致使来自美国方面的推动中美关系正常化的积极性逐步消失。因为尼克松不希望疏远国会中那些与台湾关系密切的保守派议员，这些议员曾是他的主要支持者。事实上，尼克松为了避免招致那些亲台势力的攻击，不断强化了美国同台湾的关系。尼克松本人也经常在不同场合保证美国继续履行对台湾的安全义务，在他下台前两年的时间里，尼克松强调的次数达 52 次之多。

1973 年 11 月，基辛格第六次访华。现在，越南战争结束了，联络处也设立了，在努力改善与美国关系的战略背景下，中国准备实施关系正常化第二个阶段的方案，并希望能和美国提出一个重要的倡议从而有助于加强中国的安全。基辛格也表示美国希望尽快地完成关系正常化的进程。周恩来受基辛格表态的鼓舞，出于真诚的态度，有意做出适当的妥协。结果，美国的积极性并没有那么高，中国国内的“左”倾势力趁机攻击周恩

① ［美］罗伯特·R. 罗斯：《风云变幻的美中关系》，丛凤辉等译，中央编译出版社 1997 年版，第 34 页。

来的外交政策，毛泽东根据不可靠的汇报，认为周恩来在中美会谈中在台湾问题上的立场太软。盛怒之下，指示召开政治局扩大会议，批评、讨论此事。导致周恩来在政治局会议上受到批评，江青等人借机上纲说这是“第十一次路线斗争”，并攻击周恩来是“错误路线头子”，是“迫不及待”地要取代毛泽东。就这样，中国国内的形势发生了逆转，周恩来所主管的外交成了江青一伙攻击的重要领域。中国的外交环境再次恶化，中国对美政策的回旋余地也就变得很小了。随之而来的“批林批孔”运动造成了人们思想上的混乱。此外，中国对美国的不满，由于美国热衷于对苏实行缓和政策而进一步加剧。

在美国方面，尼克松深陷“水门事件”的泥沼，无暇顾及与中国的建交问题，直至他于 1974 年 8 月被迫辞职。共和党前副总统和总统相继因丑闻而辞职，对共和党形象的负面影响极大。福特就在这种艰难的形势下未经全民选举做了两年的“留守总统”。在美国那样的民主政体里，他的合法性受到质疑，因此他所领导的政府从一开始就处于一种软弱无力的地位。另外，“水门事件”之后，美国政府的公信力大为减弱，美国总统的权力受到了前所未有的制约和监督。这种状况决定了福特政府不敢越雷池半步，生怕得罪了民众。更因为“水门事件”，福特在紧随其后的总统大选中特别易受攻击，更不敢在外交政策上冒任何风险，何况他原本不熟悉外交事务。所以无论是内政还是外交，福特都不可能有惊人的创举，他根本就不可能在对华关系方面有大的作为。

福特接任时，声称尼克松时期的外交政策是“最为成功的”，他今后“决不改变方针”，因此他要求基辛格继续担任国家安全顾问兼国务卿。所以，福特时期的美国外交实为基辛格所掌管，尼克松的外交政策主旨因此也就在福特时期得以继续。关于中美关系，福特继任总统之后，曾表示要继续执行尼克松的对华政策，在任期内实现美中关系正常化。不过相对于尼克松时期在中苏之间的摇摆而言，福特时期则明显地倾向于对苏缓和。

然而从 1974 年以后的一段时期里，美国方面对苏缓和的一些做法显然已超出了仅仅是“策略”的范畴。随着美苏关系的改善以及谈判的深入，美国国内的一些人对美苏缓和产生了一种不切实际的幻想，对苏联打着缓和旗号进行的扩张采取了一种绥靖主义的态度，甚至不惜怠慢中国来推进同苏联的关系，唯恐破坏美苏缓和的气氛。在这种情况下，美国的对华政策是从属于对苏政策的，这样就引起了中国的不满。

中国开始怀疑美国在利用中苏矛盾，首先偏向中国一边，然后以此为筹码来与苏联讨价还价，再偏向苏联一边，谋求同苏联的缓和。尤其使中国不快的是，“水门事件”影响了中美关系正常化的进程，却没有影响美苏关系的发展，这也表明美国重视美苏关系甚于重视中美关系的发展。此外，美国和西欧国家对苏联在世界范围内的扩张一让再让，也使中国无法消除美国和西欧有意“祸水东引”的忧虑。① 因此即便福特总统刚上台就派基辛格访华，中国仍对美国存有明显的不满，并直接表现为对台政策的强硬化。

基辛格于1974年11月再次访华。这次访问基辛格遭到冷遇，双方的矛盾非常明显，中方只对实现关系正常化感兴趣，而美方只要求向苏联表现出中美和好的姿态，因为这样既可以在国内政治中得分，又可以作为对付苏联的筹码。美方要求无论如何谈出个联合公报，但中方认为既然没有什么实质的内容，那就没有签署联合公报的必要。基辛格向中国方面和盘托出了美国在台湾问题上的两个“难处”：一个是美国与台湾当局订立有《共同防御条约》；另一个是美国国内亲台势力影响力很大。为此基辛格提出两点具体建议：（1）美国考虑按照所谓“日本模式”解决美中关系正常化问题，但要在台湾设“联络处”；（2）美国将在1977年撤完驻台全部美军，但希望中国能声明不以武力解决台湾问题，以便美国考虑放弃美台“防御关系”。② 与基辛格会谈的邓小平对此抗议说，美国的“倒联络处”方案是在往后退，这在本质上不是“日本模式”，而是“一中一台”方式。对此美国政府应该心知肚明。基辛格这次访华因此只能被理解为并不是要立即建交，而是以小步移动，来给世人以关系正常化的进程并没有停止的印象，目的是拖延时间，等待美国国内政治允许白宫中断美台关系的时机。③ 但福特政府在其两年多的任期里，始终没有赢得公众的完全信任。

尽管基辛格几次提醒福特，尼克松原本准备在他的第二任期实现中美关系正常化，福特都表示实现中美关系正常化时机尚不成熟，断绝与台湾的关系政治代价太大。因为福特在就任总统职位一年后就面临新一轮的总统选举，而国会民主党保守势力和共和党右翼保守势力共同攻击福特总统

① 宫力：《跨越鸿沟——1969—1979年中美关系的演变》，第263页。

② 苏格：《美国对华政策与台湾问题》，世界知识出版社1998年版，第394页。

③ 郝雨凡、张燕冬：《无形的手——与美国中国问题专家点评中美关系》，第25页。

的对苏对台政策，福特所在党派的总统候选人竞争者里根在初选中更是强烈抨击政府没有捍卫台湾的决心。这两种考虑使福特总统在美中关系问题上不敢跨越太大。所以，福特总统对华政策的一个重要特点就是在台湾问题上采取拖的方针，以维持中美关系的现状。[①] 不过在基辛格的推动下，福特政府还是做了一些有利于中美关系发展的事情，例如，美国持续减少了在台湾的军事存在，还放宽了对华出口的限制。

当中美两国关系陷于停滞之时，美国又在一定程度上意识到了中国的不可或缺。从美国方面来看，一个具有相当的政治影响力和巨大的经济、军事潜力的中国的存在，仍然是美国世界战略、特别是对苏进行牵制方面的一支不可忽略的重要力量。因此，与美苏缓和取得的进展相比，美中关系陷于停滞的趋向有可能对美国的“均势”战略产生不利的影响。所以，即便是为了增强美国对苏联谈判的地位，也必须进一步加强美中首脑接触。基于此，福特有意与中国领导人沟通来缓和两国关系的困局。

而中国为了抗衡苏联的威胁，只有最大限度地利用一切可以利用的力量，才能弥补实力上的弱势，而美国在中国“一条线”反霸战略中处于重要的位置。此外，中国逐渐意识到，台湾问题可能不会一步到位，只能是通过会谈探索进一步解决的办法，以保持中美关系正常化的方向。所以，中美两国一致同意福特访华，并举行政府首脑会谈。

1975 年 12 月，福特到访中国，亲自说明美国的国内情况和对外政策，求得了中国领导人对美方不能践诺的谅解，他通过确认上海公报的原则和承诺在其第二任期实现美中关系正常化，基本上维持了中美关系的稳定，避免了在大选年中美关系的进一步滑坡。作为对当时不太方便建交的补偿，以及证明福特政府关于建交的诚意，福特还提出了以美中战略关系代替两国政治关系的主张，福特甚至极力推动欧洲防务技术向中国转让以弥补美国在遏制苏联势力方面的不足。但在两国关系远未达到互信的程度的时候，在“左”的指导思想支配下的中国对福特政府的中美战略关系提议缺乏足够的热情。

因此在尼克松的第二任期及福特时期，中美关系正常化的进程深受“水门事件”的影响而停滞不前。双方问题的症结在于美国共和党政府由于“水门事件”而不敢有大的作为，并且为了确保继续赢得总统选举，而

① 宫力：《跨越鸿沟——1969—1979 年中美关系的演变》，第 250 页。

在台湾问题的立场上严重倒退。中国在涉及国家主权、领土完整问题上是没有回旋余地的，所以中美关系正常化的希望只能留待美国 1976 年总统选举之后。而福特的落选毫无疑问又延迟了中美两国的建交，新的卡特政府应该会有新的对华政策，也就会有新的建交态度。

时间进入 1977 年，卡特入主白宫。中美两国关系在美苏缓和的背景下经历了初期的冷淡，直到卡特对缓和希望的破灭，中美关系正常化才迎来曙光。双方的国际国内局势都有了新的变化，两国对关系正常化的愿望和利益也都比较一致，并在双方有所妥协的情况下，才最终建立了外交关系，中美关系才进入新的时代。

由于水门事件以后，美国民众厌倦了华盛顿的职业政客，所以卡特这位华盛顿政治的“局外人”如愿当选。卡特是一个非常理想主义的人，而他之前的从政经历只有两年州长，因此，卡特在刚上台时是一位不了解外交的总统。在外交方面，卡特主要依赖他的国家安全助理布热津斯基和国务卿万斯。布热津斯基是典型的现实主义学者，信奉实力，认为美苏的关系无论怎么缓和，其性质总是敌我矛盾，所以他主张对苏施行强硬政策，同时美国应该加强与中国的关系，共同抗击苏联的威胁，“如果苏联多担心一点我们的对华政策，我们就可以少担心一点对苏政策。”[①] 而万斯的政治哲学正好相反，他认为“讲到经济发展与战略实力，中国还不是一个主要的战略强国”[②]，虽然美苏之间有不可调和的矛盾，但美苏缓和关系到美国外交的全局，因此与苏联维持和平友好的关系才符合美国最大的利益，为防止破坏美苏缓和，美国甚至应该避免出现任何刺激苏联或影响美苏关系的行为。卡特的外交思想起初偏向于万斯，并大力推行“人权”外交，直到苏联不断向阿富汗等地扩张，美国的对苏缓和明显失败之后，卡特才更多地采纳布热津斯基的主张。这就是卡特政府初期中美关系非常冷淡，但在布热津斯基访华之后能迅速进入谈判建交阶段的原因，也是谈判期间万斯再三阻挠的原因。

刚上台的时候，卡特认为苏联的威胁被夸大了，美国的战略优势并没有改变，美国的安全形势并没有削弱。美国可以通过心平气和的谈判方式来解决同苏联的分歧，没有必要通过扩充军备、谋求实力的方式与苏联打

① 陶文钊：《中美关系史》下卷，上海人民出版社 2004 年版，第 31 页。
② 同上。

交道。由于卡特对美苏关系的乐观看法，中国在美国领导人眼里的战略价值明显减弱。所以，卡特并没有像尼克松政府和福特政府那样看重中国，而是更加醉心于对苏缓和。1977 年 1 月，新老行政当局“交接”期间，卡特总统首次召开国家安全委员会会议时，讨论了美国面临的重要外交问题，在十几个重要议题中，竟然没有中美关系问题，同苏联达成第二阶段限制战略武器协议则被放在头等重要的位置。

卡特入主白宫后，认真研究了尼克松和福特及基辛格与中国领导人会谈的详细备忘录，还曾询问基辛格对中国的印象，并于1977 年2 月8 日接见了中国驻美联络处主任黄镇，进一步了解中国方面的态度。通过这些努力，卡特了解了美中关系过去的成绩与问题。他认为：“根本的问题仍然是：如何既同中华人民共和国建立外交关系，而又能继续确保在台湾的中国人过和平的生活。”① “我不需要别人对我提醒：在改善同中国的关系时，不可放弃我们对台湾的利益所负的义务；也不可进一步加深业已紧张的我们同苏联的关系。然而我认为，我们所关心的许多国际问题几乎完全是从根深蒂固的美苏对抗的心理出发来加以解释的；在我看来，这样做不但是短视，而且结果会适得其反。”② 因此可以认为，卡特有同中国建交的意向，但他在考虑对华政策时仍然过多地顾虑台湾和苏联。对中国要求美国与台湾“断交”的要求，卡特一直难以最后下定决心，这里的原因是多方面的：从国际层面上看，美国当时希望优先处理同苏联的关系。从国内层面上看，美国国内虽然有不少人赞同美中关系正常化，但主张同台湾“断交”的还为数不多。从卡特智囊班子内部的情况看，在如何发展同中国关系正常化的问题上，各关键部门，如国务院和国家安全委员会的意见也不完全一致。因此卡特对推进中美关系正常化长期持消极的态度。

不过，卡特在一定程度上也承认中国的重要性，“中国在一些发展中国家的信誉是非常好的；我们可以把我们同中国的合作看作是促进美国同这些国家之间的和平与相互了解的一种手段”。③ 卡特的这种认识，促使他在 1976 年底就指示万斯组织了一个中国问题专家小组来研究关系正常化

---

① 卡特 1977 年 7 月 30 日日记，出自现代国际关系研究所选编《美中建交前后》，时事出版社 1984 年版，第 3 页。

② 同上书，第 5 页。

③ 同上书，第 14 页。

问题。万斯向专家小组提供了由尼克松和基辛格制定的有关中国问题的全部文件，并告诉小组说，政府需要的是“关于关系正常化和政治、法律以及战略问题的专项分析”。万斯具体指示说：万一我们“不能取得进展”，就制定一项“退却战略”，以便使两国关系“保持现状”。①

布热津斯基在上任之初也开始研究美中对话的备忘录。在经过初步的阅览之后，布热津斯基得出结论，中美关系要取得进展，必须以重申尼克松的五点声明为出发点。为此，他建议卡特重申五点承诺，最初卡特同意了布热津斯基的建议。不料万斯一听说总统的决定，立即请求总统重新考虑，理由是时机尚不成熟。当时卡特政府拟订的中东倡议在国内引起了争论，另外美国还在设法推动限制战略武器会谈，万斯唯恐与中国关系正常化的举动在舆论上又“引起一场轩然大波”。这样，与中国关系正常化的问题被搁置起来了。

由于卡特对美国的安全甚为满足，也就没有与中国建交的紧迫性和积极性，所以在他任期的第一年里，中美关系并不是他的外交政策的当务之急，因而他没有积极采取行动。

当美苏关系从1977年春逐步恶化之后，与中华人民共和国关系正常化便在卡特总统的先后顺序表中开始前移。1977年3月，满怀着对苏联缓和激情的国务卿万斯前往莫斯科，结果苏联咄咄逼人的扩张态势和对美国的强硬政策严重打击了万斯。苏联一方面在限制战略武器会谈问题上向美国施压，一方面又加紧干涉阿富汗。此时，美国感到其在波斯湾、南也门和伊朗的势力都处于危机的境地。卡特总统为了给苏联人施压，亮出了“中国牌”，在1977年4月采取了一系列公开向中国示好的行动。比如美国国会一个高级代表团4月访华时，卡特派遣自己的儿子随团访华，以示对美中关系的关注。而万斯从苏联回国之后，也向卡特表明了自己对中美关系正常化的看法，他说：“……从我们的战略立场出发，正常化是极其值得向往的。”② 为此他在4月11日同中国驻美联络处主任黄镇会晤，并表示愿在8月访华，中方随即向他发出了邀请。不过万斯此时的态度更多的是出于报复苏联的目的，他在向卡特汇报时还表示“他可以专门评述世界问题，而对关系正常化问题仅限于一般原则的讨论或者是听中国人把要

① 苏格：《美国对华政策与台湾问题》，第404页。

② 《美中建交前后》，第38页。

讲的话都讲完”。①

7月底，卡特召集会议，讨论中美关系正常化的战略含义和对国内政治的影响，为万斯即将访华做准备。万斯的意见是，对华关系正常化要等到与苏联的谈判走上轨道后再去进行。这时，副总统蒙代尔提醒说，历史上民主党曾被指责为“丢失了中国”，如果现在让中国再重新回到苏联轨道，那么，民主党又将重新面临一代人的责难。布热津斯基则极力主张万斯在即将访华时答应实行关系正常化，同时相应地将美台关系“降格”。但会上，大多数与会者认为美国不能“操之过急”。布热津斯基相对孤立。最后，卡特的总结几乎出乎每个与会者的意料，他表示“必须完成正常化”，并准备“正视那些声称我们放弃台湾的人的政治批评”。但他在台湾问题上也需要一些政治上的掩饰，需要对和平解决台湾问题的某种承诺，即美国在与台湾脱离防御条约关系之后也将向台湾出售武器。卡特政府准备促进美中关系正常化，但是其要中国方面保证在台湾问题上不使用武力，这与中国的立场相距甚远。

正当万斯要离开华盛顿前往北京时，关于巴拿马运河区主权的条约经过6个月的紧张谈判行将签订并提交国会，国会中自然又有一场激战。卡特和万斯都认为，这种时候提出中美关系正常化的问题只会得罪右派议员，从而减少国会对条约的支持。于是卡特对正常化的热情又削减了。万斯本就满足于中美关系的现状，不急于实现对华关系正常化，这时他的理由似乎更充分了。这样，万斯在起程前在他原来的方案中加进了一些额外的要求，即在中美关系正常化之后，美国政府人员必须根据一种非正式安排留在台湾。这样一来，就使得中美之间的谈判增加了难度。因此，万斯此次访华，既试图开启与中国关系正常化的大门，又试图为美国政府拖延时间，并争取讨价还价的空间，这就注定了他的此行将是失败的。

1977年8月，万斯访华，他在中美关系正常化方面的谈话主要围绕三点：(1) 中国必须以公开或默许的形式，作出在台湾问题上不使用武力的承诺；(2) 在中美关系正常化之后，美国要继续向台湾出售武器；(3)“倒联络处”方案，即中美之间的联络处升格为大使馆，而美国驻台湾的“大使馆”降格为联络处。在台湾问题上，万斯认为中国方面提出的三项条件，可以作为讨论的基础，但不能简单地接受这些条件。万斯认为

① 《美中建交前后》，第39页。

美国也应该提出三项要求：（1）中美关系正常化之后，美国应保持同台湾的非官方关系，其中包括提供“经过小心选择的防御性武器”；（2）美国不应接受废除美台共同防御条约的意见，而应坚持根据该条文来结束这项条约——即提前一年予以通知；（3）中国必须放弃用武力“解放”台湾的说法。

邓小平会见万斯时指出，万斯的立场是“从上海公报后退了”。他对万斯念了一段过去中美会谈的备忘录，指出基辛格曾承认美国欠了中国的债，并说正常化将依中国的条件实现。邓小平还提到福特总统在1975年12月访华时曾经说，在1976年选举之后，他将处在较好的地位，可以按照“日本模式”来实现正常化。关于美国政府人员继续留在台湾的建议，邓小平认为那“只不过是设立一个门前没有标志或国旗的大使馆”。邓小平以其特有的风格明确表示了中国在中美关系正常化问题上的原则性和灵活程度，他指出如果要解决，干干脆脆就是三条：废约、撤军、断交。为了照顾现实，中国可以允许保持美台间非官方的民间往来。至于台湾问题的解决方式，邓小平毫不客气地表示那是中国人自己的事。

万斯访华虽然没有就中美关系正常化达成协议，但万斯和邓小平的会谈，对双方熟悉和了解对方政策的底线是有帮助的，特别是邓小平在坚持中美建交三项条件方面的坚定立场，在一定程度上打消了美国政府指望中国在台湾问题上作出较大让步的不切实际的幻想。

万斯访华之后，美国外交的重点转向巴拿马运河条约等问题上，中美关系正常化的问题就又搁置起来。万斯还试图把实现关系正常化的进程推迟到美苏关系回到正轨之后，总之就是万斯控制下的美国外交不允许中美关系妨碍美苏关系，尤其是在限制战略武器方面的谈判。

但在美国政府中，有两个人对中美关系的停滞甚为不满，他们是驻华联络处主任伍德科克和国家安全助理布热津斯基。1977年9月底，伍德科克利用回国述职之机，强烈要求撤销“倒联络处”方案，并有一个对华谈判的新立场。而美国政府在万斯访华失败之后，也开始重新考虑它的立场。为此万斯在会见伍德科克时告知他几天内会有关于中美关系正常化谈判的书面指示。但国务院一再拖延，因为对到底是指示伍德科克开始与中国就建交进行新的谈判还是仅仅拖延时间拿不定主意。伍德科克多次向国务院索要指示未果，他就倔犟地表示没有新指示就不回北京。最后伍德科克直接争取到了卡特的支持，得到指示说，伍德科克可以告诉中国领导人，卡特政府已经了解了福特政府在台湾问题上的承诺，美国不再寻求在两国关系正常化后在台湾保留官方存在；伍德科克将作为美国政府的主要谈判代表。不过，指示并没有赋予伍德科克开始谈判的权力。而且，国务院延期实现关系正常化的偏见也极大地限制了伍德科克进行谈判的灵活性。因此之后相当长的一段时间里，伍德科克只能非正式地试探中国对美国坚持在实现关系正常化后向台湾继续出售武器的态度。伍德科克对卡特政府在对华关系正常化方面的踌躇不定越来越不耐烦，他对联络处的同事说要回国向总统“下战表”。于是他在1978年1月再次回到华盛顿并公开发表了激烈的演说，引起了卡特的重视，并再次得到了卡特的支持。

布热津斯基与万斯也非常不同，他一直热心与中国关系正常化的问题，在万斯访华前，他与中国驻美联络处的人员会晤并向卡特提交了备忘录，建议用1978年春末布朗访华来直接检验一下中国的接受能力，如果万斯在外交领域没有取得什么成果的话，布朗之行也可能使中美得以在战略上维持对话。[①] 此后的几个月，卡特政府在忙于推进中东和平进程和巴拿马条约等事之余，也不断地为是否要派布朗或其他使者出访中国而争论。在关于对苏政策和对华政策的问题上，总统事实上仍然支持万斯，他既不对实现关系正常化进程采取行动，也不派使者前往中国。无奈之余，布热津斯基只好悄悄地通过相关渠道请中国方面公开邀请他对中国进行“私人访问”。中国方面顺水推舟，很快就公开向布热津斯基发出了邀请。万斯对此强烈不满，万斯一直试图在美苏联系的复杂背景下制定对华政策，他担心布热津斯基利用此次访问促进美中合作以反对苏联，并且，布热津斯基仅仅作为一个反苏的鹰派人物的声望，便会给人留下美中战略合作的印象。万斯对布热津斯基是否会坚持政府的既定政策没有把握，担心他将按照自己的理解阐释政策。最后，万斯还十分担心布热津斯基可能利用此次访问为国家安全委员会夺取美国的对华政策制定权，并有可能不顾损害超级大国缓和的危险，加速推动美中关系正常化。万斯千方百计设法阻挠布热津斯基的成行，甚至想出了包括让蒙代尔访华的办法。毕竟，蒙代尔没有对外政策制定权，因此，他不会对万斯的对华政策构成挑战。万斯也相信蒙代尔会更坚定地执行既定政策而不会试图去重定政府外交上的优先目标。而布热津斯基为赢得同万斯的斗争，努力争取卡特总统的支

① 参见《美中建交前后》，第39—40页。

持。此后数月，布热津斯基利用每天一早向卡特简报国家安全问题的机会，逐渐以他的想法影响总统，敦促卡特在对华关系正常化问题上下决心。

在中国方面，20 世纪 70 年代中后期，中国政局发生了重大变动。1976 年，周恩来、毛泽东相继去世，执行极“左”路线的“四人帮”被粉碎，1976 年 10 月结束了“文化大革命”，不久邓小平作为中国政治领导核心的地位得以确立。中国开始注重经济工作，重新提出“四个现代化”的战略目标，并与日本和欧洲共同体签订了贸易协定，这对美国产生了很大的刺激作用。因为，日本和欧洲共同体在对华贸易方面已经捷足先登，美国再不采取行动就有可能被排除在中国市场之外。

在中苏关系方面，自毛泽东逝世之后，苏联屡次向中国发出缓和关系的呼吁。1977 年 7 月中苏开始重新恢复边界河道航运谈判；万斯访华之后，中国又派出新任驻苏大使，而这一职位之前空缺了 18 个月；11 月，黄华参加了苏联驻北京大使馆的苏联国庆日。不过在 1978 年初，苏联支持其盟友越南在印度支那扩张，并在中国边境制造事端，因此中国仍然把苏联看成最危险的战争策源地。中国的对苏政策再次强硬，中苏关系更加恶化，苏联开始沿中苏边境部署最先进的武器。出于对苏战略的考虑，中国方面需要同美国进一步搞好关系。中国国内外的这些情况十分有利于布热津斯基得到中国的合作，而美苏关系的恶化也给布热津斯基提供了机会和理由。

三、重启建交进程

进入 1978 年，美苏关系由于一系列原因而恶化。首先，被万斯作为美苏缓和中心环节的第二阶段限制战略武器谈判由于苏联缺乏诚意而迟迟没有取得预期的进展。其次，苏联趁着美国热衷于搞缓和的机会，不遗余力地在第三世界进行扩张，威胁美国利益。再次，美国对苏联搞人权外交，影响了美苏关系。

布热津斯基在 1978 年头几个月给总统的一些报告中指出，“美国的战略态势在恶化”，美苏关系中存在着严重的危险。而造成这种状况的原因之一是美国不能很好地利用它在美、苏、中这个三角关系中相对有利的地位。苏联对缓和的态度是有选择的：在一些事务性方面苏联是同意缓和的，但它不准备在政治问题上与美国搞缓和。美国的舆论中也出现了一种越来越强烈的观点，认为苏联因缓和而单方面获利，美国则吃了亏，从而对美国的缓和政策产生了越来越大的怀疑。这种情况对美国政府重新关注中美关系正常化问题起了很大的促进作用。因为，在中、美、苏战略三角关系中，中国的力量虽然最弱，却能起到重要的“平衡”作用。如果美国没有任何理由便无限期地延缓与中国的关系正常化，那么中国很有可能会选择同苏联改善关系，这将严重影响美国的战略利益。

苏联在第三世界的卷入，以及在限制战略武器谈判上的消极态度，进一步恶化了美苏关系，打消了卡特政府初期急于同苏联搞缓和一相情愿的幻想。卡特总统希望美国在中美苏大三角中继续处于有利地位，于是他开始考虑用改善中美关系作为一种手段来压制苏联。1978 年 4 月，阿富汗发生亲苏政变，苏联在缓和的烟雾下的扩张再次刺激了卡特，卡特政府的对苏政策由“软”演变为“硬”，这构成了美中关系接近的背景。卡特下决心要实现中美关系正常化，并且是先同中国建交，以此来争取同苏联谈判的有利地位。卡特还拍板同意让布热津斯基访华，巴拿马条约在美国国会通过的第二天，美国政府就确定了布热津斯基访华的日期。

卡特总统知道如果他想进一步发展美中关系，就必须在台湾问题上迈出关键的一步。5 月 12 日，卡特同布热津斯基交谈有关正常化问题时表示“希望加快步伐”，并表示如果布热津斯基“看准了”，就“可以见机行事”。只是，中方必须同意美国的两项基本条件：“一是我们将公开声明我们相信台湾问题将得到和平解决，请对方不要加以批驳。二是我们应能继续向台湾出售武器。”卡特不再提美国与台湾的官方关系，说明他下定决心接受中国的条件，与台湾断交了。此后，布热津斯基趁热打铁，将其形成书面的指示，成为正式的“授权书”。该指示要求布热津斯基毫不含糊地告诉中国领导人：“美国决心已下”，并且准备通过积极的谈判来排除正常化的种种障碍。更重要的是，指示授权布热津斯基告诉中国方面，美国接受中方提出的三项条件，并重申尼克松和福特政府作出的五点声明。

5 月 16 日，卡特总统召集布热津斯基、布朗、万斯、蒙代尔、乔丹开会，商讨布热津斯基的中国之行，并决定在年内就正常化采取行动。他们一致认为，最好的时机是在 11 月的国会选举后，采取决定性的行动。那时，国会刚刚经历人事调整，反对派的力量相对薄弱，而 1979 年，政府要集中精力应付总统选举，而且一旦与苏联达成削减战略核武器协议，在参议院又将有一场艰巨的战斗。同时美国认为中国政府在经历了动荡之后，已经形成了一个强有力的领导，而且更加务实，正是加快与中国关系正常化的好时机。

自那一时期开始，卡特政府的对外政策主导权开始发生根本性的变化，即从万斯转移到布热津斯基。所以，即便万斯此时在对华政策上还有意见，也将难以扭转局势了，毕竟美国的安全更需要中国。事实上，万斯见无法阻拦布热津斯基访华，他就转而设法对正常化的谈判进程提出一个限定性的框架，结果遭到了布热津斯基的否决。不死心的万斯随即又向卡特建议，在布热津斯基访华之前应邀请苏联外长葛罗米柯访问美国。布热津斯基再次强烈地表示了不满。为了不让苏联因素干扰布热津斯基的中国之行，卡特总统拒绝了万斯的建议，布热津斯基因此得以轻松地展开他的“亚洲之旅”。

由于有了卡特总统的那份条件明确的指示，布热津斯基的访问也就从原来设想的一般磋商性的任务，而演变成一项性质真正重要的使命了。1978 年 5 月 20 日，布热津斯基一行 10 人来到北京。布热津斯基有意使此行具有和中国方面进行广泛接触的意义，因此他特别带了国际战略、军事情报、文化与经济合作、科技等四个方面的高级官员向中方通报情况。尤其是让空间与防御科学顾问随团访华，向中国和苏联都表明了美国准备放宽对中国的技术转让的态度，这在区分美国与中苏关系方面具有十分重要的意义。

与前几次美国高级官员访华时的讲话相比，布热津斯基的讲话有两个显著的特点。一是在反霸权问题上语气转硬，不再为美苏“缓和”辩解，并且表示了要与中国一起反对霸权主义的坚定立场。二是在推进中美关系正常化方面，表现出几年来从没有过的主动精神和积极态度，布热津斯基再三强调“美国已经下定决心了”，努力化解中国对美国在关系正常化问题上的疑虑。针对中国方面早些时候对美苏缓和的指责，布热津斯基着意指出美国的诚意和决心。他说：“上海公报反映了我国要同中国友好的承诺，是基于共同关心的事项，而且是从长远的战略观点出发的，美国并不把它同中国的关系看作策略的权宜之计。”①

布热津斯基在与邓小平会谈时，针对台湾问题这一影响中美关系正常化的最主要障碍，主要说明了三点：（1）卡特总统准备“在国内负起政治

① 宫力：《跨越鸿沟——1969—1979 年中美关系的演变》，第 306 页。

责任来解决我们双方这个悬而未决的问题”。在双边关系上，美国“所依据的仍然是《上海公报》，仍然是一个中国的原则；台湾问题如何解决，那是你们的事情”。(2) 但同时，某些国内问题和历史遗留问题还“很复杂、很棘手，有些还很动感情”。因此，美方“必须设法找到某种方式，使我们可以表示我们希望和期待台湾问题能获得和平解决。当然我们承认这是你们的内政”。(3) 美方希望“让人看到美国人是讲信用的，虽然我们现在正继续并加速从台湾撤军，但是美国还是要在远东待下去，以免造成人心浮动，而为我们的共同敌人所利用。在解决关系正常化问题时，以及在我们同台湾人民的关系的历史性的过渡时期规定一系列关系时，都要考虑到这一点”。布热津斯基向邓小平表示：“我奉命向你们确认，美国接受中国的三条，并再次肯定美国上届政府向你们所讲的五点。我愿意把我到北京后讲过几次的那句话再重复一遍：在这些问题上，美国已经下定决心了。”布热津斯基建议双方从下半月开始正常化问题的秘密谈判，邓小平立即代表中方表示同意。①

经历了5年的停滞之后，布热津斯基的访问给正常化的进程注入了新的动力，正常化由此进入了实施阶段，为正常化打下了一个好的基础。由于双方领导人坦率地就全球和地区问题广泛交换意见，并取得诸多共识，两国领导人之间建立起了一种互相信任的关系，这种互信关系对于双方在一些棘手问题上，尤其是建交谈判过程中求得互相谅解、达成妥协方案尤为重要。②

第二节　中美磋商建交的历程

布热津斯基回到华盛顿后，与卡特总统和万斯进行了会面。既然总统已经决定对华关系正常化，国务院也只好配合。万斯因此向卡特呈递了一份备忘录，建议在1978年秋季选举之后至1979年总统竞选开始之前实现中美关系正常化，并且最好是在12月中旬公开宣布美中建交，该备忘录还建议邀请中国领导人访问华盛顿以庆祝两国建交。万斯希望，实现关系正常化能促进参议院支持第二阶段限制战略武器会谈协议。这样，与苏联

---

① 苏格：《美国对华政策与台湾问题》，第417页。

② 陶文钊：《中美关系史》下卷，上海人民出版社2004年版，第49页。

签订限制战略武器的条约将与中美关系正常化同时发生。

1978年6月20日，卡特、万斯、布朗、布热津斯基和汉密尔顿·乔丹开会研究了有关美中关系正常化美国的谈判方案。同时还决定主要通过三个渠道同中国接触：（1）伍德科克在北京举行中美关系正常化谈判。（2）布热津斯基同柴泽民与韩叙在华盛顿接触，布热津斯基向中方表述的主要是国际形势和战略问题。此渠道的主要目的是使中方确信美国是真心真意要同中国建立长期的战略伙伴关系。（3）霍尔布鲁克同韩叙接触，主要是接收中国方面对美方的任何抗议照会，特别是有关台湾问题的争议。建立该渠道主要是使伍德科克和黄华的关系正常化谈判不受影响，也不使布热津斯基和中方陷入争论。

按照中美双方的约定，有关中美两国关系正常化的实质性谈判于7月5日在北京秘密启动。中方代表是外交部长黄华，美方代表是驻华联络处主任伍德科克。美国之所以决定秘密谈判而不使用高度公开化的穿梭外交，主要是担心中国对一些问题的敏感以及国内利益集团在关系正常化问题上的干扰，尤其是那些非常有势力的台湾支持者们的群起反对，同时，也是为了不至于产生过高的期望以免给谈判带来沉重的压力。

伍德科克根据美国政府拟定的谈判计划，在开始时建议讨论四个主题，包括：（1）美中关系正常化后，美国在台湾的存在性质；（2）宣布关系正常化时将发表的文告；（3）美中关系正常化后美国同台湾的贸易；（4）联合公报以及关系正常化的方式。中方在答复中希望美国首先阐述其立场，美国却认为中方是想“摸”美国的“底牌”，于是指示伍德科克每两周同中国官员会谈一次，每次还只能谈一个突出的问题。美国的策略是先摸清中方是否拒绝，然后才亮出自己的底牌，美国政府希望以此种方式缓和协议中有关售台武器和美国单方面声明的棘手问题。

对卡特政府来讲，断交、废约、撤军这三点，实施的难度各有不同。三原则中的“撤军”，实施起来相对容易一些。因为中美《上海公报》已经明确表示，美国将最终从台湾撤出其武装力量与军事设施。而且从1972年起，美国驻台军事人员的数量实际上是在不断减少。到1977年，美国公开报道的驻台美军人数已经从1972年的1万人下降至1300人。关于三原则的“断交”一条，双方分歧较大。因为虽然《上海公报》已经确认了中美关系正常化的总方向，但是美国将如何处理其与台湾的关系，中美双方还没有达成双方都能接受的协议。美国方面一直试图寻找一条途径，以使其与中华人民共和国建立外交关系后，仍不影响其与台湾当局“政府级”关系。中国方面认为这是一种旨在制造“两个中国”的图谋，当然是绝不能接受的。关于废除美台“共同防御条约”的问题，对美国来讲，是建交三原则中最有争议和难于接受的一条。从美国的政治和战略的角度分析：第一，美国政界人士担心，一旦废除与台湾的防务条约，美国便无法“有效地”保证其西太平洋盟友的“安全”；第二，与美国有防御条约的不止是台湾一家，仅在东亚地区，美国还与日本和韩国保持着类似防务协定。如果美国将其与台湾的安全条约视为冷战时代的“历史错误”而予以废止，那么，当美国继续与该地区有关国家保留防务协定时，又何以自圆其说呢？[①] 1978 年 8 月，布热津斯基会见了柴泽民大使，他以问及中国将如何终止与苏联订立的友好同盟条约来暗示美国与台湾的防御条约最终也将以提前一年通知终止为方式，而非中国希望美国做的那样突然结束与台湾的条约。

在这一时期，中美双方都还存在互不了解和互不理解之处，这导致双方在某些问题上容易误解对方的意图，甚至以惯有的敌对思维解读对方的某些政策意向。这严重阻碍了中美的建交谈判。一直到 9 月份，双方已经进行了五轮会谈，但毫无结果。会谈相当程度上还是中美华沙大使级会谈的状态，即各说各话，伍德科克只是提出美国观点，并要求中国接受美国的三个条件。而中国外长黄华只是重述中国的正式立场，中方的基本立场主要围绕四点：第一，台湾问题是阻碍两国关系正常化的关键问题，这个问题是美国政府派兵侵占中国领土台湾、干涉中国内政造成的，“解铃还需系铃人”。第二，要实现中美关系正常化，美国须同台湾断交、从台湾撤军、废除美蒋共同防御条约。第三，在实现中美关系正常化后，美国可以同台湾继续保持非官方关系，但不应向台湾出售武器。第四，解放台湾是中国的内政，别国无权干涉。由于中美双方在台湾问题上的立场有相当的距离，尤其是美国政府以继续向台湾出售武器这一侵犯中国主权的条件为底线，使得谈判进行得非常艰难，双方甚至根本就没有机会讨论更为棘手的问题。这些会谈唯一的作用就是给美国政府提供了一个表述自己立场的机会。当然，造成这一困境的现实原因主要在于美国政府的谈判政策，伍德科克即便不认同政府的政策，也只能如实遵守。

---

① 苏格：《美国对华政策与台湾问题》，第 410—411 页。

1978年9月中旬，卡特在戴维营调处埃以冲突成功。这是卡特政府的一大外交成就，深受鼓舞的卡特总统决意在对华关系正常化方面也加快步伐。而此时，双方几乎还没有任何实质性进展。美国的对华和对台政策中出现了强烈的利益冲突，这种不可协调的目标冲突给卡特制造了一种政策困境。由于绝对不可能同时与中国大陆和台湾保持外交关系，因此卡特必须做出困难的选择和必要的让步。卡特总统和布热津斯基认为，由于地缘政治的美国全球战略利益的需要，接近中华人民共和国，结束与台湾的正式关系是必须的。不过此时又发生了一件可能干扰中美关系发展的事情，即万斯主张考虑同时承认中国和越南。此时越南已与苏联结盟，并在苏联的支持下推行地区霸权主义和积极反华，因此中越关系渐趋紧张。布热津斯基极力劝阻卡特：在中美关系没有正常化之前，热衷于推进美越关系将会被中国理解为"亲苏反华行动"，这样会影响中美建交谈判。

9月19日，卡特总统会见了中国驻美联络处主任柴泽民，在会谈中，卡特表示美国基本上可以接受中国的三个条件，但他没有谈及中国当时最敏感的越南问题，因为这涉及反对苏联霸权。另外，卡特还表示中国也必须接受美国的三个条件：（1）美国继续保持与台湾商务和文化的联系；（2）美国相信中国和台湾之间的问题将和平地解决；（3）继续向台湾出售防御性武器。

由于售台武器问题，中美建交谈判一度陷入僵局。经过20年美国单方面迫使中国大陆承诺不使用武力解决台湾问题的努力失败之后，美国领导人认识到，他们必须寻求另一种方法。卡特总统最后认为，如果美国能够继续向台湾出售武器，那么台湾的安全可以得到保证。美国继续向台湾出售武器，再加上台湾海峡设置的天然障碍、台湾自身的军事能力以及中国大陆缺乏两栖登陆能力的现状，这样会使中国对台湾的军事攻击可能性极小。而且出售武器的行动也可以明确向中国表明，美国在台湾仍然有极大的安全利益。① 因此，保留向台湾出售武器的权利成为卡特政府在中美建交谈判中的底线。

10月初，黄华到纽约参加联合国大会。2日，黄华会见万斯，他坦率地告诉万斯，中国政府对于两国关系正常化以后美国还要同台湾保持安全关系是完全不能接受的。中国不能同意在美台《共同防御条约》废止以后

① 郝雨凡、张燕冬：《无形的手——与美国中国问题专家点评中美关系》，第33页。

美国还要向台湾出售武器。如果美国政府坚持这一条件，那就会危及正常化谈判，中方可能撤出谈判。

10 月 11 日，卡特召见回国述职的伍德科克，要求对与中国的谈判作出评估，看是否能实现预定的 1978 年 12 月中旬建交的目标。伍德科克认为这是可能的，不过他提议不要再在谈判中讨论对台军售问题，而是直接向中方提出公报稿。

10 月中旬，卡特总统作出两点重要决策：第一，考虑到中国对美越关系的敏感，决定推迟美国同越南关系正常化；第二，正式向中国提交一份关于中美关系正常化的公报草稿，以表示美国方面确实具有诚意，准备迅速解决这一问题。起初，布热津斯基建议把 1979 年 1 月 15 日作为中美正式建交的日期写在公报上。卡特为防夜长梦多，把日期提前到了 1 月 1 日。他希望在圣诞节前能向美国人民宣布三项重大成就：戴维营埃以会谈的成功，美中关系正常化，与苏联限制战略武器会谈达成协定。

为了强调这次机会的严肃性，在伍德科克动身去北京之前，布热津斯基在华盛顿会见了柴泽民，忠告他如果中国不把握这次机会，那么关系正常化的实现将不得不推迟到 1979 年末。同时，美方还向中方透露了美苏关于第二轮限制战略武器会谈的主要问题已经解决的消息。布热津斯基强调勃列日涅夫很可能在美苏限制战略武器协议签订之后访问美国，并且可能就是 1 月份。布热津斯基说他希望中美实现关系正常化和中国领导人访美都先于美苏首脑会谈，但这取决于中美两国的谈判。

美方提交公报稿的行动，消除了中方对卡特是否真的下定决心的怀疑。当邓小平看清美国方面确有加快中美关系正常化的意图后，果断作出了不要错过时机的决断。而这一决断的基本考虑，同样是从中国经济发展的大局出发，从中国实行改革开放的迫切需要出发。“文化大革命”结束已有两年，在纠正了“两个凡是”的错误之后，邓小平提出全党工作重点应该转移到社会主义现代化建设上来，具有深远意义的党的十一届三中全会即将召开。从现代化建设的角度来看，中国需要美国的技术和资金，而美国也希望打进具有巨大经济潜力的中国市场，这也增加了双方尽早完成中美关系正常化的动力。另一方面，由于中越关系急剧恶化，苏越又签订了同盟条约，中国已在考虑对在边境不断挑衅的越南采取惩罚性的有限反击。为了牵制苏联，中国需要加强同美国的关系。

邓小平深深懂得，中美关系正常化，可以大大推动中国的改革开放，还可改善中国新的安全困境。而此时，中美双方还没在最关键的台湾问题上达成一致。所以，此后的中美建交谈判，邓小平也亲自出马同伍德科克举行了4次会谈。

为了达成协议，在美台共同防御条约问题上，中国体谅到美方困难，同意美方在法律生效期满的1979年底之前终止该项条约。另外，美方原来提出在建交之际美国将单方面发表声明希望台湾问题和平解决，而中国将不予反驳。后来双方通过协商，决定各自都可以发表声明陈述各自的立场。但在最棘手的对台出售武器问题上，中美始终难以达成一致。

12月12日，伍德科克向邓小平呈上美方修改后的公报稿，并告知邓小平，为了避免国会中的争议，美国准备根据美台《共同防御条约》中的条款在条约到期前一年通知对方终止条约。12月13日，邓小平接见了伍德科克。双方就中美建交中的最艰巨的若干问题达成协议或同意保留分歧。在对台军售问题上，邓小平表示中国接受美国对《共同防御条约》的处理方式，但要求美国同意在这一年里不向台湾作出“新的承诺”。已经达成交易的武器仍可继续交付，但不能再有新的交易。邓小平要求对台军售就此终止，接着他还就此问题作了进一步的阐述。伍德科克则含蓄地表示美国答应停售一年，但1979年以后仍将继续向台湾出售武器。不过伍德科克的“含蓄”没让中国人弄明白，以为美国终于在这个最棘手的问题上妥协了。

布热津斯基在看了伍德科克关于12月13日与邓小平的谈判汇报后，感到中美双方之间存在误解。读过报告之后，布热津斯基立即约见了柴泽民，建议12月15日为双方发表建交公报的日期，邓小平访美将定在1979年1月下旬。因为卡特担心，消息可能提前泄露出去。柴泽民说，看来一切都很顺利，尤其是美国同意终止对台军售之后。布热津斯基反驳说，不是这么回事，是在1979年这一年中美国不再向台湾出售新的武器，此后，美国将恢复向台湾出售有限的防御性武器。柴泽民不胜诧异，这显然与中方原先所理解的不同。这下布热津斯基感到了问题的严重性，原来在这个最敏感的售台武器问题上，双方并没有取得一致，中方还存在误解。卡特总统指示布热津斯基，除非中方了解，他可以向国会保证，在正常化后美国对台湾的安全援助仍将继续，否则中美关系正常化是不可能的。布热津斯基即刻致电伍德科克，要他紧急求见邓小平，向他说明，在正常化后美国要保留向台湾出售防御性武器的权利。这时，离双方预定发表公报的时间只剩下十几个小时了。伍德科克在布热津斯基的催促下硬着头皮求见邓小平并说明了情况。邓小平大怒道："我们绝不能同意，我们坚持反对，这是不可能的，不能允许的。"①

在邓小平冷静下来后，意识到美苏加强缓和的前景以及越南在即将到来的热带旱季可能对柬埔寨发动的入侵，使得实现关系正常化具有重要的战略价值。通过改善中国孤立无援的境况，并使苏联无法确信美国会对中苏间的敌对"隔岸观火"，中美关系正常化将会降低苏联军事报复的风险。而如果在美苏签订限制战略武器协议之后发动对越反击战，中国将尤为不安全。② 更为重要的是，中国好不容易才摆脱"文化大革命"的混乱状态，既然已决定要把全党工作的重心转移到经济建设上来，中国的外交也就应该服务于这一中心任务，这需要与美国实现关系的正常化。所以实现关系正常化是战略上的需要，中国不得不在武器销售问题方面作出妥协。后来，邓小平顾及大局，同意先与美国建交，美国对台军售问题建交之后接着谈，同时还警告美国不要在台湾问题上心存幻想。美国方面则表示相信在两国关系正常化以后将会逐渐出现有利于讨论这个问题的气氛，以暗示美国对台出售武器将随着这一地区紧张局势的继续缓和而减少，同时还答应中国在建交后的一年以内不与台湾当局签订新的武器出售协议。

就这样，中美在诸多问题上各自妥协，完成了中美建交的主体谈判。中美双方就两国关系正常化问题达成下列协议：一、美国承认中国关于只有一个中国、台湾是中国的一部分的立场，承认中华人民共和国政府是中国的唯一合法政府，在此范围内，美国人民将同台湾人民保持文化、商务和其他非官方关系。这是美国方面多年来第一次公开宣布在中国只有一个合法政府，那就是中华人民共和国政府。《上海公报》中美方仅仅是"认识到台湾海峡两边的所有中国人都认为只有一个中国，台湾是中国的一部分。美国政府对这一立场不提出异议"，而这并不等于美国承认中华人民共和国是中国唯一合法政府。二、在中美关系正常化之际，美国政府宣布立即断绝同台湾的"外交关系"，在1979年4月1日以前从台湾和台湾海峡完全撤出美国军事力量和军事设施，并通知台湾当局终止《共同防御条约》。三、从1979年1月1日起，中美双方互相承认并建立外交关系，3

---

① 陶文钊：《中美关系史》下卷，第64页。

② ［美］罗伯特·R. 罗斯：《风云变幻的美中关系》，第179页。

月 1 日互派大使、建立大使馆。

邓小平以高度务实的精神避开了中美关系中的巨大障碍和险礁，最终打开了中美关系正常化的大门，使得毛泽东、周恩来和尼克松、基辛格共同开辟的上海公报通道，经过 7 年的艰难航行，终于迎来了中美建交的历史性时刻。1978 年 12 月 15 日，中美双方分别在各自的首都向世界宣告中美两国将于 1979 年 1 月 1 日正式建立外交关系，实现两国关系的正常化。

第三节 《与台湾关系法》的出台及其影响

中美两国从隔绝到实现关系正常化，最大的障碍始终是台湾问题。在解冻前，由于美国政府在事实上推行“一中一台”的政策，所以中美两国的关系长期处于隔绝状态。中美关系解冻以后，美国在两国关系正常化之后该如何处理对台关系始终是美国政府的中心议题，而美国政府在台湾问题方面立场上的后退也使得中美关系正常化的进程停滞多年。在中美进行实质性的建交谈判之中，最敏感最棘手的仍然是台湾问题。并且至今，在中美建交已达 30 年之际，两国关系的核心议题也依旧是台湾问题。在建交前，中美两国在台湾问题上的分歧主要在于外交承认以及同盟条约。建交之后，两国在台湾问题上的争端则都可归结于中美建交时美国单方面出台的《与台湾关系法》。

中美建交后，1979 年 1 月 26 日，卡特政府向国会提交了关于未来美台关系的“综合法案”。《台湾授权法案》与一些国会议员的想法大相径庭，他们倾向于通过新的立法来替代《共同防御条约》和修改卡特政府的对华政策，尤其是加强对台湾的关注，维持与台湾之间实质性的政府间关系。最后在双方的斗争和让步下，美国国会通过了《与台湾关系法》，声称一旦出现任何足以危及台湾安全的情况，美国将“依照”其“宪法程序”来“决定美国应付任何这类危险的适当行动”。这对将来一旦因“台独”势力或外国势力在台湾海峡挑起事端时，为美国介入和干涉台湾问题埋下了伏笔。因此遭到中国的强烈反对，但美国坚持将《与台湾关系法》和中美联合公报一起作为处理对华关系的准则，在两国关系中不断地制造争端。尽管中美建交已有 30 年，《与台湾关系法》却始终没有弱化的表现，并且还有加强的趋势，成为中美友好往来的严重障碍。

美国之所以在台湾问题上纠缠不清，一个很重要的原因是冷战时期传统的反共同盟等关系，特别是自第二次世界大战以来的盟友关系，使得美国人很难从心理上承受一下子切断旧关系的压力，那么做使他们存在一种“抛弃”老朋友的负罪感。布热津斯基曾在访华时解释说：“我们认为非常有必要让别人知道美国是可以信赖的和美国仍关注远东，虽然我们继续并加速从台湾撤出我们的军事人员，但注意不造成动荡的局面，那样很可能被我们共同的敌人所利用。”①

不过更主要的原因则在于美国在台湾的利益。中美两国关系解冻之前，由于台湾所处的战略位置，它被美国视为西太平洋防御圈的一个环节，用于阻止在苏联指挥下，由“红色中国”在东亚和东南亚推行的“共产主义扩张”。在20世纪60年代末，国际形势曾使台湾在这方面的作用大大削弱，因为中苏之间的分裂使西方认识到中国并非苏联的附庸，而是作为一支独立的力量存在于世；并且美国希望今后不再卷入亚洲地区的军事对抗。但在尼克松访华之后，中美两国关系开始向正常化方向发展，而在这方面的谈判中，美国通过以台制华，可以为美国赢得额外的讨价还价的筹码。另外从经济利益上讲，经过几十年的投资，美国在台湾的商业利益也已经太大，使之难以忽视。作为资本主义市场经济体系的一个组成部分，台湾成功的经济发展使其既具有吸引美国公司的投资环境，又能提供适合美国市场需要的物美价廉的商品。1978年，台湾是美国第八大贸易伙伴。

正是出于利益的考量，美国才不愿意断绝跟台湾的关系。尼克松访华时，中国要求美国声明和平解决台湾问题只是美国“希望”的。而美国却坚持这是美国“关心”的，而且坚持要用“重申”的字眼，表示这是一项具有连续性的义务。虽然中美两国关于台湾问题的立场相距甚远，但中美双方出于战略安全的需要没有让台湾问题阻碍中美关系的进一步发展。1973年以后，中国希望美国用“日本模式”解决台湾问题，即美国和日本一样废除同台湾的官方关系而只保持民间关系来解决中美关系分歧。基辛格起初也允诺完全按照中国的条件来建立两国的正式外交关系，但在“水门事件”之后，美国政府为争取亲台议员的支持以及拖延时间，在台湾问题上有所倒退，提出“倒联络处”方案，以致两国关系正常化进程长

① 熊志勇：《艰难的选择——中美关系正常化对美台关系的影响》，资中筠、何迪主编：《美台关系四十年》，人民出版社1991年版，第167—192页。

期僵持。而在卡特政府与中国谈判建交前，他们认为美国很难接受中国的三个基本条件，因为如果接受，美国在台湾的安全、经济和其他利益就要被牺牲。而卡特最关心的反倒不是中美能够尽早建交，而是美国对台湾的“义务”，是美国在台湾的战略利益。所以卡特在1978年12月15日发表了中美建交公报之后，又发表了一项声明，表示“美国继续关心台湾问题的和平解决，并期望台湾问题将由中国人自己和平解决。并将寻求调整我们的法律和规章，以便在正常化以后的新情况下得以保持商务、文化和其他非政府的关系”。[①] 使用“继续”（continue）一词，表明了在这个问题上政策的一贯性，而《与台湾关系法》只是其“调整法律和规章”的表现。

但必须承认的是，尽管卡特政府一方面所采取的方法是在保持尽可能多的美台联系的条件下，接受中国方面的三项原则，其中着重强调对台湾的安全保障。但另一方面，为了避免破坏中美关系，卡特政府在上任后、建交谈判期间、《台湾授权法案》条款、《与台湾关系法》的辩论等各时期和环节，都尽力不刺激中国，尽量不违背联合公报的原则。只是他个人的政治空间非常有限，美国国内强大的“院外援华集团”、美国民众的普遍态度以及台湾当局超强的活动能力等，都制约了卡特政府对联合公报的遵守。

美国国内有股势力出于美国长期在台湾的利益和美国国内的政治需求，反对美中和解特别是反对将牺牲强加于台湾的和解，它要求继续保持美台间的关系。根据1978年美国保守党派联盟进行的一次民意测验来看，美国参、众两院多数成员对以与台湾断交来换取对中华人民共和国的关系正常化，反应是比较强烈的。参议院56位参议员表示说，如果美中建交将意味着美国要与台湾断绝外交关系及军事联系，他们将投反对票。在对270名众议员进行的调查中，264位赞同美国继续支持台湾。[②]

1978年5月布热津斯基访华之后，美国国会中的亲台保守势力预感到中美关系的发展势头，为了防止行政当局不与国会商议就在对华政策问题上采取什么步骤，他们于7月在参议院提出了《多尔—斯通修正案》，要求“对于任何会影响到美台《共同防御条约》长期有效性的改变政策的建

① 魏静：《评〈与台湾关系法〉》，《甘肃社会科学》2001年第5期。

② 苏格：《美国对华政策与台湾问题》，第463页。

议，都必须经由参议院和行政部门先行磋商”。该修正案以在无一反对票的情况下获得通过，并于 9 月由卡特总统签署成为法律。所以，在卡特宣布中美建交之后，国会议员戈德华特将卡特告上法庭，其理由是在终止美台条约问题上，“总统不仅违反了法律，而且他藐视宪法，公然对抗国会”，因为国会本来已经通过了修正案，而卡特没有遵守。国会议员们也指责说，卡特总统及国务院作出美中建交决定前根本没有同国会充分协商。有的议员抱怨说，他们只是在美国政府最后宣布建交公报前“数小时”才被告知此事。还有的议员指出，国务院宣布决定的时间也是精心策划的阴谋，因为公报宣布之时，正值国会休会，多数议员不在国会。

中美关系正常化不必经国会批准，但在此问题上，在三件事情上国会手中握有大权。第一，美国驻外大使必须经参议院听证确认，美国首任驻华大使当然也不例外。不仅如此，参议员们还有权推迟听证会，或者不批准对他的任命，那就会使刚刚建立的中美关系陷入危机。第二，美国政府在发表建交公报的同时发表的声明中已经说到，美国政府将调整法律与规定，以便保持与台湾人民的商务、文化及其他非政府关系。行政当局将要提出的新的法律和将要成立的机构必须经由国会认可。第三，中美建交后，自然会达成一系列的条约和协定，用来推进两国之间的关系。行政当局将要求国会批准这些条约和协定，这就给了国会许多可以就对华关系发表种种意见，甚至作出决定的机会。①

国会这种强大的反对力量，以及卡特政府对国会在政治上的需要，尤其是“水门事件”之后总统权力弱化和受到国会的极力制约，迫使卡特在一定程度上屈从国会的要求，提交《台湾授权法案》。

而在民意方面，1975 年的一份盖洛普调查表明，虽然 61% 的人支持承认中华人民共和国，但其中 7/8 的人反对牺牲同台湾的关系。1977 年的民意测验也显示多数人赞同与台湾和中国大陆的关系都保持现状。为了让新的对华政策被国内公众接受，卡特总统又不得不保证台湾未来的安全利益不能牺牲。

最后，台湾当局在美国超强的活动能力以及台湾本身所具备的战略价值来促使卡特政府设法维持与台湾之间的特殊关系，以制约中国。自尼克松访华以来，台湾当局就一直担心美国政府会与大陆建交，因此不断加强

---

① 陶文钊：《中美关系史》下卷，第 65—66 页。

与美国各界的交往。

卡特政府上台后，几乎中止了同台湾当局的高层联系，从卡特就任总统一职到与台湾断交的两年时间里，尽管台湾“大使”沈剑虹再三求见，但不仅卡特总统本人，甚至副总统蒙代尔都从未会见过他。被台湾方面视为亲台或维护台湾利益的国务卿万斯也只会见过他一次。于是台湾更加重视对国会和民众的工作，大量地邀请美国议员，以及议会工作人员和学者访问台湾，特别注意邀请那些访问过中国大陆的人。卡特在回忆录中就记录说他的亲戚和同乡曾源源不断地接到访问台湾的邀请，全部费用有人代付，招待热情周到。“但要求他们来影响我，想使我忘记履行美国对中国许下的诺言。”卡特能做的也只是禁止近亲接受这种盛情。至于台湾当局驻美“大使馆”方面，沈剑虹和他的下属分工负责国会议员的工作，他本人主要负责参议院外交委员会和军事委员会，每月都要到国会拜会一两位参议员。有的议员不愿见他，他则千方百计地找上门去。如对参议院外交委员会的主席富布赖特，他就采用了“紧逼盯人”的战术，迫使富布赖特同他谈了一次。

1978 年，台湾方面得知布热津斯基访华的时间定为 5 月 20 日，立即向美国国务院官员和国家安全委员会中国问题专家奥克森伯格进行交涉，要求布热津斯基变更行期，因为 20 日是新“总统”蒋经国举行就职典礼的日子。国务院官员只对这种巧合表示遗憾，而具体安排此次访问行程的奥克森伯格干脆说：“爱莫能助”，连声道歉的话都没有。卡特政府的这些做法引得与台湾交好的部分议员纷纷替台湾鸣“不平”，他们对卡特政府在宣布与中华人民共和国建交前几个小时才通告台湾当局更感不平，因此议员们大力向卡特政府施压。

最后，卡特政府不得不安抚台湾当局，于 12 月 23 日向台湾当局作了五项保证：（1）美国仍然认为台湾有“国际人格”身份；（2）美国没有承认“中共”对台湾拥有主权；（3）美国继续在台湾保持外交以外的全面关系，说明对台湾的“重要承认”；（4）美国与台湾关系的基础，仍是原有的 58 项条约（指美台“共同防御条约”废除后，美国与台湾还剩下条约的数目），美国将就此另行立法；（5）美国将以新的交流形式来取代原有外交代表机构。此五项保证反映了卡特政府打算在新形势下同台湾保持关系的基本构思，勾画了美国政府准备处理美台关系的大致轮廓。

1978 年 12 月 30 日，卡特总统又发布了一项指令：“建立新机构处理美台关系；美国和台湾之间现有的国际协议和安排将继续有效……提到任何其他国家、政府和类似实体的条款以及应用这些法律、规定或命令时，应把台湾包括在内。”根据这一指令，1979 年 1 月 16 日，美国政府宣布建立了“美国在台湾协会”（American Institute in Taiwan）。

1979 年 1 月 26 日，美国国务院秉承卡特旨意，向国会提交了《台湾授权法案》，内容主要是关于美中建交后，美国将以何种方式处理其与台湾的关系。卡特清楚国会对台湾安全的重视，但他还是不希望美台关系给人太多官方关系的印象，以免破坏刚刚建立的中美新关系，因此该法案只谈了美国法律对台湾的适用问题和有关“美国在台协会”的内容，而没有关于台湾“安全”的条款，也未提给台湾未来驻美机构（北美事务协调委员会）以任何外交特权。仅仅规定，除美台防御条约终止外，其他美台之间的 58 项条约和协定继续有效。

卡特在 26 日当天召开了记者招待会，在会上阐述了美国政府同中华人民共和国建交的原因，并就《台湾授权法案》进行了一番解释。卡特此举一来是想争取舆论的支持，表明他对台湾问题并不是漠不关心。另一方面的用意则是他估计到国会议员对这个法案可能的不满，所以预先给国会极右势力以警告，这就是：如果任何修正案从根本上违背美中建交协议，他将考虑使用“总统否决权”。卡特的这一警告使一些议员非常反感。而他还示意，国会应该在 3 月 1 日之前完成关于台湾的立法，否则美台关系的继续就没有法律基础了。这就是说，留给国会的时间只有一个多月，这更使一些国会议员感到恼火。因此，该法案在国会引起了轩然大波。在几天的时间里，参众两院就提出了十几个与台湾有关的议案，旨在保留美国与台湾的外交和防务关系。

需要肯定的是，在美国参众两院辩论及协商委员会讨论期间，卡特行政当局做了多方努力，挫败了一系列与中美建交原则完全抵触的修正案和措辞。比如上文提到的卡特将草案提交国会的当天就威胁要动用否决权阻止这种倾向。参议院辩论期间，总统还邀请丘奇共进午餐，恳请这位对外关系委员会主席能发挥其影响，避免一些极端提案的通过。2 月 5 日，国防部长布朗和副国务卿克里斯托弗还出席参议院听证，通过全方面的分析强调中国政府对台湾采取军事行动的可能性极小，以此安抚国会。

国会在讨论《台湾授权法案》时，虽然议员们不反对中美建交，认为这符合美国的利益，但不少人攻击卡特政府在实施中美关系正常化时对中国“让步太多”，力图在《与台湾关系法》中添上一个又一个违反《中美建交公报》的条款，把美国在台湾问题上的立场，从中美建交协议往后拉。他们的建议主要围绕着下述两大问题：一是终止美台《共同防御条约》后所谓“保证台湾安全”的问题。美国国会当时在这个问题上所进行的辩论，主要不是应该不应该在《与台湾关系法》中加进“保证台湾安全”的条款，而是美国在这一方面所承担的义务，“究竟要强烈到什么程度，正式到什么程度”。二是美台间互设的办事机构的性质问题，实际上也就是美台关系的性质问题。① 国会议员们认为行政当局在性质上界定太模糊。

在有关“安全”条款的辩论中，按对“安全”条款措辞的不同主张可分为“强硬表达”和“温和表达”两种意见。强硬派认为，美国应明确表示承担台湾“安全”的义务，具体提法是：“凡对台湾的攻击，都被认为是对台湾人民及美国在西太平洋地区和平与安全的危害。”温和派反对将台湾“安全”与美国利益直接联系，强调应避免由于承担了义务而被卷入战争的危险，主张措辞上采用“关切”，甚或“严重关切”即可。但强硬派在对此问题上始终处于上风。

在美台未来的关系方面，政府法案也遭到保守派议员的反对。他们攻击“美台协会”只具有私人性质，“怠慢了台湾政府”。并且认为，从1973 年到 1978 年，美国在尚未承认中国的情况下，通过设在北京的美国对华联络处发展中美关系，实际上已同中国保持“政府对政府”的关系，现在美台断交，作为“对等原则”，应赋予“美台协会”类似的“官方性质”，如法炮制在台湾设“联络处”。保守派的主张，在两院得到多数议员的支持。② 后来的表决，参议院 57 票对 38 票通过，众议院在卡特政府威胁动用总统否决权的情况下才以 172 票对 181 票的微弱差距未通过这一修正案。这还得益于国会两院当时均由民主党控制，能较好地配合卡特政府。

3 月 13 日，参议院《与台湾关系法》草案文本以 90 票对 6 票在全体会议获得通过。同一天，草案以 345 票对 55 票在众议院也获得通过。参

① 庄去病、张鸿增、潘同文：《评美国的〈与台湾关系法〉》，资中筠、何迪主编：《美台关系四十年》，人民出版社 1991 年版，第 193—205 页。

② 周忠菲：《〈与台湾关系法〉产生过程的论争及其实质》，《台湾研究集刊》1993 年第 2 期。

众两院协商委员会综合了两份修正案，形成了《与台湾关系法》的最后文本，并于3月底在两院通过。4月10日经卡特总统签字，《与台湾关系法》正式成立。卡特仅在个别问题上作了保留，并表示将以同中美建交协议相一致的方式行使该法给予总统的“斟酌权”。

对美国政府来说，《中美建交公报》和《与台湾关系法》都服务于美国的国家利益，前者是建立在反苏霸权主义基础之上，后者则是建立在美国在台湾的利益基础之上的。因此，国会两院最后通过的《与台湾关系法》与行政当局最初提交给国会的《台湾授权法案》在内容上有着实质性差别。《台湾授权法案》主要是关于处理美国在台湾协会与美国政府部门的关系及关于协会运作的技术性规定，而《与台湾关系法》还增添了许多政治性、政策性的内容，从而改变了原法案的性质。其主要内容分为两大部分，第一部分是政策性的，表示美国对台湾安全的“关注”，即所谓的安全条款。第二部分是技术性的，涵盖美国法律对台湾的适用问题，美国在台协会的运作问题。该法共18条，其中最关键的是美国对台湾安全的承诺，以及关于台湾的国际地位。

该法除了第一条声明美国保持和促进美台人民间的商务、文化及其他关系外，其余条文则全部强调了该法的主旨——台湾的安全问题。针对台湾安全遭到威胁时美国应该采取何种政策的问题，该法并没有具体规定，它的措辞尽管属于模糊战略，但十分激烈，认为美国应该对台湾的安全提供“充足”的保证。值得注意的是，国会在“安全”条款中塞进了正常化后美国将继续向台湾出售武器的内容。在政策设计上，美国国会以和平解决台湾问题为最终停止军售的前提，并用《与台湾关系法》将其法律化，使台湾问题不仅成为美国外交问题，而且成为对任何一届美国政府都有法律约束力的法律问题。实质上，美国是用台湾问题必须以和平方式解决的“道义”支持和武器售台的军事保障，为台湾安全提供了间接保护，以替代美台《共同防御条约》及美军驻台所提供的直接保护。

在有关台湾的国际地位问题上，《与台湾关系法》实际上把台湾视为一个“独立的政治实体”，将台湾与主权“国家”相提并论。例如其中规定：“凡当美国法律授权或根据美国法律同外国或同其他民族、国家、政府或类似实体时，上述名词含义亦应包括台湾，此类法律亦应适用于台湾”。这同中美《建交公报》的精神是不相容的，即便如此，一些保守的亲台议员仍不满足，在中美建交之后这30年时间里，他们仍不断挑起事端，试图在法律上强化美台关系，尤其以20世纪90年代末期为甚，当时部分议员提出了《加强与台湾关系法》的修正案并在众议院得到多数通过。

《与台湾关系法》以法律的形式为美国干涉中国的统一提供了平台，以售台武器等为美国维持台湾海峡两岸不统不独的局面设置了障碍，使得台湾当局在与大陆对抗时有恃无恐。另外，《与台湾关系法》视台湾为“独立的政治实体”，与台湾发展某种“实质性的政治关系”，鼓舞了“台独”势力。

自《与台湾关系法》出台之后，美国国内时不时地对《与台湾关系法》和中美联合公报孰高孰低的问题进行争论，有人以《与台湾关系法》是美国的法律，而中美联合公报只是国与国之间的协议，协议的法律效力较低为由，试图让《与台湾关系法》来指导美国政府的对台政策。有人还直接抛出“《与台湾关系法》优于中美联合公报”的论调。

中国针对《与台湾关系法》的出台，在原则上与美国进行了坚决的斗争。中国从美国国会开始讨论该法案起就不断地向美国提抗议，中美两国间还十分脆弱的关系受到了严重威胁。而美国在反对苏联霸权等问题上需要中国，这也促使卡特政府正视中国的反对，并向中国保证坚持“一个中国”的原则，承认台湾问题是中国的内政，还明确表示要按照中美建交公报的原则处理两国之间的关系。这些都成为中美两国关系得以维护和继续向前发展的基础，但在售台武器这一问题上，中美两国未能达成一致，成为建交以来不断斗争的重要主题。

第四节　新阶段的中美关系

中美历经20多年的隔绝和7年的曲折谈判，终于建立了外交关系，实现了关系正常化。而建交绝不仅是个形式，对于两国关系来说，正常化的交往较以前而言，有着翻天覆地的变化，这种变化主要体现在两国关系的制度化，以确保中美关系不至于因为各种危机、分歧或突发事件而破裂或像福特时期的中断。对于中美两国关系来说，制度化建设的重要内容就是邓小平访美。

卡特刚上台时，认为美国已有两位总统访问过中国，因此是时候由中国领导人回访美国了，于是他在接见中国驻美国联络处主任黄镇时就极力邀请中国高级领导人访美，黄镇回答说："只要华盛顿还有台湾的大使，这件事就没有可能。"中国坚持不懈地斗争终于取得了胜利，美国接受中国的条件，与台湾当局断交、撤军和废约，并与中华人民共和国建立了正式的外交关系，也为中国领导人访问美国扫清了政治障碍。为巩固中美关系正常化的成果，并增进两国人民和政府间的互相了解和信任，中国领导人邓小平接受了卡特总统的邀请。按照中国人的习惯，邓小平选择了吉日良辰出访美国。他赴美访问起程这天，正好是 1979 年 1 月 28 日，即中国农历大年初一。邓小平访问美国，是中美建交后的第一个重大双边外交活动，也是新中国领导人对美国的第一次访问。

美国方面把邓小平副总理当做中国的最高领导人，给予了破格而热情的接待，副总统蒙代尔、国务卿万斯等亲往机场迎接，卡特总统在白宫的正式欢迎仪式上为邓小平鸣放政府首脑待遇的 19 响礼炮。

在检阅了仪仗队后，卡特致辞说："副总理先生，昨天是农历新年，是你们春节的开始，是中国人民开始新的历程的传统日子。我听说，在这新年之际，你们向慈善的神灵打开了所有的门窗。这是忘记家庭争吵的时刻，也是团聚和解的时刻。……对于我们两国来说，今天是团聚和开始新的历程的时刻，是和解的时刻，是久已关闭的窗户重新打开的时刻。"①

邓小平在答谢词中也以开阔的视野强调了中美关系的积极方面，他指出："中美关系正常化的意义远远超出两国关系的范围。位于太平洋两岸的两个重要的国家发展友好的合作关系，对于促进太平洋地区和世界和平，无疑将具有重要意义。今天的世界很不安宁，不仅存在着对和平的威胁，而且战争因素在显著增长。世界人民的当务之急，就是要加倍努力维护世界的和平、安全和稳定。我们两国有不可推卸的责任，通过共同的努力对此做出应有的贡献。"②

卡特的破格接待还包括与邓小平进行了两天的双边会谈和为他举办欢迎国宴，在国宴上，卡特首先祝酒，他说："在争取自由的革命中诞生的美国是一个只有两百年独立历史的年轻国家，但是，我们的宪法是世界上仍然有效的最古老的成文宪法。有四千年文字记载历史的中国文明是世界

① 转引自《参考消息》1979 年 1 月 31 日。

② 转引自《人民日报》1979 年 1 月 30 日。

上最古老的文化之一，但是作为一个现代国家，中国还是很年轻的。我们能够互相学到很多东西。……你们雄心勃勃地致力于现代化的工作，美国人民祝愿你们的努力获得成功，并且盼望同你们进行合作。”①

邓小平在致谢时表示：“中美关系史上的一个新的时代开始了。我们两国社会制度不同，意识形态不同。但是，两国政府都意识到，两国人民的利益和世界和平的利益要求我们从国际形势的全局，用长远的战略观点来看待两国关系。”②

在此次访问期间，邓小平同卡特总统就国际形势和中美关系，尤其是台湾问题交换了看法，向美国最高领导人当面表明了中国在台湾问题上的坚定态度，也表达了对中美友好往来与合作的期望。谈到台湾问题时，邓小平说，中国是愿意用和平方式解决台湾问题的，但不能承担不用武力解决台湾问题的义务，因为那样反而不利于台湾问题的和平解决；他还指出，美国可以为中国和平解决台湾问题作出贡献，而不要做不利于台湾问题和平解决的事。不要让台湾当局感到，有人在继续向他们出售武器，他们就可以有恃无恐。他坚决反对向台湾出售武器，希望美国政府在这方面绝对谨慎。

在反对苏联霸权主义这个双方接近与合作的战略问题上，邓小平十分坦诚地向卡特表示中国认为美国在遏制苏联方面做得很不够，主张中美之间密切合作反对霸权。他还希望，美国能扎扎实实地援助第三世界尤其是巴基斯坦，以免苏联钻空子。对于美苏限制战略武器会谈，邓小平说，我们不反对美苏签订这种协议，但我们认为它管不住苏联，约束不住苏联的扩张政策，重要的是要做扎扎实实的工作，也就是，中、美、日、西欧以及第三世界要联合起来，破坏苏联的战略计划。卡特同意邓小平的看法，他说从东南亚到印度洋到非洲，许多地区的形势不稳，苏联的军事力量在迅速增长，这些都是国际形势中的不利因素。

邓小平还进一步阐述了中国对苏联霸权主义联盟的担忧和中美共同反对霸权的期望，并明确地表示中国要有限度地教训为虎作伥的越南，以此来打击其盟友苏联和分解苏联对中国的三面包围。自越南侵占柬埔寨，驱逐华侨，还觊觎中国南部领土，并在中越边境频繁挑衅中国军民之后，中

① 转引自《人民日报》1979 年 1 月 31 日。

② 同上。

国显然不能不有所行动了。因此在教训越南这个问题上，邓小平得到了美国政府善意的理解和支持。卡特希望能孤立苏联和越南，但他担心中国作为大国，针对越南这个小国的军事行动会使越南赢得国际同情和支持。对此邓小平表现出了坚决的态度，为此美国政府表示将同时批评中国的军事行动和越南对柬埔寨的侵略，并同时要求中国从越南、越南从柬埔寨撤军。而批评中国和要求中国撤军都只是一种姿态，绝不会通过制裁等方式实质性地反对中国的军事行动，这样既可以洗脱美国支持中国出兵越南的干系，又通过敲打越南制衡苏联，还能牵制苏联从北面军事支援越南的行动，因此，中美在此问题上取得了默契。

中美两国领导人经过两天的会谈，于1979年2月1日发表了《联合新闻公报》，公报指出："双方重申反对任何国家和国家集团谋求霸权主义或支配别国，决心为维护国际和平、安全和民族独立做出贡献"。"霸权"一词在当时是中国指责苏联推行扩张政策的代名词，在中日谈判《和平友好条约》过程中，日本对中方在公报中写上"霸权"一词的要求十分为难，为此还使得中日两国友好条约谈判一度停滞不前。美国同意在公报中使用这个高度敏感的词，说明了美国在反对苏联霸权主义方面与中国是有共同点的。

访问期间，邓小平还同美国国会议员、州长、市长以及经济、工业、商业、文化、教育等各界人士进行了广泛的接触。他的平易近人和魅力使无数美国友人为之折服，他访美的众多小故事至今流传于中美两国人民之间。邓小平在会见美国国会议员时，一些议员曾就台湾问题提出一些挑衅性问题，他总是态度明确地强调：台湾一直是中国的一部分，我们的政策是争取用和平方式解决台湾问题，但我们永远不承诺放弃使用武力。邓小平还遵守8个月前和布热津斯基在北京首次会面时的约定，抵美后不久就来到布热津斯基家中赴宴。席间，布热津斯基曾半开玩笑地问邓小平说，卡特总统因中美关系正常化问题在国会遇到麻烦，中国是否也有类似的问题，邓小平不假思索地答道："当然有，在台湾就有不少反对者。"① 他的机智让布热津斯基惊叹不已。

美国民众印象最深刻的则是邓小平在休斯敦附近的西蒙顿小镇观看牛仔竞技表演时戴上宽边牛仔帽的一幕。表演开始前，两名骑白马的女士把

---

① 班玮、赵毅：《他是一位具有世界战略眼光的领袖——布热津斯基忆邓小平》，《参考消息特刊》2004年8月18日。

邓小平和副总理方毅请到观众的面前，向他们各赠了一顶边檐翘起的白色牛仔帽，他们当即就很高兴地戴上了。接着，邓小平应邀坐进一辆 19 世纪的马车，绕竞技场跑了两圈。对于美国人来说，邓小平欣然戴上牛仔帽观看美式牛仔表演这一入乡随俗的举动，表达了他对美国文化的尊重和对美国人民的友好之情。

邓小平还参观了福特汽车公司的装配厂、林登·约翰逊航天中心、波音飞机公司装配厂等。美国强大而先进的生产力更加坚定了邓小平让中国努力学习西方先进技术和文化，开展经济建设和实施改革开放的决心。

在访问期间，邓小平及其访问团成员与美国政府进行了广泛的会谈，并在平等、互利和互惠的基础上签订了一系列协定，囊括农业、能源、文化、空间、卫生、环境、科学、工程等领域及其管理、教育和人员交流等方面。邓小平和卡特分别代表中美两国政府签署了具有重要意义的中美科技合作协定和文化协定。方毅副总理、普雷斯总统科学顾问签署了两国在教育、农业、空间方面合作的换文。方毅副总理、施莱辛格能源部长签署了两国在高能物理方面的合作协议。黄华外长、万斯国务卿签署了关于建立领事关系互派和互设总领馆的协议。中美双方还同意为互派常驻新闻记者提供方便，并同意就签订贸易、航空、海运等协定进行商谈。这些协定是中美之间 30 年来签订的第一批政府间的协定，它们的签订为中美两国全方位的交往创造了良好的开端，标志着中美之间的合作展开了一个新的时代。通过这些实质性的交流与合作，中美两国往后的关系不断加深。

邓小平的访美，使得中美关系超过了外交关系正常化的目标，形成了一种在维护和平和发展经济这两大方面展开友好合作的新的格局。

邓小平访美归国两星期之后，中国边防部队开始对由苏联支持的越南在中越边境的频繁挑衅开始了 17 天的反击，中国军队的反击势不可当，为打击苏联霸权主义，同时也为了支援柬埔寨的抗越斗争，中国军队攻入越南境内。美国政府随即批评中国的军事行动和越南对柬埔寨的侵略，并要求双方都撤军。另外，又致函苏联，要求苏联不要采取任何可能使形势更加严重的步骤，尤其是军事部署和其他的军事行动。卡特还采纳布热津斯基的建议特地附上一句“美国也准备保持同样的克制”，言下之意，即如果苏联不保持克制，美国也会采取相应步骤。苏联在中美建交之前就不断地向中苏边境增兵，甚至有对中国进行核打击的计划，现在苏联自然不愿坐视不理。但美国的牵制使得苏联束手无策，坐看它的盟友越南受到中国的军事打击而失信于天下。

不过，当国际社会越来越关注中越边境的战争时，万斯领导下的美国国务院在态度上发生了变化。在邓小平访美期间，中美双方曾商定美国财政部长布卢门萨尔和商务部长克雷普斯在2月底访华。万斯认为这个时候布卢门萨尔如果还前往中国，会让人认为美国支持中国的军事行动，这将不利于美国的国际形象。而且，以前美国也曾在苏联入侵捷克斯洛伐克后取消过内阁级官员的访苏。因此，万斯要求卡特取消布卢门萨尔的中国之行。但卡特自下定决心与中国建交时开始，他的外交政策就已偏向布热津斯基的主张。布热津斯基在此问题上提出，中越之间的战争不应影响美国与中苏两国的关系，而如果取消布卢门萨尔的访问，势必将对刚刚正常化的中美关系造成负面影响。此时，从英国传来其工业大臣将如期访问中国的消息，卡特由此顶住万斯的反对意见，坚持让布卢门萨尔按约访问中国。中美之间脆弱的关系由此经受住了战火的考验。随后的一年里，包括美国商务部长、总统贸易谈判代表、副总统、国防部长等一批美国高官都到访了中国，中国也派出多位要员访问了美国。而政治关系方面，中美双方还于1979年3月正式设立了驻对方国家的大使馆，为两国日常的交往提供了平台。

中美双方频繁的互访在各个方面推动了刚刚正常化的两国关系的发展，尤其是经贸往来。在之后的两年里，关于偿还双方被冻结的资产问题、关于中国的最惠国待遇问题以及关于双方军事合作和交流的问题成为两国之间比较突出的问题。

关于双方冻结资产的问题，早在尼克松任内末期就谈过，但当时中国在中美关系上的主要精力放在建交上面，对美国在台湾问题的立场上退步深为不满，并对美国绕过台湾问题大谈不重要的问题而拖延时间十分不悦，所以在此问题上也非常不积极。中美建交之后，该问题被重新提上日程。在中美友好、共同抗苏的环境下，该问题很快就得到了妥善解决，排除了中美两国经济和商业关系发展的一个主要障碍。而这一成功对中美关系至关重要，因为中美两国接近和建交的战略基础都是反对苏联霸权主义，这一基础会随着美苏缓和以及后来苏联的崩溃而弱化。在中国把工作重心转移到经济建设和实施改革开放之后，顺利解决中美之间的经济与商业往来的障碍为中美两国的关系提供了新的合作基础。

而中国是否享有最惠国待遇的问题，则成为随后 20 年中美之间能否顺利发展经贸关系的关键。早在卡特上台初期，中国与日本和欧洲共同体签订贸易协定就使得美国工商界十分眼馋和着急。卡特政府一度也希望中国能与美国发展经济关系，但中国以优先照顾建交国家为由向美国施压。中美建交之后，尤其是在中国把注意力集中到经济发展之后，中美经贸问题得以显现，但双方没有最惠国待遇的状况制约了两国之间的经贸发展。冷战开始之后，美国以苏联在移民问题上不开放为由而拒绝给社会主义国家最惠国待遇，并在随后运用于新中国。中美建交期间提及此问题时，邓小平曾开玩笑地说愿向美国输送 1000 万中国人，表明了中国开放自由的移民政策。但美国国务院以中、苏要“一碗水端平”为由拒绝单独给予中国最惠国待遇，除非中苏两国都享有此待遇。但苏联在非洲和波斯湾等地大肆扩张，以及它仍然坚持不符合美国意愿的移民政策，使得美国参议院不可能批准给予苏联最惠国待遇的要求。依照美国国务院对中、苏政策要对等的原则，中国也会因此受拖累，这对中国显然是不公平的。副总统蒙代尔、国家安全助理布热津斯基和国防部长布朗认为中国比苏联弱，所以万斯机械的对等原则事实上是有利于苏联的政策。卡特在听取了他们的争论之后，选择了支持布热津斯基，他决定结束这种机械的平衡政策，向中国提供最惠国待遇。由于最惠国待遇需要参议院的批准，国务院随即要求在美苏关系稳定下来之前暂缓向参议院提交议案，以免影响参议院对美苏第二阶段限制战略武器协定的批准。卡特再次决定中国最惠国待遇的问题不应该从属于美苏关系的发展，经过蒙代尔等人的努力，卡特终于在蒙代尔访华前夕同意将此问题提交国会，并宣布中国为“友好国家”，从而使中国得以免除了限制共产党国家的某些约束。美国参议院 1980 年 1 月批准给予中国最惠国待遇之后，结合邓小平访美期间签订的两国贸易协议，中美经贸关系的长足发展得到了制度上的保证，为中美关系在机制上增添了经济这一利益基础，也为中国的经济建设和改革开放创造了良好的国际环境。

另外在双方军事合作与交流的问题上，由于面临共同抗击苏联扩张的问题，所以此问题在建交前就开始了良好的合作。福特政府时期默认甚至暗地鼓励西方国家向中国出售武器，布热津斯基访华时，也曾带着国防部的高级官员与中方会谈，并向中国提供了苏军在中苏边境的兵力部署等情报。中美建交之后，尤其是在1979年底苏联入侵阿富汗之后，此问题得到更好的发展。卡特政府不仅派国防部长布朗访华，还解禁了近30种军事装备。布朗的访华是美国国防部长第一次访问中华人民共和国，卡特政府在与中国军事合作与交流问题上的积极态度使得布朗的访问非常具有实质意义，影响深远。布朗访华不久，美国商务部把对中国的出口控制从对华沙集团的“Y”类放宽到针对新国家集团的“P”类，几百项非杀伤性武器获准出口中国，促进了中美两国战略关系的发展。1983年6月，美国又宣布将中国从出口管制分类的“P”组列入“V”组内，是与美国友好的非盟国一类。

中美两国关系在建交之后的迅猛发展还体现在教育、科技等领域。根据中美两国政府签订的相关协议，中国开始向美国大量的派出留学生，向美国学习先进的科学技术、经济管理的知识，借助美国发达的高等教育和开放的教育制度培养各方面的人才，为中国的改革开放提供了优秀的人力资源。同美国的交往，使长期闭塞的中国人打开眼界，接触到一个与自己完全不同的文化体系，了解另一种思维方式和价值观念，在知识界引起的震动是极为强烈的。中美关系的大力发展也大大改变了中国在美国人心目中的形象，曾经被多数美国人视为威胁和敌人的中国由于两国关系的正常化和积极交流而修正了自身的形象。1980年中的一次民意调查显示，2/3的美国民众对中国抱有好感。因此，中美在教育等方面的交流，也为两国的友好关系培植了不断强大的民意基础。

但中美两国的交好也并非一帆风顺，台湾问题就始终困扰着两国关系。自从美国把向台湾出售武器作为确保台湾安全的基本手段，并用《与台湾关系法》的形式确定之后，美国对台军售的问题在过去30多年一直都是两国关系的重大障碍。

中美达成建交协议时，美国同意在1979年不与台湾签订新的武器出售协议。但在一年的期限结束前，台湾当局又向美国提交了包括18个项目的武器求购单，其中包括先进的战斗机。为了不危及刚刚建交还非常脆弱的与中国关系，卡特政府回避了台湾的大部分要求，只同意了台湾求购单上的6种。对台湾当局为了提高其已经老化了的军事装备而要求的几种先进的设备，卡特政府或予以拒绝或予以推迟。1980年1月，也就是在停止与台湾当局新的军售协议一年后不久，国防部就将这一揽子对台军售提交给了国会。中美建交谈判未了的斗争自此拉开序幕。

中美在台湾问题上的矛盾和冲突，以及美国在台湾问题上的政策和态度，导致中国决策层在20世纪80年代初便下决心与美国拉开距离，并在与美国合作反对苏联霸权主义等问题上注意防范美国，以免在战略上被美国利用。邓小平还根据中美关系以及中国自身的处境等，确立了“不结盟”的对外政策。中国的这一独立自主的外交政策，外加经济等方面的积极往来，为中美关系摆脱反对第三方的单薄而脆弱的战略基础开创了新的局面，使中美关系经受住了后来苏联解体和冷战结束的严重冲击。毕竟，苏联的威胁只是暂时的，它对中美关系的作用在于促进了两国的接近，中美关系长期而健康的发展，需要中国独立自主。

从1972年尼克松访华到1979年中美建交，中美关系以联合抗苏为基础、以台湾问题为突破口、以政治关系正常化为实质内容，过程可谓十分艰辛。尽管以对付苏联扩张为共同利益，却经常受到美苏缓和以及美国国内政局的影响，甚至一度停滞不前。直到1978年卡特政府在“缓和”政策明显失败，美国感受到来自苏联的巨大压力和威胁的情况下，中美两国才顺利实现关系正常化。中美两国关系的正常化，基本实现了以领导者个人友谊和重大战略共识为基础向制度化沟通管道为平台的转型，使得两国的政治关系不随领导人的更换而变化，由此稳定了下来。在尼克松访华时，两国之间几乎没有经济、民间往来，只有十分偶然的官方交流。而在建交之后，发生接触的领域密布政治、经济、商务、文教、卫生、科技、防务等诸方面，整体关系呈立体交错形态，因此中美两国关系的正常化，使两国关系的基础不断拓宽。但两国之间过去最核心的台湾问题依然没有得到彻底解决，尽管此后随着中美两国战略利益的棋盘不断扩大，台湾问题的分量相对缩小，但这一未了的斗争仍在继续，需要中美双方尤其是美国的政治家以大智慧和大胆魄妥善处理双方的战略利益，相互尊重主权，为排除中美两国友好往来的障碍而继续努力。

第二章

20世纪80年代中美关系的发展

第一节 《八一七公报》的产生

一、大选年的风波

1980年是美国大选年。每逢大选年，美国党派斗争就更显激烈。在中美正式建交，而美国又与台湾保持着非官方关系的情况下，在中美建交后美国的第一次大选中，美国对华政策要经受大选的考验。

《与台湾关系法》并不能使一些保守的亲台议员满足。他们警惕地注视着行政当局会不会再牺牲台湾的利益来对中国表示友好。卡特政府遵照在建交谈判中的承诺，在1979年没有向台湾出售新的武器。但事实上，1979年美国对台交付的武器（包括通过政府渠道和商业渠道的）共达近8亿美元。① 1980年一开始，新的军售也就开始了。1月3日，美国国务院发言人在记者招待会上宣布，美国政府将向台湾出售2.8亿美元的武器。6月上旬，参议院外交委员会的七位成员致函卡特总统，要求政府同意美国公司开始与台湾商谈向台湾出售FX系列战斗机的问题。几天后，政府同意了这一要求。②

共和党总统候选人里根多年来一直是共和党保守派的领袖，他和高华德一起是台湾在美国政界的最热情的支持者。在1976年，他争取共和党候选人提名时就以反对美中关系正常化作为他的政纲之一。竞选初期，里根比任何候选人更使劲攻击卡特的对华政策，他在几次讲话中都提到，如

---

① US Department ed., *American Foreign Policy Current Documents* 1977 - 1980, GPO, p. 1011.

② Robert Sutter: "The Taiwan Relations Act and the United States' China Policy", Raymond H. Myers ed., *A Unique Relationship The United States and the Republic of China Under the Taiwan Relations Act*, Stanford University: Hoover Institution Press, 1989, p. 62.

果他当选，他将支持重建与台湾的“官方关系”，他继续称台湾为“中华民国”。此外，里根也不同意卡特所宣布的向台湾出售经过选择的有限的防御性武器的立场，他认为美国应该能够向台湾出售台湾所需要的所有武器。

中国政府表示了反对美国继续向台湾出售武器，尤其反对一些国会议员提出的向台湾出售 FX 系列战斗机的严正立场并警告说，此事果真发生，中国政府将做出反应，将两国关系从大使级降为代办级。

中国政府密切注视着美国大选中出现的种种可能导致中美关系倒退的言论和行动。美国国会中的有识之士同样反对在中美关系上走回头路。7 月 8 日，参议院民主党领袖伯德在访华期间在北京的记者招待会上说，经过三届总统确定下来的加强美中友好合作关系的进程不可改变。①

在里根的共和党候选人的身份确定以后，里根的对外政策首席顾问艾伦感到，如果里根要想在大选中获胜，必须向共和党的主流靠拢，因为里根发表的言论已经被认为离开了从尼克松到卡特两党在对华政策上的共识。他建议里根要与他最初发表的关于对华政策的极端的竞选言论拉开距离，并派他的竞选搭档布什访华，向中国领导人进行解释。就在布什起程前往中国之前，里根 8 月 16 日在洛杉矶的一次记者招待会上又说，他将与北京保持完全的外交关系，同时，将把与台湾的“非官方的”美国在台湾协会变为美国政府的运作，他将在台湾建立官方的联络处，虽然这并不意味着外交承认。

对里根的这种言论中国政府是不能置若罔闻的。就在布什到达北京的前一天，《人民日报》发表题为《不要错打算盘》的评论员文章，指出，美国同台湾恢复所谓“官方关系”，实际上就是使早已破产的制造“两个中国”的图谋复活。8 月 20 至 23 日，布什访问中国。布什向邓小平保证，里根将继续改善与中国的关系，他没有想在台湾问题上倒转时针。邓小平对里根在竞选中的言论给予了严厉的批评，他请布什向里根转达中国政府的正式立场，表明中国政府重视中美关系，但绝对不会拿原则作交换，美国方面对此是不应该有任何误解的。

8 月 25 日，里根和布什在洛杉矶举行记者招待会，里根宣读了对华关

---

① 刘连第、汪大为编著：《中美关系的轨迹——建交以来大事纵览》，时事出版社 1995 年版，第 25—26 页。

系五项原则的声明。他一方面表示，“美中关系无论对中国的利益还是对美国的利益来说，都是重要的”；另一方面又表示，美台关系将依照《与台湾关系法》得到发展。中国立即对这个新的讲话做出反应。8月28日，《人民日报》评论员文章《里根想把中美关系引向哪里》指出，《与台湾关系法》是美国的国内立法，不能作为处理中美关系的法律基础；而里根的主张，是公开鼓吹搞“两个中国”。

里根在对华政策上不负责任的言论也引起卡特政府的不安。8月26日，美国国务院重申，美国承认中华人民共和国政府是“中国唯一合法政府”，美国同台湾之间的关系是“非官方的、非政府的”关系。他指责里根的建议将使目前已存在的关系复杂化。① 面对国内和中国的一片反对声浪，里根尽管打心眼里对台湾情有独钟，也不得不暂时有所收敛。

但卡特政府在大选年中也在台湾问题上向保守势力作了让步，除了上述售台武器之外，10月2日，美国在台湾协会与台湾的北美事务协调委员会签署了一项协议，其中规定，双方派驻对方的机构和人员享受外交特权和豁免权。这个协定的签订实际上使这两个机构带有了某种官方色彩。对于这样一个得到美国政府认可的、破坏中美建交的基础的协定，中国政府理所当然表示反对。

二、对台军售再起波澜

1980年11月，里根在大选中获胜。里根在竞选期间发表的对华政策的言论以及他的顾问们的意见使中国领导人感到，刚刚正常化的中美关系正面临着考验。中国决策者十分重视中美关系，但也绝不会在涉及国家主权和领土完整的台湾问题上做出无原则的让步。1981年1月4日，邓小平乘接见美国参议院共和党副领袖史蒂文斯和共和党少数民族委员会主席陈香梅的机会，就中美关系发表了重要谈话。他以他特有的坦率，批评了有些美国人持有的错误观点，并特别强调了台湾问题对中美关系的重要性。

里根入主白宫后，从1981年到1982年，美国对华政策是共和党保守派与温和派、白宫与国务院，最后是里根本人与国务卿黑格的主要争议。

里根把对抗苏联作为他外交政策的首要目标，正是从这个角度出发他选择了军人出身的黑格作为国务卿。但在遏制苏联问题上，美国政府

① 刘连第，王大为编著：《中美关系的轨迹——建交以来大事纵览》，第29页。

内部也有分歧。黑格认为，苏联对阿富汗的入侵，在苏联支持下古巴对非洲的干涉，越南对柬埔寨的占领，这些新的事态发展使美国的政治气候清醒了，美国总统已经有可能在地缘政治方面采取新的强有力的行动。而要这样做，发展与中国的战略关系是至关重要的。他和基辛格一样，认为美国的战略利益在中国大陆，不在台湾。而里根则把他个人对台湾的感情和美国的战略利益混淆起来，在中美关系方面常常发表不合时宜的言论。因此，在此后的数年中，美国政府内部在对华政策上的分歧乃是不可避免的。

黑格一再向总统强调适当处理对华关系的重要性。他对台湾要求购买F-16战斗机等先进武器表示异议。他认为这会成为爆炸性的问题。黑格深信，新政府必须承认对华关系是当前最重要的战略问题之一，必须继续做出努力，使脆弱的中美关系得到加强，沿着正常化的道路继续前进。为此，新政府采取了以下几项措施。

第一，国务院发言人对美国对华政策作了两次表态，表示中美关系正常化公报是与中国关系的基础，美国当然要遵守它。第二，国务卿黑格于1981年2月20日会见柴泽民大使，就世界局势交换了意见，并讨论了在建交公报的原则基础上促进两国关系的步骤。[①] 第三，3月，里根总统会见柴泽民大使，表示要在两年前中美关系正常化公报的基础上发展两国关系。同时，里根又让即将去中国访问的前总统福特进一步向中国领导人做出保证。第四，黑格3月5日在接受《时代》周刊记者采访时，援引里根1980年8月25日的声明，用“各取所需”的办法来重新解读，把他自己的观点装进总统声明的框架之中，强调了中美关系的战略重要性，同时，作为国务卿，他要维护《与台湾关系法》，但他强调的是与台湾人民之间的非官方关系。

除了做出口头的承诺外，黑格还建议，把中国的贸易地位改为“友好的非盟国”一类，如南斯拉夫。这样就有可能向中国转让某些先进技术，包括军民两用技术，并允许中国通过商业途径向美国购买防御性武器。6月初，黑格的建议得到国家安全委员会的赞同，并且很快被报界透露出来。

---

① Alexander M. Haig, Jr: *Caveat Realism*, *Reagan*, *and Foreign Policy*, New York: Macmillan Publishing Company, 1984, p. 203.

与此同时，美国政府别的部门以及国会还在发出与国务院不同的信息，中美关系又到了一个停滞不前甚至可能倒退的重要关头。为了解决中美关系中出现的危机，两国政府商定，黑格于 6 月中旬访华。里根指示黑格告诉中国领导人：首先，美国将遵循一项全面的政策，以对抗苏联及其代理人的扩张，并强调美国在亚洲存在的永久性质；其次，将中国视为友好的非盟国的决定强调了中美关系的新概念的基础，这种关系是以两国的战略联系和两国在亚洲和世界其他部分的共同目标为基础的。此外，黑格还受命在台湾问题上寻求一种临时的解决方案，包括售台武器。

而从里根就职以来中国政府更加担心，美国是在进一步搞双轨政策：向中国大陆出售一些辅助性军事设备，同时把向台湾的军售升级。中国政府是绝不能同意这样一种交易的。因此，在黑格访华前夕，6 月 10 日，外交部发言人发表谈话，再次重申反对美国向台湾出售武器的立场。

6 月 14—16 日，黑格国务卿访问中国。这是里根入主白宫以来中美两国之间的首次高层会晤。黄华在欢迎黑格的宴会上对里根总统多次表示要尊重两国建交公报的原则并重视在这个基础上发展两国关系的言论表示赞赏。这是中国方面第一次做出这样的表示。其后，邓小平、黄华均着重与黑格谈了售台武器问题，明确指出中国反对美国继续向台湾提供武器。邓小平表示，如果美国走得太远，中美关系可能踏步不前，甚至可能倒退。16 日，里根在记者招待会上一方面表示，美国一直希望同中华人民共和国改善关系，使中国得到某些技术和防御性武器就是“改善美中关系的进程中的一个正常步骤”；另一方面，他又强调要执行《与台湾关系法》。[①] 里根发表这样的言论，自然引起中国方面的不满。中国政府认为这是他有意强调《与台湾关系法》的特殊意义。

美国国会、政府和舆论界在对华政策上继续发出混乱的、自相矛盾的声音。6 月 20 日，以斯蒂芬·索拉兹为主席的众院外委会亚太小组委员会在举行了一系列听证会后致函里根总统，要求不向台湾出售先进战斗机。但也是在 6 月下旬、7 月上旬，美国国会的数十位亲台议员，如高华德、麦克卢尔、赫尔姆斯等曾致函里根总统，表示支持向台湾出售 FX 战斗机。[②] 美国行政当局也不是只有一种声音。所有这些，都引起中国政府的

① *American Foreign Policy Current Documents* 1981, p. 956.

② 《人民日报》1989 年 8 月 27 日。

高度关注。

黑格的访华确实增进了双方对对方立场的了解，但问题并没有解决。中国方面继续利用一切机会表明自己的立场，阐述台湾问题，尤其是武器售台问题对于中美关系的极端重要性。8 月下旬，前总统卡特访问中国。他在访问结束时说，中国领导人给了他一个清晰的信息，如何处理台湾问题将决定中美关系的未来。8 月底，访华回国的参议院外委会成员格伦向报界表示，中国领导人向他指出，中美关系很可能因为美国向台湾出售武器的问题而倒退。① 为了表示反对美国继续向台湾出售武器，尤其是先进战斗机，中国政府推迟了副总参谋长刘华清的访美。

中国政府在反对美国向台湾出售武器的同时，在和平解决台湾回归祖国方面又采取了一项重要步骤。9 月 30 日，人大常委会委员长叶剑英向新华社记者发表谈话，进一步阐明了台湾回归祖国、实现和平统一的九条方针，建议举行国共两党对等谈判，实行第三次国共合作，共同完成祖国统一大业。台湾海峡地区局势的进一步缓和又一次剥夺了美国向台湾出售先进武器的借口。

由美国向台湾出售武器问题引起的中美之间的争执使两国政府认识到，中美关系到了其“漫长和曲折的道路上的又一个紧要关头”。如果售台武器问题不能得到妥善解决，中美关系不但不能继续发展，还会停止，甚至倒退，从而使两国的眼前和长远利益受到损害。两国政府决定把中美关系正常化过程中遗留下来的这一问题提上日程。黑格国务卿遂向里根建议，暂缓就售台新的武器做出决定。②

随着对台军售成为中美关系中的突出问题，美国国内也在此问题上展开了一场辩论。主张向台湾出售 FX 战斗机的人认为：在中美关系正常化时，美国有负于台湾，现在美国该做些事来进行补偿；由于中美两国关系在安全和经济方面的重要性，即使美国向台湾出售 FX 战斗机，中国领导人未必会采取激烈措施使中美关系像中国现在宣称的那样倒退。

美国政界和学术界的许多有识之士反对向台湾出售 FX 战斗机，他们认为这样做是没有必要的。台湾当局购买 FX 战斗机主要不是为了军事上

---

① A. Doak Barnett：*The FX Decision “Another Crucial Moment” in US—China-Taiwan Relations*, The Brookings Institution，1981，p. 33.

② Ibid.，p. 34.

的需要，而是政治上的需要，即表示美国支持台湾，并企图给中美关系制造新的麻烦；中国政府已经清楚地表示，如果美国向台湾出售FX战斗机，中国将被迫做出强硬的反应，这将不可避免地给贸易和重要的战略关系带来各种消极的影响，不符合美国自身利益。

三、《八一七公报》的产生

1981年10月21日，在墨西哥坎昆出席合作与发展会议的国务院总理赵紫阳会晤美国总统里根，讨论了美国向台湾出售武器的问题。10月23日，黄华外长与黑格进行会谈。黄华正式提出，中美两国立即开始就美国截止武器售台的具体日期进行谈判。如果美国拒绝，那中美关系只好降格，中国政府将从美国召回大使。坎昆会议后，黄华副总理兼外长访问美国，继续就这一问题与美方进行磋商。但美方表示：它并不坚持要无限期地向台湾出售武器，但不能接受在规定的期限内停止对台军售的要求；在中国实现统一之前，美国将继续执行"谨慎、克制、有选择地向台湾出售武器的政策"；美国预期此后售台武器的性能和数量都不超过卡特政府时期的水平，对台湾战机的更换也将如此处理。黑格还说，认为美国在搞"两个中国"是"一种误解"。两国外长达成协议，由中国副外长章文晋和美国驻华大使在北京就美国售台武器问题进一步举行谈判。①

在美国政府内部，以黑格为首的国务院一直是对华政策的主导力量，但它也受到以艾伦为首的国家安全委员会的牵制。艾伦是坚决主张改善美台关系的，他力主向台湾出售先进战斗机，1981年11月艾伦的离职减少了国安会对国务院的牵制，这是美国政府内部发生的有利于与中国达成新协议的变化。波兰的危机是促使里根政府与中国谈判第三个公报的另一原因。为了应付苏联在东欧的挑战，美国不能损害美中之间的战略关系。

从当年12月4日起，恒安石大使先后与章文晋、韩叙副外长在北京就美国售台武器问题进行谈判。正当中美两国就美国售台武器问题进行紧张谈判之际，里根政府于12月11日非正式通知国会，打算向台湾出售一批武器零件，这一消息立即使刚刚开始的谈判陷入僵局。中国政府提出了强烈抗议，要求美国对此加以澄清。在中美谈判陷入僵局后，1982年1月10日，霍尔德里奇一行7人匆匆赶到北京，带来黑格的指示说，里根决定不向台湾出售FX战斗机，而只是与台湾继续联合生产F-5E，里根同意与

---

① 《当代中国外交》，第236页。

中国政府谈判向台湾出售武器的限制。

谈判的进程异常艰难，整个春天，中美关系仍然处于剑拔弩张的极度紧张状态，稍有不慎，就有倒退的危险。

在黑格的极力敦促下，1982 年 4 月 5 日，里根致函邓小平和赵紫阳，建议布什在预定的大洋洲和东亚之行中顺道访华，与中国领导人讨论武器售台问题。5 月 5 日，布什一行到达杭州。这次访问的重头戏是 5 月 8 日与邓小平的会见，邓小平以其特有的坦率开门见山地说："中美之间的中心问题是美国向台湾出售武器问题，它是检验中美关系稳固性的准则。这个问题解决好了，才可建立相互信任的关系。两国关系只有在相互信任的基础上，才能发展……虽然我们制定了一系列具体方针，力争用和平方式实现台湾回归祖国，但我们不能承担不使用武力的义务。如果美国政府无限期地、长期向台湾出售武器，实际上是给台湾提供保护伞。"①

布什访华时带来了一份新的公报稿，这是国务院官员起草、里根在克拉克的帮助下亲自修改的。在邓小平会见布什两小时后，中方立即提出了对案。美方认为，中美谈判取得突破的条件开始具备了。② 从此，谈判的气氛得到改善。

尽管中美之间已经原则上同意达成协议，拟定公报仍然是一个艰难的过程。当时双方的主要分歧在于：中方要求美方确定对台军售的最后期限，美国坚持不答应；美方要求把减少对台军售与中方和平解决台湾问题的承诺联系起来，中方不能同意。关于第一点，后来中方退而求其次，要求美国承诺"分阶段逐步终止"对台军售，这个建议也没有为美国所接受。美方谈判人员坚持认为，美国在任何情况下都不能使用任何暗示终止售台武器的语言。

与此同时，各个方面都在继续向里根政府施加压力。国会内的亲台议员密切注视着谈判的进展情况，并经常抨击政府屈服于中国的压力。台湾方面对谈判自然格外关注，7 月 14 日，台湾北美事务协调委员会间接与霍尔德里奇接触，提出继续保持美台关系的六点保证：美国（1）不同意设定终止对台军售的日期；（2）不同意在对台军售前事先与中国政府商量；

① 中央文献研究室编：《邓小平思想年谱（1975—1997）》，中央文献出版社 1998 年版，第 220—221 页。

② *Caveat Realism, Reagan, and Foreign Policy*, p. 213.

(3) 不充当台湾与大陆之间的调停人；(4) 不同意修改《与台湾关系法》；(5) 不改变对台湾主权的立场；(6) 不对台湾施加压力，促其与大陆进行谈判。[①] 霍尔德里奇及其部下进行研究后，建议同意台湾要求。白宫对此无异议。

中美双方经过反复磋商，于 8 月 15 日终于达成了协议，并定于 17 日发布公报，公报共九条。在第五条中，美国重申了"无意侵犯中国的主权和领土完整，无意干涉中国内政，也无意执行'两个中国'或'一中一台'的政策"。公报的核心内容是第六条：

美国政府声明，它不寻求执行一项长期向台湾出售武器的政策，它向台湾出售的武器在性能和数量上将不超过中美建交后近几年供应的水平，它准备逐步减少对台湾的武器出售，并经过一段时间导致最后的解决。在作这样的声明时，美国承认中国关于彻底解决这一问题的一贯立场。[②]

在这里，美国政府做出了三项承诺，即"不超过"、"逐步减少"、"最后的解决"。虽然美国没有同意设定一个终止武器售台的最后期限，但这三项承诺毕竟也是重要的进展，也是对美台关系的一个约束。

《八一七公报》使中美双方在解决建交时遗留下来的美国售台武器问题方面，迈出了重要的一步，指明了前进的方向。如果美国方面切实遵照这个公报执行，后来中美两国间的许多摩擦本来是可以避免的。但后来的事实表明，美国并没有严格履行公报，甚至不时有严重违反公报的情况。中国方面为此不得不进行持续不断的交涉和严正的斗争。即便公报没有解决美国对台军售问题，公报起码表明，中美双方都不愿意让这个问题破坏了整个中美关系，不愿意让这个问题阻碍了中美关系中其他方面关系和交往的发展，都希望把它放在整个中美关系的大框架之中来加以解决，而随着中美关系中其他方面的发展，两国的纽带也就越来越紧密、越来越强固，从而又会给台湾问题的解决提供较好的环境和条件。

---

① 中美关系报告编辑小组：《中美关系报告：1981—1983》，台湾"中研院美国文化研究所"1984 年版，第 129 页。

② *American Foreign Policy Current Documents* 1982, pp. 1038 – 1040.

第二节 中国重申独立自主的政策

一、中国重申独立自主外交政策

从1972年尼克松访华到1982年关于美国售台武器的公报的签订，中国与美国打了十年交道，也积累了许多经验。在苏联力图寻求全球扩张的情况下，中美两国有着共同的战略利益；在中美关系正常化之后，两国经济、文化、科技及其他各方面的交流也有着广阔的发展前景。但十年的经验也使中国决策者清醒地意识到，中美关系的发展受到多方面因素的制约。除了两国的社会制度和意识形态的不同，台湾问题是进一步发展中美关系的主要障碍。台湾与美国的关系年深日久，美国国内，尤其在国会中存在着强烈的亲台势力。双方又经过十分艰难的谈判，才达成了《八一七公报》，使中美关系渡过了又一个危机。但公报仍然没有最后解决问题，它只是把问题的解决推迟到了不确定的未来，所以中美关系中的这个最大的制约因素仍然存在，中美关系发生又一次危机的潜在可能性仍然存在。

除了台湾问题，十年的交道也使中国领导人看到了美国国内政治对中美关系的严重制约。从一方面来说，发展和改善中美关系是美国两党的共识，中美之间的三个公报分别是在两党执政时签订的。另一方面，对华政策又不止一次成为美国两党斗争的热点，甚至焦点，成为美国党派斗争的“政治足球”。这种情况也使中国决策者意识到，要建立健康、稳定的中美关系是很不容易的，美国国内和国际上一有风吹草动，就会影响到中美关系。

20世纪60年代末以来，从毛泽东、周恩来到邓小平，中国领导人以高瞻远瞩的战略远见、卓越的政治智慧和高超的斗争艺术打开与美国的关系，使中国的外交随着国际形势的变化和中国国家目标的变化实现了重大转变。由于苏联扩张主义成为对中国和世界和平的主要威胁，中国在国际上实行反对苏联霸权主义的统一战线的方针，即所谓“一条线”的联美抗苏的国际战略，这种共同的战略需要成为中美关系正常化的战略基础。中国的这个方针不仅维护了中国的国家安全，而且有力地遏制了苏联的扩张，维护了世界和平。进入80年代，国际形势又发生了一些变化。一方面，里根执政后，打出了对内振兴经济，对外重整国威的旗号，增加军费开支，力争夺回美国的军事优势，并加强与盟国的传统关系，实行强硬的对苏政策，加剧了与苏联的争夺，也加剧了国际紧张局势。

另一方面，苏联由于战线过长，力不从心，在阿富汗又陷入泥潭，逐渐失去了战略主动。在这种情况下，苏联的对华政策出现了一些寻求改善苏中关系的积极变化。1982年初以来，苏联部长会议主席吉洪诺夫和政治局委员契尔年科先后表示苏联“不寻求与中国对抗”，愿意采取“具体步骤”同中国恢复关系。2月1日，苏联在给中国政府的照会中提出再次举行中苏边界会谈。5月13—21日，苏联外交部远东司司长贾丕才访问北京。9月15日，中国外交部发言人表示，一旦一切安排就绪，中苏立即恢复边界谈判。

中美苏关系的这种微妙变化使中国外交有了更大的回旋余地，也使中国决策者能更加充分、更加深远地考虑中国在改革开放和现代化建设新时期的外交方针。从1982年起，中国政府更加强调独立自主的外交政策，更加强调发展同第三世界的关系。在中国共产党十二大上，独立自主的外交政策正式作为中国在改革开放和现代化建设新时期的国际战略为全党所确认。从中华人民共和国成立以来，独立自主就是中国外交的根本原则。但实事求是地说，在冷战的国际大背景下，在两极世界的国际格局下，在中国的国家安全面临严重威胁的情况下，以及当中国外交受到极“左”思潮干扰的情况下，中国独立自主的外交方针不可避免地受到干扰和局限。在中国外交中曾经有过以美国划限和以苏联划限的情况，影响了中国与一些国家的关系。进入80年代，对中国安全迫在眉睫的威胁已经不复存在，中国国家生活的各个方面已经或正在回到正常轨道，中国的国际地位明显提高，中国确实已经有可能实行比以前更完全、更不受干扰的独立自主的外交政策了。

新时期独立自主的外交政策有以下几个特点：

第一，中国外交政策的根本目的是为了维护地区和世界的持久和平，寻求全人类的共同繁荣。

第二，中国不同任何大国结盟或建立战略关系，不支持它们中的一方反对另一方。

第三，不以社会制度和意识形态划分国家关系的亲疏远近，而是根据中国人民和世界人民的根本利益，根据每一件事情本身的是非曲直决定我们的态度。

第四，中国实行对外开放的基本国策，既对资本主义国家开放，也对社会主义国家开放；既对发达国家开放，也对发展中国家开放。同时广泛参加联合国和其他国际组织的活动。

1982年12月举行的第五届全国人民代表大会第五次会议总结了新中国成立以来的历史经验和改革开放新时期的特点和任务，对1978年3月通过的宪法进行了修改。在新修改的宪法中对党的十二大确定的外交方针予以确认。

中国在经过了50年代的联苏反美、70年代的联美反苏之后，在80年代初重申独立自主的外交政策具有十分重大的意义。只有在这样的外交政策指导下，中国才能真正发展同所有国家的友好关系，实现全方位的开放，才能营造对现代化建设最有利的国际环境，尤其是周边环境，才能在国际事务中发挥更大的作用。美国自然密切注视着中国外交方针的这种变化。许多美国官员私下欢迎中苏重开谈判，因为中苏紧张状态的缓和会有助于处理一些重大国际争端，如柬埔寨问题和朝鲜问题。胡耀邦在十二大的报告中提出了中苏关系中的三大障碍：苏联在中苏边境和中蒙边境派驻重兵、支持越南侵占柬埔寨、武装侵占阿富汗。美国决策者认为，中国提出的这些条件，尤其是后两条，也能使美苏关系得到改善。

二、问题成堆

《八一七公报》的签订使中美关系渡过了一次危机，但中美关系并没有因此而万事大吉。1982—1983年中美关系中可以说是麻烦不断。其中有些是与美国对台湾的政策直接有关的，另一些是两国关系在其他方面出现的摩擦。

1. 关于第二个纺织品贸易协议的谈判

中美第一个纺织品协议是1980年9月签订的。中国严格按照协议规定将其对美纺织品出口的增长控制在有限的范围内。但到1982年8月，美国对中国纺织品的限制品类已由原先规定的8种增加到15种，并有4种正在谈判中。美方曾多次宣布单方面限制，甚至实行卡关，对中国纺织品生产和出口造成损害，也给美国进口商造成严重损失。

第一个纺织品协议应于1982年底到期。1982年8月，中美两国在北京开始新的纺织品贸易协议的谈判。由于双方立场差距甚大，虽然中方做出了很大让步，但经过四轮谈判，没有达成任何协议。1983年1月13日，美国国务院发言人休斯宣布，由于美中两国第一个纺织品协议于1982年12月31日到期，新的协议谈判至今未达成协议，美国决定对中国纺织品进口实行单方面限制。中国立即做出反应，决定立即停止批准当年从美国进口棉花、化学纤维和大豆的新合同，并削减从美国进口其他农产品的计划。[①] 中美之间爆发了建交以来的第一次贸易战。其结果，中美贸易在经过了 1978—1981 年的增长之后，1982、1983 年两年连续下降。

在中美经贸领域，除了上述争议，1979 年美国进出口银行承诺的对华 20 亿美元贷款也一直没有兑现。直到 1983 年 5 月，进出口银行才向中国提供了 5700 万美元的贷款。美国对华实际投资仍然几乎等于零。

2. 关于湖广铁路债券案

湖广铁路是指湖北、湖南两省境内粤汉铁路和湖北省境内川汉铁路。在清政府行将寿终正寝的 1911 年，英、法、德、美四国银行团经过一再争夺和妥协达成协议，并迫使清政府在《湖广铁路借款合同》上签字。合同与其他一系列的铁路借款合同一样，也有种种掠夺性的规定，属于列强强迫清政府签订的不平等条约之列，严重侵犯了中国的主权，理所当然属于恶性债务。

1949 年中华人民共和国成立后，中央人民政府早就昭告全世界，对旧中国政府订立的一切不平等条约予以废除。根据国际法的基本原则，新政府对于旧政府的权利和义务，不存在“全面继承”的问题，对于像湖广铁路借款这样的恶债，任何主权国家都是不予继承的。

1979 年 11 月起，美国公民杰克逊竟在美国阿拉巴马州地方法院控告中国，要求偿还债券本利上亿美元。该法院受理此案，荒唐地将中华人民共和国列为“被告”，并于 1979 年 11 月 13 日向中国外长黄华发出传票，要求他于收到传票后 20 天内提出答辩，否则做“缺席判决”。中国外交部拒绝接受传票，将其退回。该法院的做法是违反国际法的，中国政府多次照会美国政府，声明中国作为一个主权国家，享有主权豁免，不受外国法院管辖。但美国政府以三权分立、不能干涉司法判决为由，表示无能为力。1982 年 9 月 1 日，美国阿拉巴马州地方法院对中华人民共和国做出“缺席判决”，要求中国政府偿还原告 4100 多万美元，并称，如果中国政府对这一判决置之不理，美国法院将依据原告的请求强制执行判决，扣押中国在美国的财产。

① 《人民日报》1983 年 1 月 20 日。

3. 与台湾有关的问题

《八一七公报》的签订使中美关系渡过了一次危机，但问题并没有解决。美国国内的保守势力一直吵吵嚷嚷，指责行政当局对中国让步太大，不断对政府施加压力。里根政府为抚慰保守势力，也在不断做出曲解公报言辞、违背公报精神的表态。尤其严重的是里根 1983 年 2 月接见美国《世事》周刊记者的谈话中一再强调，美国把中国用和平方式解决台湾问题与美国向台湾出售武器“联系在一起”，他进而把公报内容归纳为：“如果有朝一日两方认为它们能够以和平方式合起来成为一个中国，那就没有任何必要向台湾出售武器了。”里根的这番公然违反公报的表态引起中方的强烈不满。2 月 26 日，新华社记者发表述评，要求美国政府切切实实地做一些有利于促进中美关系而不是损害中美关系的事。[①] 与此同时，美国政府在中国加入亚洲开发银行问题上再次把台湾问题搅和在一起。没过 3 个月，又发生了泛美航空公司重飞台湾航线的问题以及台湾设在美国及其他一些国家的代表机构直接受理、颁发前往所谓“中华民国”的签证等事。

三、打破僵局

1982 年 6 月，舒尔茨接替黑格出任国务卿。舒尔茨与黑格在对国际形势和中美关系的看法方面有两大不同。首先，他不像黑格那样强调苏联的威胁，突出美国在战略方面的弱点。其次，相应的是，他不像黑格那样重视中国的战略价值，也不大重视基辛格战略大三角逻辑的重要性。舒尔茨也认为中国作为联合国安理会常任理事国之一，作为世界上人口最多的国家和潜在的巨大的贸易与投资伙伴，中国具有“地缘战略的重要性”，但他认为由于美国太重视美中关系，造成中国不断要求美国做出让步，这是两国关系中的麻烦的主要原因。而他认为，对于美国在亚太地区的利益来说，日本比中国更重要。

1983 年 2 月舒尔茨国务卿访华时，中美关系中正有一系列问题需要解决。舒尔茨与中国领导人的会谈，明确地表现了两国观点的分歧，尤其在台湾问题上的分歧。中方指出，要进一步改善两国关系，必须消除障碍，其中最主要的障碍是台湾问题，特别是美国坚持向台湾出售武器的问题。舒尔茨认为美国向台湾出售武器是符合美国的《与台湾关系法》的。中国

① 《人民日报》1983 年 2 月 26 日。

方面认为《与台湾关系法》是中美关系发展的严重障碍，应予废除。在经济、贸易、文化、技术交流方面，中国领导人指出，美国对中国采取的歧视和限制政策也是不利于两国关系的发展的。[①] 舒尔茨的访问没有解决中美关系中的什么问题，但两国领导人也都在努力避免使中美关系走下坡路。

中美关系中出现的这种种麻烦和摩擦使中美两国的有识之士感到忧虑。1983 年 3 月下旬，美国众议院议长奥尼尔率众议院代表团来华访问，邓小平在 30 日会见奥尼尔一行时回顾了中美关系十年来的发展进程后指出，中美之间存在相互信任的关系问题，需要政策的延续性，《与台湾关系法》是干涉中国内政的产物。他希望美国众议院代表团在消除两国之间的分歧，建立互相信任方面做出努力。奥尼尔向中国领导人表示，通过访问他对中国方面在台湾问题上的强烈情绪有了更加深刻的了解。他在北京接见美国记者时更谈到，美国对华政策“一直是失误”的，现在仍然存在着许多“严重的误解”。[②]

这样，在《八一七公报》签订后的几个月中，中美关系实际处于相当紧张的僵持状态。美国没有同意向台湾出售 FX 战斗机，公报使中美关系因售台武器问题而发生倒退的危险暂时消除了；虽然美国不打算切切实实地遵守公报，但一时也不会走得离公报太远；台湾问题这个历史遗留下来的问题不可能在短时间内得到解决，但双方也不想因为台湾问题的存在而使两国关系全面冻结。实际上，随着两国关系的建立，随着各方面的联系的不断增强，两国关系中内在的动力就会发挥出来，增强起来。1983 年春，双方都在考虑如何打破僵局的问题。

中美之间的一系列互访帮助逐步改善了两国关系。5 月 8—11 日，美国总统科技顾问、白宫科技政策办公室主任乔治·基沃斯率领 20 名美国政府专家访华，参加中美科技合作联合委员会第三次会议。访问期间，中国国家科委主任方毅与基沃斯代表两国政府签订了运输、航空学、核子学和生物医学 4 项联合研究合作协定。这些协定使两国科技合作研究项目达到了 20 个。5 月 21—26 日，美国商务部长鲍德里奇率领的由 33 人组成的代表团应邀访华，出席中美商务贸易联合委员会首次会议。会议取得了一

---

① 《人民日报》1983 年 2 月 7 日。

② 《人民日报》1983 年 3 月 29、30、31 日，4 月 1 日。

系列具体成果，包括达成第二个纺织品贸易协议。新协议有效期为五年。双方在新协议中都做出了让步。协议规定两国纺织品贸易的年增长率为3%，高于美国主张的1.5%—2%，而低于中国要求的6%。新协议限制的范围比旧协议更广，从14种扩大为34种。由于这项协议的达成，9月8日，中国宣布取消1月开始实施的对购买美国棉花、大豆和化纤的禁令。新协议的达成消除了中美关系中的一大障碍。①

关于湖广铁路案，中国政府虽然继续坚持主权豁免的主张，但最后于1983年年中同意聘请律师，对联邦地区法院做出的原判提出上诉。在此基础上，美国司法部填写了一份“法庭之友”的简要意见，支持中国政府的立场，即中国政府不应被认为是清朝财政债务的继承人。美国国务院、司法部均派了律师出庭。同年，地区法院重申此案，撤销了原判，并做出新的判决：中国政府无须向美国债券持有者做出偿付。原告不服，最高法院于1987年3月9日做出裁定，驳回复审要求，拒绝受理此案。②

中美两国的军事交流也以温伯格国防部长9月下旬的访华为标志而得到恢复。当温伯格在北京访问时，28日，中国外交部发言人和白宫发言人都宣布了赵紫阳总理将于1984年1月访美，里根总统将于1984年4月访华的消息。两国经济技术合作方面出现了新的积极因素。美国政府决定放宽对中国出口技术的限制，两国政府一致同意把两国贸易协定延长3年，并签订了纺织品协定。核能合作也取得了进展。美国国务院官员对中国加入国际原子能机构表示高兴，认为这是中国朝着有资格获得美国非军事核技术方向迈出的“重要一步”③。

1984年1月9日，赵紫阳一行抵达华盛顿。赵紫阳访美的一个重要目的是扩展中美两国之间的经济技术合作。12日，赵紫阳和里根分别代表两国政府签署了中美工业技术合作协定。这是一项原则性协定，将由中美联合商务贸易委员会负责实施。国家科委副主任赵东宛和总统科学顾问基沃斯签署了中美科学和技术合作协定，这是1979年签订的科技合作协定的

---

① Harry Harding, *A Fragile Relationship The United States and China since* 1972, Washington DC: The Brookings Institution Press, 1992, p. 142.

② 宫力：《峰谷间的震荡——1979年以来的中美关系》，中国青年出版社1996年版，第161页。

③ 刘连第、刘大为编著：《中美关系的轨迹——建交以来大事纵览》，时事出版社1995年版，第135页。

继续，延长期为5年。赵紫阳总理在访问中向美国各界广泛介绍了中国的改革开放政策及其所取得的成就，阐述了中国和平统一祖国的政策和对香港的政策，增进了中美两国领导人的相互了解，扩大了两国的经贸合作，使两年来起伏不定的中美关系稳定下来，访问达到了预期的目的。

在中美关系得到稳定之后，2月22日，邓小平接见了由布热津斯基任高级顾问的美国战略与国际问题研究中心代表团。在谈到台湾问题时，邓小平明确地、深入浅出地向客人阐明了“一国两制”的重要理论，提出了用新的思路解决国际争端的问题，这是对马克思主义的国家观和国际关系理论的重大发展。

4月26日至5月1日，里根总统应中国政府的邀请，对中国进行了国事访问。5月1日，助理国务卿沃尔福威茨在参院外委会介绍里根的中国之行时说，里根政府认为，“一个强大的、稳定的、经济上发展的、与主要的工业化民主国家不断拓展关系的中国，可以成为维护亚洲和世界和平的不断增长的力量”。总统这次访问的目的“不是要开创一个新的时代或寻求戏剧性的新突破，而是要增强和巩固这种极端重要关系的基础”，是要把中美关系置于“更加稳定和更加全面的基础之上”，以避免使中美关系“从敌视和怀疑的一个极端走向亢奋和感情用事的另一极端”。

赵紫阳访美和里根访华具有重要意义。这是从邓小平1979年访美以来，中国领导人第二次访问美国，是中美建交以后两国领导人的首次互访。中美关系本身的性质决定了，这种关系的发展不可能是一帆风顺的。通过正常化之后四五年两国关系的实践，双方对这种关系都有了比较清楚的认识，对两国的共同利益和分歧，对两国可以合作的领域，对两国关系中的现有麻烦和潜在的问题，以及两国关系的前景都有了比较现实的看法。在两国关系经过了一连串的波折起伏之后，这次高层互访使两国关系在一段时间内相对稳定下来，为此后数年双边关系的平稳发展奠定了基础。

第三节 双边关系的全面发展

从1984年中美两国领导人互访到1989年春这5年多，中美关系的发展比较平稳。在此后数年中，台湾问题基本稳定，没有出现新的危机；两国关系中虽然仍然有麻烦问题，或者旧的问题解决了，又产生了新的问题，但没有出现可能影响两国关系全局的重大问题；两国高层互访不断，使双边关系保持了不断改善的势头；两国在经贸、文化、科技及军事等方面的交流全面展开，并取得较大发展，推动了中美关系的良性互动，使中美关系内在的潜力逐渐发挥出来。这是中美建交后难得的关系平稳发展的时期。美国越来越认识到中国是亚太地区的稳定因素，看到中国在第三世界的作用，看到中国经济发展的潜力，认识到中美关系好则两国双赢，中美关系坏则彼此受损。中美关系的未来发展将证明，这种内在动力的变化是中美关系得以克服各种困难和波折，持续向前发展的重要因素。

一、频繁的高层互访

中美两国保持了密切的高层接触，在此后数年中最主要的高层互访有：1985 年 7 月李先念国家主席访美，10 月布什副总统访华，1987 年 3 月舒尔茨国务卿访华，5 月杨尚昆军委副主席访美，以及 1989 年 2 月布什总统访华。

1985 年 7 月 21—31 日，李先念国家主席在访问加拿大之后对美国进行正式访问，这是中国国家主席第一次访问美国。李先念一行在访美期间除了同美国领导人举行会谈，还同美国国会领导人、美国企业、经济、科技各界及华侨和华裔人士进行了广泛的接触，访问取得了圆满的成功。1985 年 10 月 13—18 日，布什副总统访问中国，这是 1975 年以来他第四次访华。15 日，布什在北京举行的记者招待会上表示，中国的现代化建设为美国的投资创造了良好条件，美国企业在这方面可以大有作为。他认为两国近几年来已经建立了牢固的、有着广泛基础的重要关系。

1987 年 3 月 1—6 日，舒尔茨国务卿访问中国。李先念主席、赵紫阳总理、邓小平主任先后会见了他。舒尔茨表示，美国重视发展对华关系，两国关系的发展对维护亚太地区的稳定和世界和平都是重要的。当时，中国正在反对资产阶级自由化。胡耀邦总书记因对学潮负有一定责任而于 1987 年 1 月辞去中共中央总书记职务。这在国际上引起震动，人们对中国是否能坚持改革开放有种种猜疑。邓小平在会见舒尔茨时介绍了中国的国内情况，作了重要的政策阐释，消除了客人对中国是否改变政策的疑虑。

5 月 15—27 日，以中央军委副主席杨尚昆为团长的中国政府代表团访问了美国。杨尚昆一再表示，中国改革、开放、搞活经济的政策不会改变，中国独立自主的外交政策不会改变，中国加强和发展同美国关系的愿望不会改变。中国方面强调，台湾问题仍是中美关系的主要障碍，中国的统一有利于中美关系的稳定发展，美国政府在此问题上是可以有所作为的。双方都表示愿意继续保持政治磋商，加强经济、贸易合作，加强文化、科技、教育、军事等领域的往来，并认为发展中美关系的潜力是很大的。

1988 年，布什赢得美国大选。12 月 22 日，圣诞节前夕，布什一家祖孙三代共十八人到中国驻美大使韩叙官邸做客。美国待任总统到一个国家的大使馆过圣诞节是前所未有的。这无疑是一种特别的友好表示。戈尔巴乔夫即将访华的消息宣布以后，布什非常希望能在苏联领导人访问之前访华，使中美关系在中苏关系正常化之前保持发展势头。由于时间仓促，中美双方商定布什 1989 年 2 月对华进行工作访问，而不是国事访问。这是布什自 1975 年以来第五次访华。布什在访问中一再表示，美国珍惜中美之间已经建立起来的新关系，两国之间的友谊正在继续发展，而且还有巨大的发展潜力。他表示，美国坚决执行一个中国的政策，继续遵守三个联合公报的原则。美国公开宣布这一原则，以反对岛内的分裂主义分子。他还说，美国欢迎戈尔巴乔夫访华，欢迎中苏关系的改善，这将有利于世界和平与稳定。中方表示，中苏关系不可能再回到 50 年代，中国不寻求与苏联结盟，中苏关系的改善不会损害第三国的利益。从而消除了布什对中苏关系正常化的担心。

二、军事交流

中美两国间的军事关系主要表现在几个方面：高层互访，功能性合作，军事技术方面的合作等。

1. 高层互访

两国军方高层人士的互访是两国军事交流的主要内容。1980 年美国国防部长布朗和中国政府副总理兼军委秘书长耿飙实现互访，中国人民解放军副总参谋长刘华清也访问了美国。互访中双方就训练和后勤方面的交流达成了协议，美国也宣布放宽对中国的技术出口限制。作为对 1983 年 9 月温伯格访华的回访，张爱萍国防部长于 1984 年 6 月访问了美国。这是中华人民共和国的国防部长第一次访问美国。6 月 12 日，也就是张爱萍会见里根总统的当天早上，里根签署了同意中国享受“对外军事销售待遇”的文件，这样中国就可以用现金购买美国的武器了。6 月 13 日，张爱萍和温伯格签署了两国军事技术合作协议，从而为两国将来的军事交流与合作确定了基本原则。这是中美两国的第一个军事技术合作协议。协议中提到的主要是三个项目：生产反坦克导弹以对付中苏边境的大量苏联坦克，大口径炮弹的生产，改造中国原有的歼－8 歼击机的电子系统。双方还签署了一项和平利用空间技术协议，为后来中国发射“亚洲 1 号”通信卫星起到了启动和保障作用。

在两国国防部长互访后，两国军方的各个方面领导人的互访更加频繁。所有这些高层互访都增进了双方的相互了解，促进了两军在许多具体项目上的合作。

2. 功能性合作

随着两国高层互访和交流的开展，两军功能性的合作也逐渐开展起来。双方开展了一些情报交流与合作。早在 1980 和 1981 年两军之间在训练和后勤方面的交往就已经开始了。但只是在 1983 年 9 月温伯格访华以后，这种功能性的交往才实现了机制化。1984 年，中国军事训练代表团和后勤代表团分别于 4 月和 5 月访问了美国，美军相应代表团于 10 月和 11 月访问了中国。1985 年 8 月美国陆军训练部主办了中国人民解放军军事训练讨论会。1986 年 1 月中美两军第一次进行了实地接触。1986 年 11 月 5 日，美国第七舰队的“里夫斯号”巡洋舰、“奥尔登多夫号”驱逐舰、“伦兹号”护卫舰在太平洋舰队总司令莱昂斯的率领下访问了青岛港，这是美国舰队第一次访问中华人民共和国的港口，也是中美两军第一次大规模的面对面的接触。美国舰队访华后 10 天，中国人民解放军海军后勤代表团访问了美国。12 月 1 日，美国国防部质量保障代表团访问了中国。1987 年的功能性交流包括美国空军后勤部司令 2 月访华，由美国陆军部副部长霍林斯率领的美国系统分析小组 3 月访华，由尚曼中将率领的美国海军训练代表团 4 月访华。

3. 军事技术方面的合作

中美军事关系的另一重要领域是军事技术方面的合作。美国对华军售分属两个领域：军民两用的技术和设备是由商业部颁发许可证的；军用的物品和技术属于对外军售项目，列入国际军火清单控制范围，由国务院颁发许可证。后一类物品可以直接通过商业渠道由中国直接向持有许可证的公司购买，也可以通过对外军售部门办理，建立在政府对政府的基础之上。

中美两国的军事技术转让的准备工作从 1978 年正常化时即已开始。在正常化之前和正常化之后，美国实际上都鼓励西方盟国向中国出售武器。1980 年美国开始向中国转让极少量的民用的先进成像设备和配有先进导航仪器的小型的喷气飞机。在1980年1月布朗访华后，国务院宣布了六大类可以向中国出售的辅助性军事设备。4月，美国商业部把中国出口控制从Y类（对华沙条约集团国家）放宽到P类（对新国家集团），允许向中国出售辅助性军事设备。但1980年美国实际向中国出口的这类设备数量极少。1983年6月21日，美国商务部长鲍德里奇宣布：美国政府为提高准许向中国出口高技术产品的水平，决定将中国从出口管制条例中的P类国家改为V类。再次放宽了对中国的出口技术控制。但他同时又指出，尽管中国列入与西欧盟国同类国家，不一定会享受到同样的待遇。

1983年温伯格访华时中美双方就军售和技术转让重新进行了讨论，1984年3月下旬达成协议，向中国转让火炮、反坦克武器和防空武器。[①] 1984年8月，美国西科尔斯基飞机公司同中国签订了出售价值1.4亿美元的24架S-70C型直升飞机合同。[②] 1985年11月，美中贸易全国委员会组织的由18名美国防工业总经理组成的代表团对中国进行了为期两周的访问，其中包括波音、福特、休斯飞机公司、洛克希德、马丁—玛丽埃塔、罗克尔国际公司等大公司。

1985年12月，中国提出了把歼-8飞机的控制系统现代化的项目。美中双方于1986年10月在温伯格再次访问中国期间签订了协议。纽约长岛的格拉曼公司得到了这项合同。项目的金额约为5亿美元，预计六年完成。为了在双方之间进行协调，中国人民解放军空军在俄亥俄州的赖特—帕特森空军基地派驻了一个五人小组。另外，中美双方还就出售或合作生产陶式反坦克导弹、改进型霍克防空导弹、轻型反潜艇鱼雷等项目进行了具体磋商。[③]

1987年1月，美国国防部发表的一份声明说，美国政府准备向中国出售价值6200万美元的四组跟踪火力炮兵雷达和无线电设备。这套设备能使中国军队从对方炮弹的轨道测出对方炮兵群的位置。中国的军事人员还在俄克拉荷马州的塞尔要塞进行操作训练。在反潜战方面，双方进行了联合生产鱼雷的讨论。美国向中国出售了四枚“马克-46”2型鱼雷供试验和评测。中国的7名学员在佛罗里达的奥兰多海军武器训练中心接受训练。

---

① Caspar Weinberger, *Fighting for Peace*, New York: Warner Books, 1990, pp. 271 - 274, 282.

② 熊志勇：《美国与中国——迈向新世纪的回顾》，河南人民出版社1995年版，第306页。

③ 同上。

1989 年 1 月 26 日，中美两国政府就中国运载火箭发射美国制造的卫星等事宜正式签署了有关商业发射服务贸易问题的协议备忘录。这样，中美之间就中国发射美国制造的卫星的一切法律事宜均已完成。[①]

1980 年美国大选中共和党总统候选人里根的亲台言论引起中国政府忧虑。里根当政后，其政府内部黑格国务卿主张加强对华关系，与里根总统的对华政策存在分歧。美国执意提升对台军售，导致中美关系发生危机。经过双方艰苦努力，中美就美国售台武器问题达成《八一七公报》，使中美双方在解决建交时遗留下来的这个最大问题上，迈出了重要的一步。80 年代中国重申独立自主外交政策，缓和与苏联关系。80 年代初期中美关系面临不少问题，经过一系列的互访以及双边经贸、技术协定的签订，两国关系中的僵局被打破。此后中美关系进入全面发展时期，两国进行了频繁的高层互访和密切的军事交流。

① 刘连第、王大为编著：《中美关系的轨迹——建交以来大事纵览》，第 258、266 页。

第三章

历史转折时期的中美关系

第一节 国际格局的变迁与中美关系

一、美国全球战略的调整

1988 年 11 月，当了八年副总统的乔治·布什成功地击败了民主党候选人杜卡基斯（Michael S. Dukakis），当选为美国第 41 任总统。1988 年 4 月 15 日，布什就曾在竞选演说中表示：“任何一个美国总统的首要任务，就是维护美国的安全和促进全世界的和平与自由”；“保持美国的强大并积极参与世界事务，我们就不仅能在拉美、亚洲、非洲和全世界成为别人的榜样和启示，还能成为促进改革与自由的力量”；“自由与民主的进程正在全世界发展，集权主义正在退却。在未来的岁月里，我们的任务就是鼓励这种趋势。”①

尽管布什在竞选期间表示将继续执行里根时期的政策，但面临国际格局的巨大变革，布什政府上台后还是对美国的对外政策进行了重大调整。而这种变革直接或间接地影响到中美关系的发展。

1989 年 1 月 20 日，布什正式宣誓就职。布什本人多年从事外交工作，经验颇为丰富。在尼克松和福特政府时期，他曾先后担任美国驻联合国大使、美国驻华联络处主任等职务。里根政府时期，他又以副总统身份参与外交事务。在布什的外交班底中，务实、稳健并具有丰富经验的温和派占据了上风。曾担任里根政府财政部长的詹姆斯·贝克出任国务卿，总统国家安全顾问则由布伦特·斯考克罗夫特担任，而国防部长则由理查德·切尼担当，从而搭起了处理外交政策的“三驾马车”。

① “布什外交政策主要原则”，美国新闻总署：《1988 年总统候选人关于外交及其他国际问题的观点汇编》。

上台伊始，布什政府就在考虑调整美国的对外政策，以应对国际形势的变化。1989年4月14日，国务卿贝克提出了今后美国外交政策的三点原则：一是在国际事务中确保美国的领导地位；二是以现实主义理念看待国际事务和处理国家关系；三是共和、民主“两党一致”，“通力合作”处理对外关系。三项原则的主旨依旧是继续保持美国在世界的霸主地位。之所以提出这三项原则，主要是国际形势发生了重大变化。

1989年4月至6月间，布什总统数次发表重要讲话，分别阐述了新政府对欧洲、苏联、东欧的政策以及美国的安全政策。在新出台的美国外交战略中，苏联依旧是布什政府关注的中心。不过，自20世纪80年代中期以后，美苏关系逐渐趋于缓和，双方发生军事冲突的危险已大大下降。正是在这种背景下，1989年5月12日，布什总统在得克萨斯农业和机械大学毕业典礼上发表讲话，推出了被人们称为“超越遏制”的对外战略。布什宣称，这项战略是“美国战后对苏政策的彻底改变”，标志着“美国外交政策将进行哲学思想的变革”。“超越遏制”战略的基本思想就是，在保持美国为首的西方国家的军事实力、防止苏联进行扩张的同时，抓住苏联和东欧社会主义国家进行改革之机，充分发挥美国为首的西方社会的优势，更多地运用政治、经济、文化和意识形态等手段，同苏联展开全方位的竞争。其具体做法就是主要以经济援助为诱饵，积极同苏联发展关系，传播西方价值观和政治经济模式，推进苏东及其他社会主义国家的“和平演变”，实现政治多元化和经济自由化，进而将其纳入到西方社会的政治、经济体系之中。

“超越遏制”战略并没有放弃遏制，但手法有所变化，同过去传统的“遏制”战略相比，“超越遏制”战略所追求的目标更为宏大。此前的“遏制”战略主要是遏制苏联的对外扩张，阻止苏联等社会主义国家扩大影响力的同时，竭力扩展自己的势力范围，谋求世界霸权；而“超越遏制”战略则是在保持军事力量之外，超越单纯的遏制政策，抓住苏东等社会主义国家内部正在发生变革的新形势，力图推动苏东地区的“和平演变”，促使其朝着政治多元化和自由市场经济转型，以实现资本主义的一统天下。

1989年12月初，布什总统和戈尔巴乔夫在马耳他举行了非正式会晤，就东欧局势、国际军控、双边经济关系和中美洲政策等问题进行商讨，并就许多问题达成了一致意见，诸如对东欧“和平”变革不诉诸武力、削减双方战略武器、裁减欧洲常规力量等等。作为对苏联改革的鼓励，布什提议：给予苏联最惠国待遇，同时敦促苏联制定和实施新移民法；支持苏联成为关贸总协定的观察员，并鼓励苏联的市场改革；扩大美苏经济技术合作。美苏首脑马耳他会晤是美国在“超越遏制”战略的框架下，同苏联寻求妥协与合作、建立新型关系的标志。

二、苏东剧变与冷战的结束

20 世纪 80 年代末，苏联东欧局势发生了剧变。由于长期以来政治民主建设的滞后和经济发展陷入困境，人民生活不能得到明显提高。社会主义应有的优越性不能得到体现，民众的不满情绪不断上升，苏联东欧内部的异化力量迅速抬头，最终在各国相继爆发了旨在否定共产党领导和社会主义制度的社会变革运动。1989 年 6 月，瓦文萨领导的团结工会在波兰大选中大获全胜。随着由团结工会组阁的联合政府的成立，波兰的政体最终发生了质变，丧失了社会主义的性质。随后，匈牙利、捷克斯洛伐克、保加利亚等国都先后发生了政治变革。民主德国也是民心浮动，政局不稳，最终柏林墙倒塌，德国实现了统一。这打破了自第二次世界大战结束以来的“雅尔塔体制”，欧洲政治格局发生了翻天覆地的变化。

与此同时，苏联内部也发生了重大变革。面对国内外的新形势，时任苏联共产党总书记的戈尔巴乔夫提出了“新思维”，对内进行经济和政治体制改革，发展社会生产力；对外关系方面，推出“全人类价值高于一切”的新理念，谋求缓和，并逐步在意识形态上向西方靠拢。1991 年，苏联推行政治体制改革的同时，采取激进的措施推行经济改革，大力推行私有制和市场经济。但是，改革的失败最终激化了苏联内部的政治斗争，最终爆发了“八一九事件”，政局动荡加剧。① 苏联的政治经济改革并没有获得成功，反而使得国内长期掩盖的民族矛盾暴露出来，进而导致加盟共和国独立和分离的倾向。“八一九事件”之后，立陶宛、拉脱维亚和爱沙尼

---

① 戈尔巴乔夫时期，苏联内部逐渐出现了三大政治力量：“保守派”对戈尔巴乔夫的改革持相当大的保留态度；而“激进派”（又称“民主派”）则指责改革和“西化”的措施不力，步伐缓慢。而以戈尔巴乔夫为首的“主流派”则试图在两大派系之间协调，寻求中间路线。1991 年 8 月 20 日，苏联预定要和加盟共和国签订新联盟条约，这将大大增强地方自主权，削弱中央权力，引起了“传统派”的极为不满。1991 年 8 月 19 日，副总统亚纳耶夫宣布由其本人履行苏联总统职责，宣布成立由他本人、总理、内务部长、克格勃主席和国防部长等人组成的国家紧急状态委员会。这就是“八一九事件”。最终这一事件被平息，但戈尔巴乔夫失去了对于局势发展的控制，而叶利钦则开始主导局势的发展。

亚三个波罗的海加盟共和国宣布独立。随后其他加盟共和国也纷纷效仿。在不到四个月的时间内，苏联解体，分裂成 15 个国家。① 苏联的解体之快，政局变化之大，超出了所有人的预料。美国总统布什发表电视讲话，“40 年来，美国和西方一直在和共产主义斗争”，而现在“这场冲突结束了”。②

苏东剧变、冷战结束给国际格局带来深刻而长远的影响，并改变了中美关系发展的国际大环境。第一，美苏两极对峙的格局崩溃，同时也终结了自 20 世纪 70 年代以来逐步形成的中美苏战略三角关系。第二，国际局势总体上进一步缓和，“和平与发展”成为时代的主题，世界各国更加注重发展经济，注重综合国力的竞争。第三，原先分别以美苏为首的两大阵营的对抗局面终结，全球化进程进一步加速，世界经济的联动和地区经济的整合态势更趋明显。第四，美国成为世界上唯一现存的超级大国，同时多极化趋势也有所加强，出现了“一超多强”的局面。美国企图独霸世界与其他国家多极化的主张出现了更多的碰撞。第四，国际共产主义运动遭受重大挫折，陷入低谷。第五，世界并不太平，极端民族主义和地区分裂主义思潮抬头，地区冲突、局部战争不断，导致部分地区范围的动荡有所加剧。冷战时期，在两极格局下，许多地区冲突都被美苏两个超级大国的制衡而被压制。但随着苏联的解体，部分地区力量失衡，战略格局转换器的紊乱导致一些地区的动荡不安，而前南地区的冲突就是典型的例子。

三、国际格局转折时期的美国对华政策调整

冷战的结束标志着两极格局的终结，国际体系出现重大变革。包括美国在内的世界各主要大国根据后冷战时期的新形势、新情况，摸索着对本国的政策特别是外交政策和战略作出相应的调整。由于旧的国际格局被打破，一切都是重新构筑，加上冷战的结束和苏联东欧集团的突然解体，以至于主要大国都准备不足。这与两次世界大战后主要国家对于战后国际秩序有一个相对较为明确的构想形成了鲜明的对照。

---

① 1991 年 12 月 21 日，除格鲁吉亚外，独立的 11 个国家在阿拉木图达成协议，宣布组成独联体，同时宣布苏联不复存在，由俄罗斯继承苏联在联合国的常任理事国席位。1991 年 12 月 25 日，戈尔巴乔夫宣布辞去苏联总统职务，镰刀锤子红旗落地，正式宣布了苏维埃社会主义共和国联盟的完结。

② George Bush, “Address to the Nation”, December 25, 1991, *Weekly Compilation of Presidential Documents*, 27 [52], pp. 1883 – 1885.

面对冷战后复杂多变的国际局势，美国本身也处于一个调整的过渡时期，如何制定出适应后冷战时期的外交政策成为摆在美国决策层面前的重大课题。美国国内在对外政策上的一些重大问题都出现了分歧，冷战时期的共识不复存在。即使到了 1993 年，美国国内对 600 多名各界精英的调查结果显示，“当论及对外政策时，美国社会的领导人对于他们想要领导的领域担忧、意见分歧和有一种不确定感”。①

与美国对外战略调整相对应，美国的对华政策也处在一个调整和过渡的阶段。随着冷战的结束，中美两国从冷战时期的准盟友关系开始向非敌非友的关系转化。中美在意识形态、价值观念、政治经济体制和文化传统等方面都存有巨大的差异。自 20 世纪 70 年代起，中美两国从敌对到接近，根本性的动力是为了对付共同敌人——苏联的需要。为了这个战略目标，双方在两国分歧的问题上尽量保持克制或者干脆加以忽略。双方在台湾、人权、意识形态等问题上的分歧由于双边在战略合作的需要而显得并不十分突出。即使有些问题在一定时期出现，双方也在相互克制和妥协中将冲突控制在有限的范围内。但是，这些问题从来也没有得到解决。冷战时期，美国行政当局也可以利用战略合作的需要和安全利益为由有效地引导美国国内公众和国会支持其推行的对华政策。从这个意义上来说，中美两国在 20 世纪七八十年代的合作关系并非是一种正常的关系，而是在特定条件下的一种特殊关系。

伴随着冷战的结束和苏联的解体，中美关系原有的战略合作框架不复存在，冷战时期被掩盖的一些问题就突兀出来，造成中美关系的震荡。正如前美国驻华大使芮效俭（Stapleton J. Roy）所说：“中美两国关系的主要障碍就是发展双边关系的支撑点近年来毁坏了”，“双方已经失去了信心和信任。”② 冷战结束之初，美国国内一些人曾经认为中国对美国已不再重要，因此就可以不必对中国继续“迁就”。

后冷战时期，中美都重新界定双方关系。在美国的对华政策制定中，国内因素相对变得越来越重要，美国行政当局已经不能够以安全利益为由

---

① Doyle. McManus, “America’s World Role: Divided We Stand”, *Los Angeles Times*, November 2, 1993, p. 1.

② 《将中美关系建立在坚实的基础上——专访美国驻华大使芮效俭先生》，《中华工商时报》1993 年 11 月 15 日。

来主导对华政策的制定。美国国内的公众舆论、利益集团、新闻媒介在对华关系中扮演着越来越明显的角色。美国媒体对华根深蒂固的意识形态偏见没有得到改变，从而不可避免地影响了他们对于有关中国新闻的处理。总体来讲，对华报道的基调是负面的。而这种新闻导向给美国公众灌输了这样一种印象，即中国是一个践踏人权、富有侵略性的“邪恶帝国”。与此相应，美国国会的积极介入和行政部门两大机构之间的政治斗争都对中美关系产生了不容忽视的影响。

与此同时，随着苏联的解体，唯一幸存的社会主义大国——中国被推向第一线，面临美国为首的西方资本主义世界的更大压力。美国国内一些人一度认为中国将在西方的巨大压力下也会发生与东欧一样的巨变。在欢呼胜利之余，美国希望借助苏东社会主义国家崩溃的大好形势，推进其他社会主义国家的变革，因此在意识形态领域加大了对中国等其他社会主义国家的攻势，由此美国对华关系中的意识形态因素有所上升。

在冷战即将结束之际，北京政治风波的发生进一步加剧了中美关系的震荡。许多美国人认为中国是“逆历史潮流而动”，以一种消极的眼光来看待中国的一切，认为美国不必再介意对中国这个“独裁政权”施加压力。哈里·哈丁就曾经指出：“美国人特别地倾向对一个十分复杂而常常高深莫测的（或译为如谜一般的）国家产生简单化和情绪化的想象，并相应地倾向于单一层次和夸张的政策。”① 1989 年后，对华政策在美国国内已成为政治上十分敏感的问题，美国舆论和国会随时都可以用这一事件来批评政府的对华政策。在这一时期，美国国内在对华认识的主流思潮上是强调消极的一面，中国的所有行动都被美国人从负面的角度所认知。很少有美国人能够对于中国内部状况和中美双边关系的复杂性有充分的了解，对于中国正在发生的重大变化以及所带来的深远影响没有给予充分的认识。恰恰相反，北京政治风波所留下的深刻印象一直在影响着大多数美国人的思维。本来美国人对于共产主义国家就抱有极大的成见，此时对于中国的印象就更为恶劣。在此情况下，一些主张对华推行更为均衡和温和的对华政策的政界人士就不愿轻易出来为中国说话，因为那样所带来的政治

① Harry Harding, “Redesigning United States-China Relations”, *Congressional Record*, April 2, 1992, S4856 - S4859.

风险太大。[①] 北京政治风波的发生和冷战的结束，美国国内多年来在对华政策上的两党一致已经不复存在，对华政策经常成为两党国内政治斗争的牺牲品。

总之，20 世纪 80 年代末 90 年代初，美国对华战略处在不断调整的时期，缺少一个建设性的框架。美国在对华政策的处理上经常处于一种临时应对和就事论事的状态，缺少长期的考虑和打算，难以从长远的眼光来发展中美关系。在这种状态下，美国的对华政策就非常容易受到各种因素特别是国内因素的干扰。这一时期，国会积极介入对华政策的制定，并产生了重要的影响。

第二节　北京政治风波后滑入低谷的中美关系

一、中美关系急剧下滑

1989 年春夏之交，在北京和其他一些城市中发生了政治风波。尽管布什政府一再表示支持和平集会和言论自由，但一些国会议员仍不满意，要求布什政府作出更为明确的表示。众议院外事委员会亚太事务小组主席、民主党自由派索拉兹（Stephen Solarz）敦促布什总统公开表示同中国示威者站在一起。[②]

5 月 15 日，时任苏联苏维埃主席团主席、苏共中央总书记的戈尔巴乔夫开始访华，这标志着中苏两国、两党的关系实现了正常化。为了报道中苏首脑会晤，美国的主要电视网络和各大报纸纷纷向中国增派记者。北京的政治风波很快吸引了各方的高度关注，美国各大媒体纷纷加以大幅报道。据统计，仅仅 1989 年上半年，美国三大商业电视网就发布了近 600 篇有关中国的报道，而 1988 年全年还不到 50 篇。[③] 这些媒体从西方的角度进行解读，或者夸大事实，或者加以歪曲，从而误导了美国民众。美国

---

① Robert G. Sutter, "China in World Affairs—Background, Prospects and Implications for the United States", *CRS Report for Congress*, October 1, 1992.

② Harry Harding, *A Fragile Relationship, the United States and China since* 1972, Washington DC: The Brookings Institution Press, 1992, p. 230. 1999 年初我在华盛顿走访时，见到了落选国会议员后在一家公司就职的索拉兹。尽管近十年过去了，时过境迁，但索拉兹提及 1989 年政治风波时，情绪仍然十分激动。

③ *A Fragile Relationship*, p. 240.

民众一度认为，中国正在走向民主与自由。

然而，6月4日中国政府采取的行动让他们的幻想破灭了，美国国内一片哗然，舆论反应非常强烈。国会中的反华情绪达到了高潮，国会议员纷纷发言谴责中国政府，提出了大量要求制裁中国的议案。

6月5日，以共和党极右派参议员赫尔姆斯（Jesse Helms）和索拉兹为代表，国会议员们纷纷要求布什断绝同中国的外交关系，召回驻华大使，对中国实施严厉的制裁。① 索拉兹威胁说，如果布什政府不采取措施的话，国会将单独采取行动。尽管不赞成他们的意见，但在公众舆论和国会的压力下，布什还是宣布了美国制裁中国的措施：中止所有美国对华军售，包括美国政府的对华直接销售和美国商业合同销售；中止中美军事领导人的往来；对中国留美学生延长滞留美国时间的要求给予"同情性考虑"；通过红十字会向那些在事件中受伤人士提供人道和医疗援助。布什还承诺将根据中国事态的发展来评估中美关系的其他层面。②不过，布什又说，"现在不是感情用事的时刻，而应采取理智的、谨慎的行动，既要考虑到我们的长远利益，又有承认中国国内局势的复杂性"。他并不准备对华全面实施经济制裁，因为"在商业方面，我不想伤害中国人民。我恰恰认为，正是商业上的交往促成了（中国人民）要求有更多的自由"。③

布什总统采取的这些制裁措施远不能满足国会的要求。国会在制裁中国问题上比布什政府走得更远，不仅仅限于对华政治和军事上的制裁，而且极力将制裁范围扩大到经济领域。6月6日，参、众两院分别以100票对0票和406票对0票通过了谴责中国政府的决议案，要求总统发起对中国的国际制裁。这些措施包括：呼吁美国进出口银行和海外私人投资公司审查资助与中国贸易情况；强烈要求美国负责放宽办理对华销售出口许可证手续的机构在做出决定时考虑中国目前的局势；强烈要求"美国之音"

---

① Robert S. Ross, "The Bush Administration: The Origins of Engagement," Ramon H. Myers, Michel C Oksenberg, and David Shambaugh, eds, *Making China Policy, Lessons from the Bush and Clinton Administrations*, New York: Rowman & Littlefield Publishers, Inc., 2003, p. 30.

② *Public Papers of the Presidents of the United States: Bush*, 1989, Vol I, Washington, DC: Government Printing Office, 1990, pp. 669 – 670. 另外可参见：The President's News Conference, June 5, 1989. 参见布什总统图书馆和博物馆网站公布的新闻发布会实录，网址为 http://bushlibrarytamuedu/research/papers/1989/89060500html。

③ Public Papers: Bush, 1989, VolI, 1990, pp. 669 – 670.

立即增设华语节目。[①] 同日，美国司法部指示移民归化局，允许在美国的中国留学生和学者延长滞留美国时间一年。7 日，国务卿詹姆士·贝克致函司法部，建议“准许”所有旅美的中国公民在其签证到期后继续留在美国，而不改变其身份。不过，布什总统拒绝了部分国会议员召回美国驻华大使的要求，也拒绝采取经济制裁措施，并宣布将视中国国内情况的发展对中美双边关系的其他方面加以审查，以便进一步采取行动。[②] 尽管国会基本上支持布什总统所采取的方式，但要求总统考虑进一步的制裁措施，呼吁盟国同美国一道对中国实施多边制裁。

针对国会和一些人权组织的要求，布什总统在 6 月 8 日白宫举行的记者招待会上声称：“除非中国领导人承认个人的权利、尊重持不同政见者并承认学生要求的合法性，否则美国不可能同中国保持正常关系。”他还表示，如果中国目前的局势得不到改善，美国就将在适当时机考虑采取进一步的措施。不过布什同时强调，与中国保持良好关系是符合美国利益的，“我想做的是尽我所能保持这种关系，并希望未来的局势能允许我保持这种关系”。[③] 同日，贝克在华盛顿全国新闻俱乐部发表讲话，排除了对中国进行经济制裁的可能性，强调中美关系的重要性。他表示：“我们认为，保持这种关系是重要的，因为主要是这些事情推动了中华人民共和国的开放。”[④] 尽管如此，布什竭力在维持对华关系和缓解国内政治压力之间寻求某种平衡，以免对华政策失控。就在同一天，根据布什总统的指令，美国国防部下令在格鲁曼飞机公司工作的 40 名中国工程技术人员离开，从而终止了中美之间改良中国 55 架歼－8 型战斗机的 5 亿美元合同。9 日，美国国家科学院院长普莱斯通知中国科学院院长周光召，暂停两国间的科学交流活动。13 日，美国商务部取消了向中国出售核电厂装置的出口许可证，这批设备价值 5 亿美元。

时至 6 月中旬，在中国政府处理了上海焚烧列车事件之后，国会对中国的指责加剧，并开始批评布什政府的反应过于软弱，国会提出了数十个议案要求加大制裁力度。尽管国务卿贝克等官员恳求国会保持克制，但国

---

① 刘连第、王大为编著：《中美关系的轨迹——建交以来大事纵览》，第 277 页。

② “Repression in China Leads to Sanctions”, 1989 CQ Almanac, pp. 519 – 520.

③ *Public Papers of the Presidents of the United States*: *Bush*, 1989, Vol I (1990), pp. 695 – 696. 另见刘连第、王大为编著《中美关系的轨迹——建交以来大事纵览》，第 277 页。

④ 刘连第、王大为编著：《中美关系的轨迹——建交以来大事纵览》，第 278 页。

会对政府的批评仍有增无减。在国会不断升级的压力下，布什政府不得不采取更加强硬的立场。6 月 20 日，白宫宣布了两项进一步制裁中国的步骤：中止中美两国政府高层官员的往来；停止考虑世界银行和其他国际开发银行对华的新贷款。[①] 第一项措施直接取消了原定于 7 月美国商务部长罗伯特·A. 莫斯巴赫（Robert Mosbacher）和随后财政部长布雷迪（Nicholas Brady）对中国的访问；第二项措施促使世界银行和亚洲开发银行中止了对中国的一笔贷款。不过，白宫同时又表示，中国是一个重要的国家，希望继续同中国保持“卓有成效的关系”。6 月 22 日，贝克在众议院外委会作证时，呼吁国会缓和对布什政府对华政策的批评，称美国“应当用一种协调一致的方式，用一个声音讲话”。他认为，美国在制定对华政策时，“既要对践踏人权的行径表示愤慨，又要考虑其他的利害关系，即经济上和地缘政治上的利害关系”。[②]

尽管如此，国会还是推出了更强硬的对华制裁措施。1989 年 6 月 29 日，众议院不顾白宫反对，以 418 票对 0 票，通过由外委会主席法赛尔（Dante Bruno Fascell）提出的修正案。该修正案要求把对华已经实施的制裁措施用法律形式确定下来；把出售武器的禁令扩大到警察装备，禁止对华出口侦查和控制犯罪的仪器设备；暂停实行由中国长征火箭代为发射美国制造的卫星的协议；暂停考虑海外私人投资公司给予美国人在华投资保险；禁止美国贸易发展署的经费用于对华贸易；终止执行核合作协议，暂停出售核设备或燃料给中国；反对进一步放宽对华科技转让的限制。[③] 白宫则认为，在对华制裁问题上，没有必要正式立法。不过，考虑到国会中的反华情绪，布什政府也没有设法阻止该项修正案的通过。7 月 14 日，参议院也以 81 票对 10 票的压倒性多数通过 7 项对华制裁措施，附于《1990—1991 财年国务院授权法》中。与众议院通过的修正案相比，参议院的法案稍微缓和，并赋予总统更大的自由权，总统可以根据自己对于国家利益的评估决定取消制裁。经过数月的沟通与协调，参众两院达成一致，法案再次通过，提交总统签署。

---

① Thomas L. Friedman, “US Suspends High-Level Links to China as Crackdown Goes On”, *New York Times*, June 21, 1989, p. A1.

② 刘连第、王大为编著：《中美关系的轨迹——建交以来大事纵览》，第 279 页。

③ “House Stiffens Sanctions on China”, *Congressional Quarterly Weekly Report*, July 1, 1989, p. 1642.

经过布什政府同国会的协商和妥协，在国会降低了制裁的调子并给予总统一定的自主权之后，布什总统签署了这项法案。其中的对华制裁措施主要包括：

——中止海外私人投资公司对在华私人投资的风险担保和其他资助；中止美国贸易和发展项目中的对华援助；

——禁止一切对华武器和军事设备的出口（用于民用设备除外），禁止对华出口用于控制犯罪或犯罪监测设备；

—— 禁止使用中国的火箭发射美国制造的卫星；

——禁止对华出口可用于发展核能的设备和技术或任何可用于发展核武器的项目，这一条款所产生的影响是中止了 1985 年中美之间的核合作协定；

——要求总统同盟国协调一致，中止考虑放宽对华出口武器和高科技产品的限制。

不过，总统可以依据“国家利益”的条款或通过向国会报告中国已经在“政治改革方面取得进步”而放宽或者取消对中国的制裁。①这些条款将布什采取的对华制裁措施变成了法律，实际上强化了对华制裁。

当时，在对华制裁问题上，布什政府和国会有着明显的分歧。总体而言，国会态度强硬，布什政府相对温和，主要原因就在于国会更多地受到国内政治的影响，强调美国的价值观念和人权主张；而行政当局在考虑价值观念的同时，还着眼于从美国长远利益来看待中美关系。毕竟，苏联的趋向尚不明朗，美国仍然需要中国的战略合作；在涉及亚太地区安全事务的问题如和平解决柬埔寨问题上，美国同样需要中国的配合。布什政府不想因为追求美国的价值观而太多地损害美国的现实利益，试图在两者之间寻求一种比较平衡的对华政策。布什政府还希望同中国保持联系，以便对中国的政局发展施加影响。在多个不同场合，布什都明确表示维持对华关系的重要性。6 月 27 日，布什在记者招待会上表示，“推动中国经济改革进程的正是与美国以及其他西方国家的联系，希望有朝一日，这样的联系将推动政治改革的进程”。他进而指出，“保持良好的美中关系符合美国的

① John Felton, “Authorization Bill Contains Sanctions Against China”, *Congressional Quarterly Weekly Report*, November 11, 1989, p. 3084.

国家利益”。[①] 正是基于这些考虑，布什政府不愿意看到双边关系恶化到不可收拾的程度，所以相对国会来说较为克制，而且在对华政策上也竭力掌握主动权，不愿让国会插手过多。虽然行政当局不断根据中国和美国国内的情势发展调整对华制裁措施，但在对华制裁问题上相对比较谨慎，始终避免采取可能使中美关系破裂的极端措施。

二、布什总统派遣特使来华

在美国的带动下，20 多个西方发达国家均纷纷采取措施制裁中国。这使得中国所处的国际环境严重恶化，中美关系也陷入低谷，面临十分严峻的挑战。当时，中国采取的方针是稳住阵脚，顶住西方国家的压力，同时坚持改革开放和现代化建设的方针不动摇。

布什本人清楚地认识到，中美两国的友好是符合两国根本利益的。出于美国国家利益的需要，在国会酝酿对华实施进一步制裁时，布什总统已开始着手采取行动修补两国的关系。6 月 8 日，布什就试图直接给中国领导人邓小平打电话，以便就双边关系所面临的困难进行沟通，但中国驻美使馆经请示国内后告知白宫，中国领导人没有与外国领导人通电话的习惯。

在直接通话未能成功的情况下，1989 年 6 月 21 日，布什总统秘密致函邓小平，要求派特使秘密访华，就中美关系及相关问题同邓小平进行坦率的对话。在这封通过中国驻美大使韩叙转交的信中，布什表示是怀着对邓小平“极大的尊敬”，“以一个朋友，一个真正的老朋友的身份来写这封信的”，希望邓小平“帮助维持这种我们都认为是非常重要的关系”。布什还写道：“我们希望这件困难的事情能以这样一种既使你满意，又不违反我们对我们的基本原则的承诺的方式来加以解决。当朋友之间出现困难时，就像现在这样，我们必须找出办法来解决它们。”[②]

布什很快得到了中方的正面回应。邓小平同意布什总统的建议，在双方绝对保密的情况下，欢迎美国总统特使访华。在获得此回复后，布什总统非常高兴。在公开宣布中止同中国高层官方往来之后，经过慎重考虑，

---

① 刘连第、王大为编著：《中美关系的轨迹——建交以来大事纵览》，第 280 页。

② George Bush, *All the Best, My Life in Letters and Other Writings*, New York: A Touchstone Book, 1999, pp. 428 – 431. See also George Bush and Brent Scowcroft, *A World Transformed*, New York: Alfred A Knopf, 1998, pp. 100 – 102.

布什决定派遣国家安全事务助理斯考克罗夫特（Brent Scowcroft）将军作为总统特使于7月1日秘密访华，随行人员只有副国务卿伊格尔伯格（Lawrence Eagleburger）和一名秘书。其目的是促进相互的理解，表示自己重视中美关系，并向中方解释：目前对中国的制裁，是迫于美国国会和国内政治氛围下而采取的行动，希望中国领导人能够谅解。①

关于这次特使的人选，美方曾反复研究。布什总统一度考虑派遣前总统尼克松或前国务卿基辛格作为特使访华，因为这两位在打开中美关系大门的亲历者，和中国领导人都有着良好的关系。但由于担心难以保密，最终选择斯考克罗夫特担任特使。1972年尼克松访华时，作为基辛格的副手，担任国家安全事务副助理的斯考克罗夫特直接参与了尼克松访华的准备工作。1981年，他还陪同前总统福特访华，并受到邓小平的宴请。一方面，斯考克罗夫特亲身参加了中美关系的解冻和发展过程，和邓小平也有旧交。另一方面，斯考克罗夫特担当国家安全事务助理的要职，由他担当特使，既显示美国重视中美关系，又不引起外界的注意。

布什总统最初决定只派斯考克罗夫特一人访华，但国务卿贝克认为这样不妥。在他看来，如果只有国家安全委员会官员前往北京，而没有国务院官员参与，美国的外交体制难以运行。本来贝克自己想一同造访北京，但出于保密的考虑，最终建议布什总统派遣副国务卿伊格尔伯格陪同斯考克罗夫特秘密访华。②

为保密起见，除了布什总统外，只有国务卿贝克知晓此事，连美国驻华使馆也一无所知。美方在选择起程日程、通信设备和专机飞行等问题上都作了精心的考虑，采取了严格的保密措施，甚至超过了20世纪70年代初基辛格博士首次秘密访华的保密程度。③ 之所以这样做，布什政府就是意图避免在美国国内外引起轰动，从而干扰中美高层之间的秘密磋商。

中方也采取了严格的保密措施，所有会见、会谈和宴请以及斯考克罗夫特乘坐的汽车、下榻的宾馆，均不悬挂国旗，美方代表团抵达和离京均

---

① 钱其琛：《外交十记》，世界知识出版社2003年版，第170页。

② 同上书，第171页。

③ 同上书，第172页。George Bush and Brent Scowcroft, *A World Transformed*, pp. 105 – 111; James Mann, *About Face A History of America's Curious Relationship with China*, *from Nixon to Clinton*, New York: Alfred A Knopf, 1999, p. 206; Robert Suettinger, *Beyond Tiananmen*, *the Politics of US – China Relations*, 1989 – 2000, Washington, DC: The Brookings Institution Press, 2003, pp. 78 – 80.

不发消息。有关活动的摄影事先征得斯考克罗夫特的同意，所拍资料一律封存。①

在这次访问中，邓小平和李鹏总理都先后同斯考克罗夫特会谈，就中美关系现状进行磋商。考虑到这次访问的重要性，邓小平亲自参与并定下了会谈的基调。7 月 2 日，在会见斯考克罗夫特之前，邓小平对李鹏和钱其琛说："今天只谈原则，不谈具体问题，制裁措施我们不在意，吓不倒我们。"钱其琛提及，不久将举行西方七国首脑会议，不知道又会对中国采取什么制裁措施。邓小平语气坚定地说，"不要说七国，70 国也没有用"。他进而指出，中美关系要搞好，但不能怕，怕是没有用的。中国人应当有中国人的气概和志气。②

邓小平在人民大会堂福建厅会见了来访的斯考克罗夫特。邓小平表示，中美关系面临考验，好在双方领导层中，都还有比较冷静的人，但这个问题不是从两个朋友的角度能解决的。布什总统要站在美国的利益上讲话，我和中国其他领导人，也只能站在中华民族和中国人民利益的立场上讲话和做出决定。针对美方采取的一些对华制裁措施，邓小平进而指出，目前中美关系处在一个很微妙，甚至可以说相当危险的境地。问题出在美国。中国没有触犯美国，而美国在很大范围内，直接触犯了中国的利益和尊严。中国有一句话，"解铃还需系铃人"，希望美国今后能采取实际行动，取信于中国人民，而不要火上浇油了。邓小平还特别反驳了美国对中国司法事务的干预，明确告诉斯考克罗夫特，中国的内政决不允许任何人加以干涉，不管后果如何，中国都不会让步。中国领导人不会轻率采取和发表处理两国关系的行动或言论，现在不会，今后也不会。但是，在捍卫中国的独立、主权和国家尊严方面，中国的立场是坚定的。③

听了小平同志的话后，斯考克罗夫特强调，布什总统是小平同志和中国人民的真正朋友，同伟大的中国和中国人民有直接和密切接触的经历，这在多年来历届美国总统中是独一无二的。对于美国制裁中国，斯考克罗夫特辩解道，此次来华不是谈判解决目前中美关系中困难的具体方案，而是解释布什总统所面临的困境和他要努力维护、恢复和加强中美关系的立

---

① 钱其琛：《外交十记》，世界知识出版社 2003 年版，第 173—174 页。

② 同上书，第 174—175 页。

③ 同上书，第 174 页。

场。他表示，中国的行为方式对美国以及西方的舆论将产生巨大的影响，而美国国会要求布什总统采取更为严厉的措施。邓小平神情严峻地表示，“中国是一个独立的国家，执行独立自主的和平外交政策，中国的内政不容任何外人干涉。中国不会跟着人家的指挥棒走。不管遇到什么困难中国都能顶得住。中国没有任何力量能取代中国共产党的领导。这不是空话，这是经过几十年考验证明了的。任何国家同中国打交道，都应遵循和平共处五项原则，包括平等互利、互相尊重、不干涉内政的原则。我们希望中美关系能在遵循和平共处五项原则的基础上继续发展，妥善处理各种问题。否则，关系变化到什么地步，责任不在中国”。他最后强调，“结束这场不愉快的事，要看美国的言行”。[①] 如同斯考克罗夫特后来回忆时所说的，文化背景的不同造成了双方观点的巨大差异。中方痛恶外来干预，注重安全与稳定；而美方的兴趣则是在自由和人权问题上。[②] 不过，这次会晤是坦率的，双方都不愿中美关系湮没在争执之中。

7 月 3 日，斯考克罗夫特回国后，立即前往布什在缅因州的别墅汇报访华，特别是同邓小平会见的情况。无论是斯考克罗夫特，还是布什总统，都认为这是一次非常有用的访问。[③]

7 月 21 日，布什再次致函邓小平，表示理解中国对外国干涉中国内部事务的想法，并表示将致力于中美两国之间的合作，希望中美一起来解开这个铃，恢复中美关系。[④] 7 月 28 日，布什再次秘密致函邓小平，通报了在西方七国首脑会议上，美日联手从指责中国的公报中删除了可能激怒中国的激烈措辞，并为美国干涉中国内政进行了辩护：“您在会见斯考克罗夫特时提到一句中国的成语：‘解铃还需系铃人’。这正是我们的难题。您认为我们的行动是‘系铃’，而我们认为，正是后来发生的事情才是‘系铃’。”

8 月 11 日，邓小平给布什总统回信，赞赏他对保持和发展中美关系的重视以及为此作出的努力，并就“解铃”和“系铃”的含义特别作了解释：“解铃”的意思就是“美国深深地卷入了中国的内政，其后又带头制

---

① 钱其琛：《外交十记》。另参见 *A World Transformed*, pp. 107 – 111.

② A *World Transformed*, p. 110.

③ Ibid. , pp. 110 – 111.

④ *All the Best: My Life in Letter and Other Writings*, pp. 428 – 431, 435 – 437.

裁中国，在很大范围内触犯了中国的利益和尊严，由此引起的中美关系的困难，责任完全在美国方面，应由美国来解决。美国对华采取的制裁措施还在继续，干涉中国内政的事件仍时有发生。我希望这种情况早日改变，相信布什总统在这方面是可以有所作为的”。①

中美两国领导人关于“系铃”和“解铃”的争论，反映出当时两国关系问题的症结所在。中国认为美国干涉中国内政，造成了中美关系的困难，只有美国主动采取措施，解开这个结，才能推动中美关系向前发展；而美方则不愿承认这一点，认为责任在于中方。在打破美国对华制裁的过程中，双方围绕这个关键问题进行了激烈的较量。

斯考克罗夫特秘密访华，是美国宣布制裁中国后双方高层的首次接触。这次访问对于防止两国关系进一步恶化起到了一定的积极作用。布什和邓小平之间信函的往来和斯考克罗夫特的秘密访华表明，在中美关系最紧张的时刻，两国领导人仍在努力制止中美关系的进一步下滑。但是，由于美国继续制裁中国，双方关系仍旧处于僵持状态，中美关系的结也并没有因此而解开。

1989 年 7 月下旬，关于柬埔寨问题的国际会议在巴黎举行。会议期间，美国国务卿贝克和中国外长钱其琛三次会晤。双方就解决柬埔寨问题交换了意见，并对双方的合作表示满意。贝克表示，布什总统十分珍视 12 年来双方培育起来的中美关系，它“对我们双方来说不但具有经济意义，而且具有政治和战略意义”。他希望中国政府了解美国人民对于中国事态作出反应的方式，希望中国不要关闭大门而将自身孤立起来。钱其琛则向贝克介绍了中国的国内形势，表示中国独立自主的和平外交政策不会改变。②

这一时期，针对国外对中国能否继续改革开放政策的种种猜疑，中国领导人在多个场合明确表示中国的改革开放政策不会改变。9 月 26 日，十三届四中全会上新选举产生的以江泽民为总书记的新一届政治局常委与中外记者见面。他们强调，十一届三中全会以来党的方针政策和战略目标，都不会改变；改革开放是中国的基本国策，中国将努力改善投资环境，继

---

① 钱其琛：《外交十记》，第 178 页。

② 《人民日报》1989 年 8 月 2 日；US Department of State，ed，*American Foreign Policy Current Documents*，1989，Washington，DC：Government Printing Office，1990，pp. 524 - 525.

续欢迎外商来华投资。①

9 月 27 日，在纽约参加第 44 届联合国大会期间，钱其琛与贝克再次举行会谈。贝克表示，布什总统和他本人都希望加强中美关系，但美国国内舆论压力太大，希望中方解除戒严，减少反美宣传，以改善中美关系的气氛。钱其琛则指出，美国等西方国家对中国的制裁和压力只能伤害中国人民的感情，损害中美关系。他希望恢复执行中美科技交流协定，恢复世界银行对于中国的贷款，履行由中国发射美国制造的卫星的协定。② 10 月 2 日，钱其琛在纽约对外关系委员会发表演讲，指出当前中美关系正处在一个十字路口，两国关系的恢复与发展取决于美国政府的政策和行动。他还提出了改善中美关系的四点意见：第一，要承认和尊重差异，寻求和发展共同点，中美两国在意识形态、社会制度和价值观念的不同不应成为两国关系的障碍；第二，不能把另一个国家的国内政治作为恢复和发展关系的先决条件，中国对纯属自己的国内事务采取何种行动，完全是中国的内政，不容外国干涉；第三，要努力增加相互了解和相互信任，避免以本国习以为常的标准来判断别国的是非，不试图将自己的观点强加于人；第四，美国应以实际行动来执行“一个中国”的政策，妥善处理好台湾问题。钱其琛表示，只有坚持和平共处五项原则，国家关系才能得到正常健康的发展，持久的世界和平与稳定才有希望。中国主张，在此原则上逐步建立起新的国际政治和经济秩序。③

面对中美关系出现的波澜，中美双方都作出努力，防止双边关系的进一步恶化。10 月，美国前国务卿黑格、前总统尼克松和前国务卿基辛格先后到访北京。中方也给予了高度重视，表达了对维护和发展中美关系的意愿。邓小平、江泽民、杨尚昆、李鹏、李瑞环等中国党和国家领导人都分别会见了尼克松，并就中美关系和一些重大的国际问题进行了深入交谈。在会见尼克松时，邓小平表示中美应该“结束这几个月的过去，开辟未来”。他说：“考虑国与国之间的关系主要应该从国家自身的战略利益出发，而不去计较历史的恩怨，不去计较社会制度和意识形态的差别，并且

---

① 《人民日报》1989 年 9 月 27 日。

② James Baker III, *The Politics of Diplomacy Revolution*, *War and Peace*, 1989 – 1992, New York: GP Putnam's Son, 1995, pp. 111 – 112.

③ 《人民日报》1989 年 10 月 4 日。

国家不分大小强弱都互相尊重，平等对待。这样，什么问题都可以妥善解决。”他进而指出：“中国人这么多，底子这么薄，没有安定团结的政治环境，没有稳定的社会秩序，什么事也干不成。稳定压倒一切。……西方有一些人要推翻中国的社会主义制度，这只能激起中国人民的反感，使中国人奋发图强。人们支持人权，但不要忘记还有一个国权。谈到人格，但不要忘记还有一个国格。特别是像我们这样第三世界的发展中国家，没有民族自尊心，不珍惜自己民族的独立，国家是立不起来的。”他请尼克松告诉布什总统，“结束过去，美国应该采取主动，也只能由美国采取主动。……要中国来乞求，办不到，哪怕拖一百年，中国人也不会乞求取消制裁。如果中国不尊重自己，中国就站不住，国格没有了，关系太大了。中国任何一个领导人在这个问题上犯了错误都会垮台的，中国人民不会原谅的”。邓小平明确表示，中国绝不容许任何国家来干涉自己的内政，但中国将继续实行改革开放。“不搞改革开放就不能继续发展，经济要滑坡。走回头路，人民生活要下降。改革的趋势是改变不了的。”邓小平最后也表示了对中美关系的恢复与发展抱有信心，因为“中美关系有一个好的基础，两国在发展经济、维护经济利益方面有相互帮助的作用”。他欢迎美国商人继续进行对话商业活动。①

尼克松回国后，向布什总统转达了中国领导人对于中美关系的看法，强调中国希望美国采取主动，改善中美关系。他还就中国之行向国会两党领袖提交了一份报告，强调了中国的战略重要性，认为恢复和发展中美关系符合两国的国家利益。尼克松进而提出了若干建议：取消经济制裁，恢复美国政府对在华投资者的支持，恢复世界银行和其他国际借贷组织对中国主要项目的支持，恢复两国之间官方的高层接触。他认为，对中国施加进一步的制裁可能会使得我们感觉好一些，但将会伤害千百万无辜的中国人民。他最后指出，现在不是孤立中国领导人的时候，而是与他们进行建设性对话的时候。②

11 月 6 日，布什总统再次致函邓小平，表示美苏即将在马耳他举行的首脑会晤不会损害中国的利益，强调中美两国在许多重要领域有着相似的利益。他建议，在同苏联领导人戈尔巴乔夫会谈后，美国将派特使访华，

---

① 《邓小平文选》第 3 卷，人民出版社 1993 年版，第 330—333 页。

② “China Advice from a Former President”, *Time*, November 20, 1989, pp. 32 - 33.

向中方通报会晤情况，并探讨如何实现中美关系正常化。当时基辛格正好在华访问，刚刚辞去中央军委主席的邓小平和江泽民、杨尚昆、李鹏、荣毅仁、姚依林、李瑞环等党和国家领导人分别会见了基辛格。基辛格带来了布什总统的口信，表达了改善两国关系的真诚愿望，希望双方都采取措施使得中美关系回归到“比较顺畅的道路上”。邓小平则对基辛格说：“中美合作的基础是有的。那种按社会制度决定国与国关系的时代过去了。不同社会制度的国家完全可以和平共处，发展友谊，找到共同的利益。中美之间肯定能够找到共同利益。”① 他进而提出了一揽子解决中美关系纠葛的建议，并请基辛格转达给布什总统。为解决困扰中美关系的棘手问题，以便使得两国关系重新回到正常轨道，邓小平建议：（1）在一定前提条件下，解决方励之问题，让方励之夫妇离开美国驻华使馆，到美国或某第三国去。（2）美国采取适当方式，明确宣布取消对华制裁。（3）双方共同努力，争取在较近期内落实几项较大的中美经济合作项目。（4）建议美方邀请江泽民总书记于第二年适当时间正式访美。11 月 15 日，邓小平在回复布什总统的信中，再次提及这一揽子建议，表达了改善中美关系的愿望，并欢迎布什派私人特使访华。12 月 1 日，布什给邓小平写信，提出在马耳他美苏首脑会晤后一周内，将派国家安全事务助理斯考克罗夫特作为特使公开访华，向中方通报美苏首脑马耳他会晤情况，并要求中国就小平同志提出的一揽子建议作出进一步的澄清，期望并相信可以找到恢复两国关系的途径。②

12 月 2—3 日，美苏两国首脑在马耳他举行会谈。自 1972 年以来，美方向中国通报美苏首脑会晤情况已经成了惯例。布什总统决定以此为由再次派遣特使到中国，既向中方通报马耳他会议情况，更重要的是探讨如何使得中美关系正常化。12 月 9—10 日，斯考克罗夫特和伊格尔伯格再次到访北京，试图修补中美关系。不过与前一次不同的是，这次访问是公开的。考虑到此举可能在美国国内引发争议，白宫发表了声明：“总统将中国视为世界事务中的一个重要国家。他虽然为今年 6 月的‘天安门事件’感到遗憾，但中国仍旧是我们周围世界的一部分。总统已经断定，向中国

① 《邓小平思想年谱》，中央文献出版社 1993 年版，第 442 页。

② 钱其琛：《外交十记》，第 181 页。

领导人通报同苏联领导人的讨论情况是重要的，是符合美国长远利益的。”[①] 11 日，布什总统对媒体表示，他不想“孤立中国人民”，不想采取“任何伤害中国人民的进一步措施”，不想使中美关系“再恶化下去”，而“愿想象关系会改善”。[②]

对于斯考克罗夫特一行的到来，中方非常重视，给予了高规格的接待。斯考克罗夫特一行不仅和新上任的中共中央总书记江泽民、总理李鹏等人会晤，而且见到了在 11 月初退休的邓小平。邓小平首先肯定了这次访问是“非常重要的行动”。他指出：“中美两国之间尽管有些纠葛，有这样那样的问题和分歧，但归根到底中美关系是要好起来才行。这是世界和平与稳定的需要。尽快解决六月以来中美之间发生的这些问题，使中美关系得到新的发展，取得新的前进，这是我们共同的愿望。”邓小平强调：“中国在国际上有特殊的重要性，关系到国际局势的稳定与安全。如果中国动乱，问题就大得很了，肯定要影响世界。这不是中国之福，也不是美国之福。”他还重申：“美国的制度中国不能搬，美国的制度究竟好不好，美国人自己说，我们不干预。两国相处，要彼此尊重对方，尽可能照顾对方，这样来解决纠葛。”[③]

钱其琛与斯考克罗夫特举行了两次会谈，专门就中方提出的一揽子解决方案进行商讨。钱其琛专门就邓小平提出方案的考虑作了说明：第一，从两国的根本利益出发，尽快结束纠葛，开辟未来。第二，中美间达成的解决办法，必须同步或基本同步实现。第三，将来两国之间如果发生纠纷和争执，双方都应该采取克制的态度，保持接触，解决问题。这一揽子建议充分表明了中方解决两国纠葛的诚意，也充分考虑了美方的反应及布什总统来信中的想法。中方考虑的后续行动是：建议双方共同努力，争取在较近期内落实几项较大的经济合作项目；建议美方邀请江泽民总书记与明年恰当时间正式访美。[④] 斯考克罗夫特表示中方的建议很重要，将带回去仔细研究。不过，他提及了美国国内情况的复杂性，要求中方理解美国国内的情况。换句话说，考虑到美国国内的反华情绪，要很快取消制裁措施

---

① 刘连第、王大为编著：《中美关系的轨迹——建交以来大事纵览》，第 296 页。

② *Public Papers of the Presidents of the United States*：*Bush*，1989，Vol I（1990），p. 1683. 另参见刘连第、王大为编著《中美关系的轨迹——建交以来大事纵览》，第 296 页。

③ 《邓小平文选》第 3 卷，第 350—351 页。

④ 钱其琛：《外交十记》，第 182 页。

困难较大。

在会晤中，中美双方都反复强调中美两国间的重大共同利益，希望找到办法克服出现的困难，着眼于未来，以推进两国关系的发展。几天后，美国副国务卿伊格尔伯格表示原则上接受中方提出的一揽子建议，同时也提出了一些相应的考虑：美国驻华大使李洁明和中方代表在北京讨论解决方励之滞留美国使馆问题；中美关系的其他问题则由中国驻美大使和美方代表在华盛顿讨论；美方原则上同意作出认真的努力，就相关合作项目达成协议；美方原则上同意邀请江泽民总书记在明年合适的时间访美，以便完成关系正常化进程；美方愿意提出一个双方采取有利于关系正常化的行动计划的建议。①

斯考克罗夫特公开访华，实际上打破了美国不与中方高层官员互访的禁令。14 日，中国外交部发言人表示，中方赞赏布什总统派斯考克罗夫特将军访华。斯考克罗夫特将军访华是积极的、建设性的和有益的，增进了中美之间的相互了解，有助于克服中美关系中的困难，有利于中美关系逐步恢复和发展。尽管中美之间仍然存有一些分歧，但双方都认为，中美在广泛的领域里存在重大的共同利益，中美关系的改善与发展对维护世界和平与发展具有重要意义。②

三、布什政府和国会在对华政策上的分歧加剧

斯考克罗夫特访华在美国国内引发新的争议。美国的电视台播出了斯考克罗夫特和中国领导人相互敬酒的场面，美国的各大报纸也刊登了这一照片，这使得国会中的一些议员非常不满。参议院民主党领袖米切尔（George Mitchell）指责布什"以一种最不恰当、最令人尴尬的、最令人遗憾的方式向中国政府屈服"，是美国发出的"一个错误信号"。众议院民主党领袖格普哈特（Richard Gephardt）则称布什最不应该做的事情就是"在我们致力于中国国内自由的问题上摇摆不定"。③ 甚至一些共和党人如共和党众议院议长纽·金里奇（Newt Gingrich）也公开批评政府的对华政策。12 月 8 日，美国有线电视网（CNN）披露了斯考克罗夫特和伊格尔伯格二人 7 月初的秘密访华行

---

① 钱其琛：《外交十记》，第 183 页。

② 《人民日报》1989 年 12 月 15 日。

③ 刘连第、王大为编著：《中美关系的轨迹——建交以来大事纵览》，第 296—297 页。

动。布什政府迫于压力，承认斯考克罗夫特和伊格尔伯格秘密访华一事，强调目的是为了向中国政府阐明美国对中国事态的震惊和关切。[①]一时间，这在美国国内尤其是在国会中引起轩然大波。[②] 国会对布什决定的正确与否提出质疑。米切尔和索拉兹发表讲话，认为此举是向中国政府“磕头”。[③] 面对国会和新闻媒体的攻击，布什政府不得不努力为自己辩护。白宫辩解道，总统的禁令是中断互访交流，而不是中断接触，所以不违反布什总统6月20日的禁令。1990年1月7日，在接受美国广播公司专访时，斯考克罗夫特和伊格尔伯格表示，访华是“同中国保持密切关系所必要的”，秘密外交是为了实现同中国保持接触、防止两国关系失控的目标，而与中国“建立一种富有成果的关系符合美国的国家利益”。[④] 然而，这一切并没有平息美国国内的反对声音。1990年2月，在众议院举行的听证会上，尽管伊格尔伯格极力进行辩护，但民主党议员仍然不依不饶地对布什派遣高级官员秘密访问北京表示不满和愤怒，认为布什政府执行了两面政策。[⑤]

除了派遣斯考克罗夫特作为特使访华之外，布什政府还逐步放宽了对华制裁，修复受到损害的中美关系。1989年10月，美国政府允许6月离开美国的中国技术人员和军事官员回到美国，恢复了中美在改良中国歼-8战斗机性能方面的合作。继允许波音公司向中国出售民用飞机之后，当年12月布什又取消了两项对华制裁：允许美国进出口银行对向中国从事出口贸易的公司提供贷款；允许中国火箭发射由美

① Andrew Rosenthal, “Baker Concedes He Did Not Disclose a Secret Mission to the Chinese in July”, *New York Times*, December 20, 1989, p. A1.

② 关于1989年中止中美双方高层交往的决定，布什政府内部的政策协调上出现了一些问题。在布什总统同中方联系后决定派遣高级代表团访华就中美关系进行沟通之后，国务卿贝克在不知情的情况下在国会听证会上宣布已向总统建议中止中美之间的高层往来。当天晚上，白宫发言人菲兹沃特正式宣布了这项官方政策。尽管如此，布什政府还是决定派遣国家安全助理斯考克罗夫特和副国务卿伊格尔伯格秘密访华。不过，这给国会特别是国会中的民主党人提供了攻击的口实。国会议员本来就认为布什对华政策过于软弱，现在就更进而怀疑布什政府的对华政策。详见 James Mann, *About Face*, pp. 205 – 206。

③ John Felton, “Bush Bid to Fix Beijing Ties Strains Those With Hill”, *Congressional Quarterly Weekly Report*, December 16, 1989, p. 3434.

④ 陈永祥主编：《布什与中国》，南京大学出版社2002年版，第121页。

⑤ *United States Policy Toward China*, Hearing Before The Committee On Foreign Affairs, House of Representatives, 101st Congress, 2nd Session, February 8, 1990, Washington: US Government Printing Office, 1990.

国休斯公司制造的三颗通信卫星，从而在对华制裁中打开了一个缺口。[①] 采取这些步骤既有政治上的考虑，也有经济上的目的。布什致函参众两院议长，表示自己是根据美国的国家利益取消禁令的。[②] 从政治上说，是为了缓和紧张的中美关系，避免孤立中国，并维持与中国在一些国际问题上的合作，并通过这些措施影响中国国内事态的发展；经济上的考虑则是避免美国对华制裁措施损及美国在华的商业利益，不使其他国家从中渔利。在美国政府的支持下，进出口银行向对华贸易项目提供了金额为975万美元的贷款。随后在1990年2月，又宣布向为上海地铁项目提供设备和服务的美国公司提供2310万美元的贷款。在多边对华贷款方面，布什政府公开表示不反对基于个案基础上的人道主义贷款。1990年2—5月，美国支持世界银行向中国提供4笔总计4.4亿美元的职业教育、农业开发、地震重建和森林保护项目的贷款。[③] 行政部门的这些步骤遭到了国会议员强烈的谴责。

中国方面也采取了一些措施来改善中美关系。针对美国十分关心的大规模杀伤性武器扩散问题，12月11日，中国外交部公开声明，关于中国向叙利亚出售中程导弹的传闻完全是没有根据的。随后，中方重新允许"美国之音"记者来华；原则上恢复了富布赖特教育交流计划；重新接受美国和平队人员。1990年1月10日，中国国务院发布命令，自1月11日起解除在北京市部分地区的戒严。

布什政府向国会表示它正在试图通过私下劝说的方式来对中国施加影响，并举出中国结束在北京地区的军事戒严和中国政府宣布释放573名参加游行示威而被拘留的人员作为中国人权状况好转的迹象，但国会议员对此表示怀疑。来自加州的众议员佩罗西（Nancy Pelosi）指出："北京解除军事戒严是因为它不再需要军事戒严法来镇压持不同政见者……我确信国会看穿中国领导人意在误导西方政府的这些无效的试图。"[④]

① 1988年12月，中美两国就中国发射美国制造的卫星等相关事宜达成协议。当时这三颗通信卫星中有两颗是澳大利亚卫星公司订购的，美国政府先前就已经颁发了许可证；而另外一颗则是中英合资的亚洲卫星公司订购的，已在巴黎统筹委员会（简称"巴统"）获得出口许可证。1989年6月，美国政府暂停了许可证的落实和审批。

② 陈永祥主编：《布什与中国》，第122页。

③ 同上书，第123页。

④ "Key Senate Votes：1，Chinese Students Veto"，*Congressional Quarterly Weekly Report*，November 24，1990，p. 3912.

布什政府与民主党控制的国会在对华制裁问题上的分歧和矛盾日益尖锐化的同时，双方在对待中国留美人员问题上展开了激烈的争夺，并使得府会关系趋于僵硬。

及至1989年，中国在美国的留学生和访问学者已经达到4万多人，其中有大约32000人是持J—1签证的。根据美国的移民法和1986年中美两国达成的双边教育交流协定，凡是公派出国留学、持有J—1签证的中国留美人员在美国学习完毕后必须回国服务两年，然后才能申请其他种类诸如申请长期居住的签证。

如前所述，1989年6月初，布什总统曾宣布签证已到期的中国留学生，可以延长在美国逗留期一年。不过，实际申请延长的留学生并不多，一些人担心身份会曝光，一些人则担心一旦申请延长居留一年，届时就必须返回中国，从而无法申请其他可以居留的身份。[①] 在这种情况下，1989年6月22日，众议员佩洛西就提出“1989年中国移民紧急救援法案”，豁免1989年6月5日之前已经在美国、持J—1签证的中国留美人员必须回国服务两年的限制；这些留美人员有4年时间也就是直至1993年6月5日之前都有权申请改变居留的身份，并允许中国留美人员在美国寻找工作。[②] 7月31日，众议院先行通过了这项法案。8月4日，参议院也通过了该法案，并另加了一项修正案，对因为拒绝堕胎或结扎，而返回中国可能遭到“迫害”的留美人员，当他们申请难民身份或者寻求庇护时，应当给予周全的考虑。10月5日，参众两院举行协调会议，就申请时限和资格达成一致。[③]

1989年11月19日和20日，众议院以403票对0票、参议院以口头表决方式分别通过“佩洛西议案”。在国会讨论这项议案时，布什政府就明确表示反对，认为这一议案束缚了总统在开展外交事务方面的手脚，会对在美国的中国人给予移民和签证方面的无条件豁免造成不良的先例，中国政府也会进行报复，从而给两国间的文化交流增加困难。[④] 24日，中国副外长刘华秋奉命就这一严重损害两国教育交流、进一步恶化中美关系的

① “Aid for Chinese Students”, *Congressional Quarterly Weekly Report*, July 15, 1989, p. 1787.

② *Congressional Record*, June 21, 1989, H2976.

③ *Congressional Record*, November 17, 1989, H8967.

④ James Mann, *About Face*, pp. 212 - 214.

行动向美国政府提出严重抗议，指出美国国会通过的法案不仅直接违背了国际惯例，也严重破坏了中美1987年6月所达成的双边教育交流协议。[①] 11月30日，布什总统否决了这项议案。与此同时，考虑到国会的情绪，布什颁布了实施该项议案实质内容的行政命令：豁免中国留学生返回中国服务两年的规定，直至1994年1月1日；对于1989年6月5日合法在美国的个人，给予继续合法移民身份的保证；1989年6月5日前在美国的中国人可以合法工作；对于本应强制离境的个人，当其非移民身份签证到期时，将只发给到期通知，而并不执行遣送；对于任何国家之公民，如果因为其国家实施强制堕胎或结扎政策，而担心回国受到迫害者，在移民过程中则给予宽容的考虑。[②]

布什认为，他正在使用他的行政权力采取国会议案所要求采取的步骤，没有必要签署这项议案，并认为这样做可以保持对华政策的灵活性和中美两国间的教育交流，因为此时中国政府已经发出警告，即如果美国单方面违反中美两国教育协定的规定，中国就会停止两国间的教育交流。他说："我想看到这些交流继续下去，因为推动中国人和美国人之间技能和思想的交流是符合美国的国家利益的。我的希望是，通过行政手段将有助于鼓励这些交流的项目继续下去。"[③] 在他看来，既然行政命令的颁布可以保护中国留学生，就没有必要立法。然而，许多议员认为布什的否决淡化了美国对中国政府的愤怒和不满，否决是错误的。

当年12月，布什政府秘密派遣特使访华的消息披露之后，使得本来就对布什对华政策不满的国会议员决心推翻布什对"佩罗西议案"的否决。当时，国会中共和党和民主党力量的对比对布什来说并不有利。据统计，102届共和党在国会中所占的议员席数是20世纪以来最低的一次。[④] 在众议院中民主党议员占了2/3的多数，有256位，共和党人只有175名，况且众院里共和党议员，如众院共和党政策委员会主席米

---

① 《人民日报》1989年11月24日。

② George Bush, "Memorandum of Disapproval for the Emergency Chinese Immigration Relief Act of 1989", *Weekly Compilation of Presidential Document*, Vol 25, No 48, December 4, 1989, pp. 1853 - 1854.

③ 布什的讲话参见1989, *CQ Almanac*, p. 42-C. 另见 *Congressional Record*, January 23, 1990, H28.

④ Janet Hook, "Bush Inspired Frail Support For First-Year President", *Congressional Quarterly Weekly Report*, December 30, 1989, p. 3540.

基·爱德华兹（Mickey Edwards）和众院少数党督导纽·金里奇都公开支持这项议案，这就使得众议院的投票结果难以预料；而在参议院中民主党人占据了55席，共和党人达到了45席，共和党参议员人数超过了维持总统否决所要求的1/3人数，布什只要获得45位共和党参议员中的34位的支持就可以维持对这项议案的否决，但是这也并非轻而易举，根据白宫在国会投票前一个星期的估计，只有11名共和党参议员明确表示支持布什总统的立场。[①]

在这种情况下，布什总统、国务卿贝克和政府其他官员乃至一些有影响力的人士，如前总统尼克松都对参议院进行了重点游说，极力劝说共和党参议员支持总统的立场。布什亲自给议员们打电话、同议员会谈或邀请议员一同进餐，阐述自己对中国问题的看法，并多次保证绝不会强制遣返中国留美人员。1990年1月24日，众议院以390票对25票大比例推翻了总统的否决。但依靠党派力量也就是共和党参议员的支持，参议院的投票结果未能达到三分之二的多数（62票对37票），总算维持了总统对这项议案的否决。[②] 尽管如此，从共和党议员的发言可以看出，这一投票的结果更多地反映了共和党议员的团结而不是对布什对华政策的赞同，因为这次是由于共和党议员将这一问题从党派利益的角度出发加以考虑才使布什的否决获得维持。[③] 在这次投票中，所有支持总统否决的议员全部是共和党人，另外有8名共和党议员和54名民主党参议员站在一边主张推翻布什总统的否决。

1989年下半年的大多数时间里，尽管布什政府和国会在对华制裁问题上存在分歧，但国会总体上支持布什采取的对华政策，双方的矛盾并没有公开化。这种局面从1989年底1990年初开始发生了实质性的变化，双方在对华政策上的矛盾和分歧加剧。布什政府通过总统否决权、党派斗争和对国会的游说好不容易控制了对华政策的主导权，但国会方面所施加的巨大压力也迫使布什政府用行政命令的办法实施对华制裁。同

① David S. Broder and Ann Devroy, "Bush Takes Major Stride Toward Solid Hill Position", *Washington Post*, January 26, 1990, p. A9.

② 1989年11月25日，参议院以62票对37票再次通过“佩洛西议案”，但未能达到推翻总统否决所需的67票。

③ "KEY SENATE VOTES: Chinese Students Veto", *Congressional Quarterly Weekly Report*, November 24, 1990, p. 3912.

时，布什政府同国会在对华政策上的巨大分歧导致了国会议员对布什政府的信任度大幅下降，从而也预示着国会和布什政府在对华政策上的斗争将会更加复杂和尖锐化。而直接的后果就是国会转而寻求其他能够有效影响美国对华政策的途径，导致了中国最惠国待遇问题的出现。

第三节　对华最惠国待遇斗争的缘起

一、1974 年的杰克逊—瓦尼克修正案

总的来说，与美国进行贸易的国家按照享受的待遇可以分为 4 类：第一类最优惠的待遇是给予自由贸易安排，如美国和加拿大、以色列、墨西哥之间的贸易；第二类是根据 1974 年贸易法所实施的普遍优惠制（Generalized System of Preference，简称 GSP），在此安排下美国对超过 125 个发展中国家的产品免除关税或征收最低的关税；第三类是最普遍的贸易安排即相互给予最惠国待遇。所谓最惠国待遇是一个国家依据条约或国内立法，在贸易、投资、通航、关税等方面给予另一国家不低于现时和将来给予任何第三国的优惠、特权或豁免等待遇。最惠国待遇地位并不意味着给予一个国家较其他国家更加优惠的待遇，它只是相互给予对方产品非歧视性的待遇。最惠国待遇是世界各国进行正常贸易的基础，是国与国之间经济贸易往来的基本条件。美国给予了世界上绝大多数国家以最惠国待遇，大多数享有最惠国待遇地位的国家都是关贸总协定（后为世界贸易组织）的成员。第四类是不享有最惠国待遇的国家，主要是一些共产主义国家。朝鲜战争爆发后，在浓厚的冷战氛围下，1951 年美国实施了《贸易协定中止法》，拒绝给予共产主义国家（南斯拉夫除外）最惠国待遇。

1974 年底美国国会通过《1974 年贸易改革法》（Trade Reform Act of 1974），简称 1974 年贸易法。“杰克逊—瓦尼克修正案”是这一法案第 4 条款的 A 项和 B 项 。此修正案规定如果“非市场经济”国家不限制移民并和美国达成双边贸易协定相互给予最惠国待遇，那么美国就恢复或给予其最惠国待遇；总统在给予上述国家最惠国待遇的最初 18 个月，只需通报国会这些国家允许自由移民或正在向准许自由移民方向发展就可以免除关于自由移民的限制。但在此之后，总统要一年一度延长最惠国待遇，就必须获得国会的同意，再由总统签署生效。根据这项修正案，一个国家要

获得最惠国待遇，就必须满足两个条件：其一是同美国达成相互给予最惠国待遇的互惠条款协定，并得到国会批准；其二是必须满足自由移民的条件。在总统做出决定后，如果国会没有反对意见或不能推翻总统的决定，特定国家的最惠国待遇的地位就会继续得以延长一年。这项修正案在当时是针对苏联制定的。1972 年 10 月，美苏达成双边贸易协定，给予苏联以最惠国待遇。由于美国国会议员对苏联限制在苏联的犹太人移民极为不满，而美国的犹太人组织也大力进行游说活动，国会于是通过“杰克逊—瓦尼克修正案”，将苏联的最惠国待遇问题同是否允许自由移民相挂钩。不难看出，最惠国待遇问题的出现实际上是冷战时期的产物，但是这种影响延续到冷战之后。

美国政府审议最惠国待遇的一般程序是：总统必须在最惠国待遇到期日的 30 天之前，做出是否延长的决定，并向国会提出报告。在总统宣布延长最惠国待遇之后，如果国会没有异议，那么这个国家的最惠国待遇就会自动延长。相反，如果国会对于总统关于最惠国待遇的决定有不同意见，国会就必须在最惠国待遇到期的 60 天内审议总统的决定。在国会内部，通常会有议员提出议案。议案一般会首先递交到众议院的规则委员会或者筹款委员会，但是主要由筹款委员会来讨论议案。在筹款委员会里，先交由贸易小组委员会来进行讨论。贸易小组委员会将就此问题举行听证，听取各有关方面的意见。小组委员会进行讨论后会提出经过修正后的法案，交全体委员会讨论。在全体委员会表决通过之后，交由众议院全体大会讨论，并相应提出委员会的意见（支持或反对）。与此相应，规则委员会会通过审议的规则程序，交由众议院通过之后，众议院会对筹款委员提交的议案进行讨论和表决。如果众议院否决了提出的议案，那么就不再提交参议院审议，也就是说议案最终胎死腹中。相反，如果议案在众议院得以通过，那么就将提交参议院审议。参议院在收到众议院通过的议案后，一般会交由财政委员会审议。财政委员会审议后，如果没有异议，就会提交参议院全体大会讨论，如果参议院讨论通过，就会提交总统签署。如果参议院对于众议院的议案有异议并提出了修正案，那么参众两院就会组成一个特别协调委员会进行商谈，从而产生一个会议报告，分别提交参众两院通过。通常而言在国会两院的讨论一般限定在 20 小时，由支持和反对给予中国最惠国待遇的两方平均分配，展开辩论。总统在收到国会通过的议案之后，可以在 10 天之内做出反应。如果总统拒绝签署，并使用否决权，国会两院就必须在收到总统的通告后，再次表决。如果参众两院都达到三分之二的多数，那么总统的否决就会被推翻，议案自然生效，特定国家的最惠国待遇在议案生效后的第 61 天就会被正式取消；反之，则总统维持对国会议案的否决。一般而言，国会很难推翻总统的否决，因为总统可以依赖本党在国会中的议员维持否决，毕竟获得参众两院中任何一方三分之一以上的支持比要获得参众两院都必须三分之二多数来说要容易得多。依据以上程序，国会必须在总统宣布决定的 90 天内通过支持或反对的议案。

“杰克逊—瓦尼克修正案”适用于所有“非市场经济”国家，因此中国和其他社会主义国家在与美国签订贸易协定时也就必然受到该修正案的约束和限制。1979 年 10 月 23 日，卡特总统根据法定程序将当年 7 月签订的《中美贸易协定》递交国会审议，并对中国豁免“杰克逊—瓦尼克修正案”的要求，给予中国最惠国待遇。当时正值苏联入侵阿富汗之际，中国在中美苏大三角中的战略位置显得更为重要，美国国内联华反苏的呼声很高，所以国会未经多少辩论就在 1980 年 1 月 24 日批准了《中美贸易协定》。以后美国历届行政当局都在每年最惠国待遇地位到期以前通知国会对中国豁免“杰克逊—瓦尼克修正案”的要求，而国会也未加反对，于是中国的最惠国待遇也就顺利地得以延长，这种情况一直延续到 1989 年。①

二、中国最惠国待遇问题的出现

到 1990 年初，布什总统对外交政策的主导使得国会备受挫折。在国会和布什就对华政策的具体做法上分歧日益尖锐的背景下，国会开始寻找既能对中国施加压力以满足美国的要求，又能迫使总统就范的工具。传统来说，相对其他外交政策的制定，国会在对外贸易政策的制定中一直扮演着十分活跃的角色。由于中国的最惠国待遇每年审议一次才能延长，而且必须得到国会的批准，所以最惠国待遇问题自然就成为美国国会用来对华施压以及和总统争夺美国对华政策主导权的重要突破口。

① 在 20 世纪 80 年代早期美国国会中曾有议员提出议案反对总统对中国豁免 1974 年杰克逊—瓦尼克修正案的权力，但是并没有获得国会的支持。一次是在 1982 年的 97 届国会上，有议员在众议院提出 H Res 570 号议案，可是此议案在国会委员会讨论阶段就被否决；另一次是在 1983 年的 98 届国会上，H Res 28 号议案在众议院以 98 票对 317 票被击败。

“在国会看来，只有一项措施是足够有力的，而且不必冒军事威胁的风险：这个措施就是剥夺中国的最惠国待遇地位。”① 许多国会议员意在利用总统要求延长中国最惠国待遇的这一关键机会试图扩展对美国对华政策的影响和发泄国会对行政当局对华政策的不满。不仅如此，如果中国的最惠国待遇被取消，中国对美国出口的产品将被征收高额关税，这样中国就不能不有所反应了，从而对美国做出让步。在国会议员看来，由于中国的产品大量出口美国，美国已经成为中国的最大出口市场，美国从中国的进口额占中国总出口的25%；中国需要从美国获得资金和高科技技术，所以中国对美国的需要大于美国对中国的需要。参议员本特森（Lloyd Bentsen）在1991年的发言充分反映了美国国会中相当多的议员的想法：布什政府的“调和政策是不起作用的…… 我们是中国最大的出口市场，所以对中国人我们握有重要的杠杆，我们必须运用那一杠杆来追求我们的原则”。②

事实上，早在1989年6月就有数项议案分别在众、参两院提出，要求停止给予中国最惠国待遇，作为制裁中国的一项手段。那时，一些中国问题专家在国会听证会上适时指出：任何来自外国包括来自美国的压力对中国国内局势发展的影响是有限的；对华实施经济制裁或切断同中国的经济联系将是“一个严重的错误”，因为这会带来适得其反的效果，“会削弱而不是加强中国的温和派”。③ 尽管如此，国会中的反华氛围十分浓厚，最终国会还是选择了利用中国最惠国待遇问题来对中国政府和布什政府施加压力的手段。美国国内在对华政策上原有的共识不复存在，分歧突出。这在行政当局和美国国会之间的关系上表现得最为明显。正如一位国会专家所指出的：“（国会和行政当局）协同工作以便找到共识的能力已经让位于险恶的个人言辞、背后咬人和自以为是的相互指责。”④

从1990年初起，美国国内在对华政策上的争夺几乎完全集中在中国

① ［美］威廉·奥弗霍尔特：《中国的崛起——经济改革正在如何造就一个新的超级大国》，中央编译出版社1996年版，第285页。

② *Congressional Record*, July 23, 1991, S10670.

③ “The United States of America Response to Events in China—Views of Prof A Doak Barnett”, *Congressional Record*, June 12, 1989, E2075.

④ Robert G. Sutter, “The China Policy in Washington: Recent Background and Prospects”, See *New Ideas and Concepts in Sino-American Relations*, Conference Report, November 18 – 20 1992, sponsored by American Enterprise Institute and Shanghai Institute for International Studies, p. 150.

的最惠国待遇问题上。布什总统在中国最惠国待遇问题上的坚定立场使得国会的立法行动显得是象征性的，而不是实质性的，但是为国会提供了一个攻击中国、抨击总统对华政策的场所。美国国会不断通过决议反对给予中国最惠国待遇或对其附加条件，力图利用贸易来制裁中国，从而使最惠国待遇问题成为影响两国关系的重大政治问题。

三、中国最惠国待遇问题的性质问题

中美自 1980 年相互给予最惠国待遇地位以来，经过近十年的发展，两国间的贸易额大幅度增长，相互的经济依赖日益加强。根据中国海关统计，1989 年两国贸易额为 122.5 亿美元，比 1980 年的贸易额增加了近两倍。中国经香港转口到美国的贸易额也高达 85 亿美元，美国已经成为中国的第三大贸易伙伴。如果美国取消中国的最惠国待遇，那么将意味着中国对美国的出口商品将被征收高额关税，影响面高达 95% 以上。[①] 根据 1990 年白宫的一份文件统计，如果中国的最惠国待遇被取消，中国对美出口的 20 种主要产品如鞋类、服装、电子产品、玩具等就将面临高达平均 60% 的关税率；一些产品的关税甚至会被提高到 10 倍以上（见表 3 -1）。[②]

表 3 -1　　最惠国待遇对中国产品进入美国市场的影响

商品种类	最惠国待遇关税	非最惠国待遇关税
玩具	0	70
运动鞋、旅游鞋	6	35
鞋类制品	10	20
皮革服装	6	35
印刷电路和软驱	0	35
无线电话	3.6	35
人造装饰花	9	71.5
圣诞树装饰灯	8	50
丝绸外套	7.4	65

资料来源：美国国际贸易委员会。转引自《美国国会季刊周报》1997 年 4 月 26 日，第 970 页。

① Vladimir N. Pregelj, "Most-Favored-Nation Status of the People's Republic of China", CRS Reports 92094, Updated December 6, 1996.

② *Congressional Record*, May 24, 1990, p. 6947.

另据美国国际贸易委员会的资料显示，如果中国失去最惠国待遇就会遭受重大损失（见表3－2）。

表3－2　　部分美国进口商品关税一览表

商品种类	最惠国待遇关税	非最惠国待遇关税
制造品	0—32	0—110
服装制品	0—34.6	25—90
通信、音像制品	2.4—8.5	35
鞋类制品	0—48	10—84
旅行物品、手提包	4.6—20	35—90
石油、油料	$ 0.105/bbl	$0.21/bbl

资料来源：美国政府的一份统计资料。《国会纪录》1990年5月24日，S6948。

这些关税将达到美国在20世纪30年代大危机时期制定斯穆特—霍利法（Smoot-Hawley Act）规定的水平，而这一法案将关税提高到了美国历史上的最高水平。这实际上等于对来自中国的产品实行禁运。中国对美出口将面临巨大困难，其中受到影响最大的是东南沿海的外向型经济。不仅如此，由于美国海关实行产品原产地原则，取消中国最惠国待遇后，所有外商在华投资企业产品对美出口同样将会被征收高额关税，我国劳动力和资源低廉优势将随之不复存在，这样就会严重影响外国或地区对华投资，对中国的改革开放带来巨大冲击。除了对中国大陆的冲击之外，对于依赖大陆进行转口贸易的香港地区造成巨大损害。贸易是互利互惠的，一旦美国单方面取消中国的最惠国待遇地位，中国必定会作出反应，对美国的对华出口进行报复。尽管中美贸易额在美国对外贸易中所占比例较小，但是对于美国的一些产品出口会产生相当的影响，如粮食、机械设备、飞机、化肥、钢铁和化工产品，等等。

最惠国待遇问题的出现是由于美国国会力图将中国的最惠国待遇地位政治化，对中国施加压力。由于美国给予世界上绝大多数国家以最惠国待遇，只有少数国家没有给予最惠国待遇，[①] 而这些国家多被视为美

① 时至1998年美国已经给予223个国家以最惠国待遇，只有7个国家没有获得最惠国待遇：阿富汗、古巴、老挝、朝鲜、塞尔维亚、门的内哥罗和越南。

国的敌对国家，所以取消中国的最惠国待遇就在一定意义上将中国视作美国的敌人。在某种意义上来说，最惠国待遇问题是中美关系正常发展的基点，如果美国政府采取这一步骤，中美关系将大为倒退。对此，美国国内有识之士也认识到这一点，所以以行政当局为首的美国政界每年都极力将最惠国待遇问题作为中美关系中的根本性问题加以全力游说国会。在他们看来，最惠国待遇问题不仅仅是双边贸易问题，而且涉及是将中国看作一个挑战和竞争者，还是将中国看作一个威胁和一个敌人的问题。

一方面，由于最惠国待遇是中美两国关系的重要基础，所以出于美国国家利益的需要，布什政府竭力维护这一双边关系的基础。另一方面，国会在对华问题上情绪化色彩浓厚，受美国国内政治氛围影响，在没有寻找到其他有效施压手段的情况下，极力在最惠国待遇的审议问题上向中国政府和行政当局施加压力，人权、贸易和武器扩散等问题都与最惠国待遇问题纠缠在一起，于是一向没有问题的中国最惠国待遇问题从 1990 年起就成为斗争的焦点。

四、1990 年的中国最惠国待遇之争

1990 年 5 月 16 日，美国众议院举行了中国最惠国待遇第一次听证会，揭开了国会正式讨论此问题的序幕。美国国内在推进中国的民主与尊重人权的目标问题上没有太大分歧，只是在如何达到目标的手段上出现了较大分歧。概括听证会各方意见，美国各界的主要观点有三种：

其一是主张继续无条件给予中国最惠国待遇。认为取消中国的最惠国待遇会“对中国是主要供给者的美国产品供给市场造成混乱；引起中国在经济上进行报复，损害美国的农产品和工业产品的出口商的利益；在香港政治信心已一直处于低潮的情况下，危害香港的经济活力；对主张经济和政治改革的中国人带来困难；削弱亚太地区冲突如柬埔寨问题中取得积极成果的前景，因为中国是其中的成员”。

其二是主张取消中国的最惠国待遇。认为继续给予中国最惠国待遇，“对美国人权是授予最惠国待遇之法律规定这一原则，是一种嘲弄；使中国热爱自由的公民的信念破灭；使目前中国领导人的极度傲慢态度得以确认，以为美国只讲利，不讲原则”。

其三是主张有条件延长中国的最惠国待遇，诸如暂时给予 6—9 个月，“以观后效”；或者延长一年，但是附加条件诸如把延长中国的最惠国待遇放在更加广泛的方案之中。[1] 这三种方案实际上奠定了此后美国国会乃至美国国内就中国最惠国待遇问题进行辩论的基调。

1990 年 5 月 24 日，布什总统宣布再给予中国最惠国待遇一年。在宣布他的决定时，布什总统对他的决定进行了辩护。他指出：中国一年从美国购买价值 60 亿美元的飞机、小麦、化学药品、木材和其他产品，失去这个市场美国人就会失去许多工作机会；取消中国的最惠国待遇就会使美国的消费者不能享用到物美价廉的中国产品；香港也会遭到打击，其最高损失可失去 2 万个工作机会和 100 亿美元的财政收入；取消中国的最惠国待遇会伤害中国国内的改革者而强化强硬路线者，美国应通过贸易加强中国内部的改革力量，推进中国人权状况的改变，而不是将其孤立；继续推进与中国的接触政策从长远来讲会得到好的收效，况且美国仍然对华实施制裁，保持着对中国政府的压力；不仅如此，英国和中国的邻国如日本、韩国、泰国、新加坡都敦促美国延长中国的最惠国待遇，美国的盟国都准备延长中国的最惠国待遇。[2] 估计到国会的压力，所以布什政府提前宣布了延长的决定，并且强调给予中国最惠国待遇并非特殊优待，“最惠国待遇不是一种优惠，不是一种让步，而是日常贸易的基础”。[3] “给予最惠国待遇绝不是对所给国家所推行政策认可的行动。它并不意味着这个有疑问的国家是我们最喜爱的国家。”[4] 即使如此，国会议员对这一举动大加谴

---

① “美国众议院关于中国最惠国待遇第一次听证会情况”，引自中国国际商会、中国贸促会经济信息部编《贸易信息快讯》第 10 号，1990 年 5 月 17 日。“Most-Favored-Nation Status For The People's Republic of China”, Hearings Before The Subcommittees on Human Rights and International Organizations, Asian and Pacific Affairs, and on International Economic Policy and Trade of The Committee on Foreign Affairs, House of Representatives, 101st Congress, 2nd Session, May 16 and May 24, 1990, Washington: US Government Printing Office, 1990.

② “Bush Defends China Decision in Meeting with Reporters”, *Congressional Quarterly Weekly Report*, May 26, 1990, p. 1684. See also *Congressional Record*, May 24, 1990, S6946 - 6948. 由白宫提供的这份文件通过参议院少数党领袖多尔载入了《国会纪录》，该文对布什政府延长中国最惠国待遇的决定作了有力的辩护。

③ *Weekly Compilation of Presidential Documents*, Vol. 26, No. 21, May 28, 1990, pp. 819—820.

④ 参见美国负责东亚及太平洋事务的助理国务卿理查德·H. 所罗门在 1990 年 5 月 24 日参议院对外关系委员会东亚和太平洋事务小组委员会听证会上的讲话。See US Congress, Senate, Committee on Foreign Relations, Subcommittee on East Asian and Pacific Affairs, *Sino - American Relations: One Year after the Massacre at Tiananmen Square*, Hearing, 101st Congress, 2nd session, June 6, 1990 (Washington DC: GPO, 1991), p. 6. 6 月 21 日，副国务卿劳伦斯·S. 伊格尔伯格在众议院筹款委员会贸易小组委员会举行的听证会上重复了布什政府的这一观点。

责，认为这显示布什政府无视中国的人权状况。除了民主党议员之外，一些共和党议员也表示了异议，如参议员达马托（Alfonse D' Amato）就认为总统的决定是对中国政府进行“目光短浅的调和”。①

从一开始，以布什为首的行政当局和国会中的大多数议员就贸易制裁能否推动中国的人权状况产生了根本的分歧。布什政府认为延长中国的最惠国待遇将保持商业和交流的渠道，推动中国的民主改革；如果取消中国的最惠国待遇，在中国内地、香港地区和美国就会有人失去工作和减少收入，而受到伤害的将是“那些最具活力、受西方导向的和强烈信奉市场经济的经济成分”，从而摧毁了这些推动进一步改革的社会力量的经济基础。② 国会中持反对态度的议员如民主党人佩罗西、兰托斯（Tom Lantos）和萨姆·戈登逊（Sam Gejdenson）等则认为有充分的证据表明布什政府对华的调和政策已经失败，因为中国的人权状况并没有改善。

在布什宣布延长的决定前后，国会议员就此问题提出了多项议案，或者要求停止给予中国最惠国待遇，或者要求对中国最惠国待遇问题附加条件，作为制裁中国的一项主要手段。一些中国问题专家在国会听证会上适时指出：任何来自外国包括来自美国的压力对中国国内局势发展的影响是有限的；对华实施经济制裁或切断同中国的经济联系将是“一个严重的错误”，因为这会带来适得其反的效果，“会削弱而不是加强中国的温和派”。③ 但国会中的反华氛围十分浓厚，根本听不进这种真知灼见。

要求对中国最惠国待遇附加条件的议案赢得了大多数议员的支持。来自俄亥俄州的民主党议员唐·J. 皮斯（Don J. Pease）提出了 HR4939 号议案，要求总统证实中国在人权方面已经取得“显著的进步”之后才能继续给予中国最惠国待遇；如果总统不能证实中国在上述各个方面已取得进步，国会将不赞成延长中国的最惠国待遇。皮斯毫不掩饰地说：“作为一个国家，我们的目的不一定是中止最惠国待遇，而是用每年的审议作为取得进展的杠杆。”④

“皮斯法案”第一次将获取最惠国待遇的条件扩展到“杰克逊—瓦尼

① 1990 *CQ ALMANAC*, Washington DC: Governmental Printing Office, p. 765.

② Ibid., pp. 9 – 10.

③ “The United States of America Response to Events in China—Views of Prof A Doak Barnett”, *Congressional Record*, June 12, 1989, E2075.

④ 1990 *CQ ALMANAC*, p. 765.

克修正案”所规定的移民条件之外。皮斯法案提出的条件包括：释放“政治犯”；公布1989年之后被逮捕的人数；结束在中国全境（含西藏）的军事戒严；放松对新闻媒介的控制；结束对中国海外公民的“骚扰与恐吓”；取消自1989年6月以来对寻求出国的中国公民征收费用的规定。①

10月18日，众院就中国最惠国待遇展开全院讨论。众院首先以247对174票通过了要求取消中国最惠国待遇的“所罗门议案”。国会议员知道这一议案不可能变成法律，通过它是为了表明一个象征性的姿态而已。接着对“皮斯议案”作了一些修正，诸如对“明显的进步”作了更加严格的限定，要求中国政府释放政治犯，等等。这项议案以384对30票通过。在这两次投票中，党派政治并不太明显，基本是两党一致。“所罗门议案”和“皮斯议案”的提出与通过同样预示着在国会里出现了主张立即取消中国最惠国待遇的强硬派和主张附加条件的温和派两大派。

在众议院提出和审议关于中国最惠国待遇议案的同时，参议院多数党领袖乔治·J. 米歇尔和16位民主党国会议员也提出S2386号议案（即《1990年支持中国民主与人权法案》），主张取消中国的最惠国待遇，除非总统证明：中国政府已经释放了所谓“政治犯”；允许自由移民、结束对中国海外留学生的骚扰、中止“宗教迫害”。②

1990年，中美关系逐步有所改善。4月，中美正式达成协议，恢复了富布赖特学者交流计划。5月1日，中国政府解除了对拉萨的戒严，美方表示欢迎。6月，中美两国经过商谈，解决了方励之滞留美国大使馆长达一年的问题。7月，以上海市市长朱镕基为首的中国市长代表团访问美国，这是美国对华制裁后，中国第一个大型的官方代表团对美国进行的访问。

1990年8月2日，伊拉克侵占科威特，引发了海湾危机。这为中美关系的改善提供了契机。中美双方的磋商明显趋于频繁。美方竭力在联合国安理会通过一个事实上授权动武的决议，以便美国合法出兵海湾，因此中国的立场是至关重要的。美国不得不评估中美关系，并试探改善中美关系。美方试图同中国达成一笔交易，即中方不否决联合国安理会授权动武的议案，而美方则在安理会投票后正式邀请钱其琛访问华盛顿，并同布什

---

① 1990 *CQ ALMANAC*, pp. 765 – 766.

② *Congressional Quarterly Weekly Report*, July 14, 1990, p. 2200.

总统会面。[1] 11 月 27 日，布什总统又分别给中国领导人江泽民、杨尚昆、李鹏写信，希望中国支持美方提出的决议草案，并表示即将进行的安理会表决以及钱其琛访问美国，将为实现双边关系的重大进展提供决定性的机会。最终，中方选择投了弃权票，从而使决议在安理会得以通过。

美方对于这个结果一度有所失望，因此国务院对中方表示，布什总统可能无暇接见钱其琛外长。尽管稍有波折，经过中国驻美大使朱启桢和斯考克罗夫特的沟通，布什总统同意会晤钱外长。由此，钱其琛外长按照预定计划对美国进行了两天的正式访问。12 月 30 日，布什总统在白宫会见了钱其琛，并在友好、坦率的气氛中举行了会谈。这次访问实际上打破了自 1989 年 6 月以来美国中止与中国的高层互访的制裁，具有重要的象征意义。[2]

突然爆发的波斯湾危机也吸引了美国国会特别是参院的注意力。中国作为联合国常任理事国的重要性再一次显现出来，对于国会中的参议员产生了一定的影响。中国在联合国安理会没有否决对伊拉克动武的决议案在很大程度上有利于缓解国会对于中国的批评和攻击。在众议院通过对中国最惠国待遇附加条件的决议案后，布什总统立即表示：在中国采取与美国合作解决波斯湾危机之际，对华进行制裁是不明智的决定。[3] 1990 年 11 月，钱其琛外长访问美国并同布什总统会面，从而实际上结束了美国关于停止高层接触的制裁。钱其琛还先后会见了国务卿贝克、商务部长莫斯巴赫尔（Robert Mosbacher）、参议院共和党领袖多尔、民主党参议员索拉尔兹和兰托斯等。中国政府则抓住时机，一方面公开表示如果中国失去最惠国待遇，将同样对进入中国市场的美国产品征收高额关税，进行报复；另一方面派代表团前往美国采购物品，对国会正在进行的讨论施加影响。最终由于 101 届国会面临休会，而国会和布什政府就联邦财政预算争执不休，国会并没有时间对米歇尔所提议案和众院通过的议案采取行动，所以这些议案随着 1990 年末国会的休会而胎死腹中。这样，布什政府就不用采取行动而结束了 1990 年最惠国待遇的府院之争。

---

① 美国一度想将中国投赞成票同钱其琛访问华盛顿相挂钩，即一旦中国不投赞成票，则钱其琛不可能访问华盛顿。当中方表示不能接受后，美方又被迫回到原先的立场上。详见钱其琛《外交十记》，第 96—99 页。

② 钱其琛：《外交十记》，第 103—105 页。

③ *The New York Times*, October 19, 1990, p. A1; 1990 *C Q AIMANAC*, p. 768.

五、1991 年国会与总统在中国最惠国待遇问题上的斗争

经过 1990 年国会中期选举，国会内部两党力量没有实质性的变化，但是由于临近总统大选，所以党派斗争越来越激烈，这同样体现在对华最惠国待遇问题的斗争之中。

时至 1991 年，国会中的反华情绪仍然十分浓厚；美国的经济依旧处在衰退之中，国内反对自由贸易的势力进一步增强。尽管中美关系走入低谷，但是双边贸易在不断上涨。不过，按照美国商务部的统计，中美贸易出现了巨额逆差。中国对美出口居于出超地位，而且在 1990 年美国从中国进口增加了 27% 的同时，对华出口减少了 17%，这自然给反华分子以新的借口。美国新闻界又报道说中国正在帮助阿尔及利亚发展核武器，并向巴基斯坦出售用于发射中程导弹的移动发射架，这也引起了国会中反对武器扩散的议员的关注，他们试图利用中国的最惠国待遇问题来制裁中国。一些议员认为布什政府忽视中国的“不法行为”，不断削弱美国对中国施加压力的杠杆，所以国会应当带头来改变美国对华政策的方向。① 国会对布什总统的对华立场产生了怀疑，由此也变得越来越不愿同总统妥协。随着 1992 年大选的临近，民主党人更是把中国最惠国待遇问题上的较量看作来年大选的前哨战，以便在共和党连续执政 3 届以后把共和党逐出白宫。1991 年 1 月，民主党参议员莫尼汉（Daniel Patrick Moynihan）提交议案，要求取消中国的最惠国待遇，从而拉开了新一轮国会与总统之争的序幕。

1991 年 5 月 2 日，在布什总统尚未宣布给予中国最惠国待遇之时，佩罗西、斯塔克（Pete Stark）、沃尔夫（Frank Wolf）、所罗门（Gerald Solomon）等 60 多位众院两党议员就提出 H R 2212 号议案，对中国最惠国待遇附加条件。该议案实际上是 1990 年众院所通过议案的翻版：中国要获得 1992 年的最惠国待遇，就必须说明和释放 1989 年“天安门事件”之后被监禁的政治犯，并在其他人权领域诸如中止酷刑和在西藏的宗教迫害及允许新闻自由等方面取得“明显的进步”。②

大多数民主党议员主张对中国最惠国待遇问题附加条件，但在附加什么条件上存在分歧。佩罗西和皮斯、索拉兹经过协商后推出了一项议案，

① *Congressional Quarterly Weekly Report*, June 1, 1991, p. 1434.

② Ibid.

规定中国必须满足以下条件：中国必须披露没有说明的抗议者的命运并释放一些被捕者；总统应证明中国已在停止违反人权和宗教迫害、取消对新闻媒介的限制、停止对中国留美学生的骚扰、确保免除折磨和改善非人道的监狱条件和允许人道组织探视监狱方面取得“明显进步”。筹款委员会里许多共和党人反对这项提案，认为不应附加中国所难以做到的条件而迫使布什总统取消中国的最惠国待遇问题。尽管如此，筹款委员会依旧通过了数项修正案，使得附加的条件更为苛刻：不通过强制堕胎和非自愿的结扎来实施独生子女政策；不帮助非核国家获取或发展核武器以及弹道导弹；不再反对台湾加入关贸协定；采取措施阻止向美国出口劳改产品并允许人权组织前往怀疑使用强迫劳动的监狱。

7 月 10 日，众院不顾布什总统的强烈反对，以 313 票对 112 票通过“佩罗西议案”，并达到了推翻总统否决的 2/3 多数。众院还以 223 票对 204 票通过了要求取消中国最惠国待遇的“所罗门议案”。只有少数议员支持布什政府的立场，认为“佩罗西议案”所提条件过高，中国政府难以做到。共和党议员阿彻（Bill Archer）曾提出一项动议，主张将此议案交回给委员会加以修正，以给予布什总统在中国最惠国待遇问题上的自由处置权，但这项议案以 118 票对 308 票被否决。一些议员投票支持了“佩罗西议案”，但是他们也认为条件过高。众议员吉本斯（Sam M. Gibbons）指出：“我推测佩罗西（议案）真正要变成一辆垃圾车，每个人都扔进他们所能想起的每件东西。”① 索拉兹也认为条件过于苛刻繁杂，中国方面难以满足，他希望一旦参议院通过了议案，议员们将在两院联合会议上解决这个问题②。中国的最惠国待遇问题一时间成了国会议员及其所代表的各种政治力量的斗争焦点，许多议员都从国内政治角度和不同的关注点出发力图给中国的最惠国待遇附加各种条件，以获取政治利益。

5 月 15 日，布什总统就开始游说国会不要阻挠延长中国的最惠国待遇。在同参议院共和党政策委员会会谈之后，他指出：“我要看到中国的最惠国待遇被延长，并尽力为此而努力，我们不想孤立中国；并且我回想起我在中国担任大使的日子，尽管中国仍有严重的问题、我们不喜

---

① *Congressional Quarterly Weekly Report*, *June* 29, 1991, p. 1741.

② 1991 *CQ ALMANAC*, p. 125.

欢他们的（政治）体制，但是事情比回溯到*1975*年的时候要好得多。”①5月27日，他在耶鲁大学的讲话中，阐述了中国在国际事务中诸如朝鲜半岛问题和柬埔寨问题所起到的重要作用；鉴于中国在国际组织特别是在联合国中的特殊地位，保持对华的全面参与政策有着特殊的意义；同时保持同中国的联系有助于中国人权的改善，推进中国的民主改革，如果取消中国的最惠国待遇或对最惠国待遇附加条件，就会惩罚中国市场经济改革氛围最强烈的中国南部地区，从而适得其反，并且会打击香港地区的经济。②

为了缓和国会要求制裁中国的情绪，同日，白宫宣布限制向中国出口高速计算机和阻止美国公司参与中国的卫星发射，并将对中国进行导弹技术扩散的公司进行制裁。不仅如此，白宫宣布使用301特别条款来针对中国，要求中国保护知识产权，否则将对中国产品征收报复性关税。

预料到对众院游说工作的巨大难度，所以布什政府把主要的游说目标放在了参议院。布什政府通过同参议员会面、写信给参议员来进行游说，为其决定作出辩护。6月4—7日，布什邀请两党13名参议院到白宫商谈，敦请他们支持无条件延长对华最惠国待遇，明确反对附加任何条件。6月14日，国务卿贝克则致函参议院少数党领袖多尔（Bob Dole），指出：布什政府依然维持对华的多项制裁，而“取消或对中国最惠国待遇附加条件不仅打击无辜的中国人，而且失去了我们推动广泛的美国利益的最佳工具，这些利益包括使中国的大门朝着贸易和人员及思想的交流敞开着”。在这封信中，贝克还详细地论述了布什政府所推行的“目标性制裁”（targeted sanction），列举了布什政府已经和即将采取的对华施加压力的具体措施以及已经取得的成果。③6月19日，副国务卿伊格尔伯格在参议院听证会上表示，无条件延长对华最惠国待遇“符合美利益”，这是“两国关系根本的组成部分”；“美国的目标是为了促使中国重返改革之路，需要继续

① *Congressional Quarterly Weekly Report*, May 18, 1991, p. 1260. Also see *Congressional Quarterly Weekly Report*, July 27, 1991, p. 2056.

② Remarks at the Yale University Commencement Ceremony in New Haven, Connecticut, *Weekly Compilation of Presidential Documents*, Vol 27, No 22, June 3, 1991, pp. 674－677; See also *Congressional Quarterly Weekly Report*, June 1, 1991, p. 1459.

③ *Congressional Record*, June 24, 1991, S8483. 多尔在1991年6月24日的参议院发言中提及贝克的这封信，支持布什政府的立场，并将此信放入了《国会纪录》。

长期与中国交往”。

为了争取共和党议员的支持，布什总统还通过其在国会里的共和党支持者极力将这一问题看成是两党斗争问题，指责民主党领导人的目的是使布什总统难堪，而不是考虑问题的实质，由此来争取共和党议员的支持。这种游说策略成效显著。在参议院投票表决“米歇尔议案”时，几乎所有在辩论表决之前没有公开表态的共和党参议员都站在了布什政府一边。

布什政府还极力争取参议院民主党议员的支持，其中参议院财经委员会贸易小组委员会主席、民主党人鲍卡斯（Max Baucus）等议员成为争取支持的主要对象。来自农业大州蒙大拿州的鲍卡斯对一旦取消中国的最惠国待遇对中美经济关系尤其是对美国对华的小麦及其他农产品出口所产生的消极影响给予了极大的关注，因为中国是美国出口小麦、飞机、化肥和计算机等产品的重要市场。鲍卡斯赞成对中国采取“强有力的行动”，对华施加压力，但反对通过取消中国的最惠国待遇、切断中美经济联系来处理两国间的争执，因为那样会减少美国人的工作机会和美国的对华出口。他主张根据美国贸易法中的301条款等工具打开中国市场的大门，并支持台湾加入关税及贸易总协定。① 鲍卡斯在参议院会议上明确表示，取消对华最惠国待遇将“搬起石头砸自己的脚”，美国必须“采取一种积极的政策来促使中国的变革”。鲍卡斯主张无条件延长中国的最惠国待遇的立场和布什政府的主张并没有实质性区别，而且身为参议院财经委员会贸易小组委员会主席的鲍卡斯在参议院尤其是在民主党参议员中有一定的影响力，所以鲍卡斯就成为布什政府重点游说的对象。

1991年7月19日，布什总统抓住给鲍卡斯及其14位同僚②复信的机会，争取他们的支持。鲍卡斯参议员认为利用最惠国待遇问题来压中国改善人权是错误的，所以致函布什总统要求对华采取惩罚行动，以缓和国会

---

① 鲍卡斯的观点可参见1991年6月11日他在参议院的发言。在这次发言之后，他将国会研究局关于一旦取消中国最惠国待遇对美国小麦出口的影响的研究报告和美国小麦出口贸易教育委员会的一封信载入了《国会纪录》。参见 *Congressional Record*, *June* 11, 1991, *S* 7439 - 7441。

② 在致布什总统的信上签名的有6名民主党参议员和8名共和党议员，他们是：民主党议员鲍卡斯、康纳德（Kent Conrad）、谢尔比（Richard Shelby）、昆廷·N. 伯迪克（Quentin N. Burdick）、杰夫·宾格曼（Jeff Bingaman）、J. 贝内特·约翰斯顿（J. Bennett Johnston）和共和党议员南希·兰顿·卡斯鲍姆（Nancy Landon Kassebaum）、约翰·麦凯恩（John McCain）、福兰克·H. 穆考斯基、小威廉姆·V. 诺斯（William V. Roth, Jr.）、奥林·G. 哈齐（Orrin G. Hatch）、阿兰·K. 辛普森（Alan K. Simpson）、理查德·G. 卢格（Richard G. Lugar）、拉里·E. 克雷格。

议员利用中国最惠国待遇问题采取行动的情绪。在复函中，布什总统对鲍卡斯等人所持的立场表示赞赏，并支持使用强有力的措施来解决他们所关注的问题。[①] 他在回信中布什总统对这些议员所关注的问题一一加以答复，满足了他们所提出的条件。布什总统承诺，美国将维持对华制裁，迫使中国改善人权；敦促中国遵守核不扩散机制的规则；采取措施要求中国改变不公平的贸易行为，保护知识产权，遵守纺织品协议，禁止进口劳改产品；支持台湾加入关贸总协定；等等。与此同时，布什警告道："如果取消中国的最惠国待遇或者对延长中国的最惠国待遇附加条件，都将严重损害美国的利益，并将使我提出的建议无法实施。……通过保持同中国和中国人民的关系，我们将能最好地保护美国的利益。"[②] 布什的游说效果是明显的。在参议院就"米歇尔议案"进行讨论时，鲍卡斯等多名议员都提及了布什总统的回信，对布什的答复表示满意，支持布什政府采取行动的方式。[③] 布什政府通过以退为进的方式争取了国会中以鲍卡斯为首的中间温和派，从而确保了在参议院中的票数难以超过2/3的多数，这样布什总统就得以维持对参、众两院议案的否决。

预计到布什政府将把游说的主要目标集中于参议院，多数党领袖乔治·J. 米歇尔同29名参议员一起提交了S1084号议案。该议案规定如果中国在6个月之内不能满足一系列强硬的条件，美国就取消中国的最惠国待遇。米歇尔提交议案在参议院发表讲话，指出："延长最惠国待遇而不附加条件正好发出一个错误的信号……我相信现在是改变我们对中国领导人的政策的时候了，鉴于总统的政策已经失败了，那么对一个失败的政策的回应不是一成不变地继续下去。"[④] 6月25日，米歇尔又同24名参议员一起提出S1367号议案，新议案所提出的条件仍较"佩罗西议案"更为苛刻。这些条件包括：对在北京政治风波之中和之后因参与抗议活动而被拘禁、被指控和被判刑的公民作出解释；释放因参与抗议活动而入狱的公民；停止向美国出口劳改产品；停止向柬埔寨红色高棉游击队提供武器和军事援助；恪守中英关于香港的联合公报。除此之外，中国政府必须在其

① 布什复函的全文可参见 *Congressional Record*, July 22, 1991, S10519 - 10520。

② 《参考消息》1991年7月22日，第3—6页；"United States—China Act of 1991", *The Congressional Digest*, Vol. 70, No 10, October 1991, pp. 228 - 229.

③ 详请参见：*Congressional Record*, July 22, 1991, S10530 - 10535。

④ 1991 *CQ ALMANAC*, p. 122.

他领域表现出“明显的进步”：同美国就人权问题进行高层会谈，采取行动阻止在中国和西藏违反人权的行为；停止对中国留美学生的骚扰；允许人道组织和人权组织接近犯人、受审者和拘留地；保护美国知识产权；降低关税和其他贸易壁垒以促进美国产品的对华出口；遵守对核武器、化学武器和生化武器扩散控制的国际规范。①

7月23日，参议院以55票对44票通过了“米歇尔议案”，有条件延长中国的最惠国待遇，但是该议案仍差12票而未能获得推翻总统否决所需要的2/3多数票。投票之前，白宫已经加紧对国会的游说行动；而农业利益组织由于害怕失去中国这个农产品出口的大市场也努力对国会尤其是来自农业州的民主党议员进行游说。共和党领导人采取了一种策略，即在谴责“米歇尔议案”的同时，索性愿意接受几项严厉的修正案，使其因条件苛刻而确保它的死亡。最终投票基本上是以党派来划限的，多数共和党参议员投票支持总统的立场，而大多数民主党参议员则支持“米歇尔议案”。共和党议员中极端保守派分子达马托（来自纽约州）、沃洛普（Malcolm Wallop，来自怀俄明州）、杰克·加恩（Jake Garn，来自犹他州）、杰西·赫尔姆斯（来自北卡）、康尼·麦克（Connie Mack，来自佛罗里达州）和罗伯特·C. 史密斯（Robert Smith，来自新罕布什尔州）支持“米歇尔议案”。在民主党方面，以鲍卡斯为首的7名议员反对这项议案。② 其重要的原因是这7位议员所在的州极为依赖对中国的农产品出口。中国是美国小麦出口的第一大市场，在1991年大约有20%的美国小麦出口到中国。不仅如此，中国进口小麦的潜在能力巨大，前景看好。根据国会研究局的报告，如果美国小麦丧失了中国市场，美国的小麦农场主每蒲式耳（容量单位）小麦将少获得27美分的收入。

参议院还通过了一系列附于“米歇尔议案”的修正案：

（1）要求总统证明中国在减少对古巴援助方面已经取得明显进展。由来自佛罗里达的民主党人鲍博·格雷厄姆（Bob Graham）提出。

---

① “United States – China Act of 1991”, *The Congressional Digest*, Vol. 70, No. 10, October 1991, p. 230. See also “China MFN Vote Falls Short of Veto-Proof Margin”, *Congressional Quarterly Weekly Report*, July 27, p. 2054.

② 他们是来自蒙大拿州的鲍卡斯、来自路易斯安那州的约翰·B. 布鲁（John B. Breaux）和J. 贝内特·约翰斯顿、来自北达科他州的昆廷·N. 伯迪克和肯特·康纳德、来自阿拉巴马州的理查德·C. 谢尔比、来自内布拉斯加州的吉姆·埃克森（Jim Exon）。

（2）要求总统证明中国政府不推行强制堕胎或结扎。由马里兰州民主党人巴巴拉·A. 米库尔斯基（Barbara A. Mikulski）和来自科罗拉多州的民主党人蒂姆·沃斯（Timothy E. Wirth）联合提出。

（3）如果美国中止了中国的最惠国待遇，总统应该采取措施确保其他关税及贸易总协定成员采取同样的措施。由内布拉斯加州的民主党人鲍博·克里（Bob Kerrey）提出。

（4）允许公共利益组织和商业人士向商业部提出申请，以确认进口到美国的产品是否是劳改产品。如果确认是违法产品，财政部就应没收物品并对进口者加以惩罚。此项修正案由赫尔姆斯提出。

（5）在此议案生效之后，如果总统认定中国已经向叙利亚或伊朗转让了 M-9 或 M-11 弹道导弹或发射器，或与制造核武器的有关技术，美国将中止中国的最惠国待遇。由民主党人约瑟夫·R. 拜登（Joseph R. Biden Jr.）提出。①

除此之外参议院还通过了由新墨西哥州民主党人杰夫·宾曼提出的修正案，该议案要求总统与美国的盟友特别是日本和欧洲联盟及世界银行一道限制对中国的技术转让；鼓励导弹技术控制机制成员建立一个关于中国对其他国家转让导弹的工作小组；对中国实施“301”条款；推动联合国人权委员会发布关于中国人权状况的报告。②

不难发现，“米歇尔议案”及其附加的修正案所涉及的领域已经极为广泛，除了党派斗争的需要之外，一些议员抓住机会利用中国最惠国待遇问题来满足国内一些利益集团的愿望，为自己捞取政治好处，这就使得这一问题成为各种政治力量角逐的政治场所。

经过相互妥协，参众两院联合会议同意以“佩洛西议案”作为联合议案。规定：要获取最惠国待遇，中国必须对北京政治风波中的被拘留者做出说明，并释放他们；如果中国向叙利亚或伊朗转让 M-9 或 M-11 导弹或导弹发射器或帮助这些国家制造核武器，美国将取消中国的最惠国待遇。此外，要求中国在人权、贸易和不扩散问题上取得“明显进步”。

11 月 27 日，众议院以 409 票对 21 票通过了此项议案。其中，165 名

① “United States—China Act of 1991”, *The Congressional Digest*, Vol. 70, No. 10, October 1991, p. 231.

② 1991 *CQ ALMANAC*, pp. 123 – 124.

共和党人中有 14 人支持此议案，264 名民主党人中有 7 名议员反对此项议案。但参议院在休会前没有来得及就两院的妥协议案进行表决，因此 1991 年国会在中国最惠国待遇问题上的立法没有完成，于是争夺延续到次年。1992 年是美国总统大选年，民主党人控制的国会和共和党总统之间的斗争就进一步带上党派斗争的色彩。2 月 25 日参议院以 59 票对 39 票通过了《1991 年美国—中国法案》，但仍未达到推翻总统否决所需的 2/3 多数票即 67 票以上。

正如事先所预料的，布什总统否决了参众两院通过的议案。布什总统在否决此议案时指出，政府对华的全面参与政策已经取得一些成果，如最近同中国达成几项协议，中国同意保护美国的知识产权、遵守导弹技术控制机制、允诺到 4 月份认可核不扩散条约和愿意讨论美国所关注的人权问题等。美国政府所采用的方法是“瞄准所关注的特定领域，使用恰当的政策手段，以产生所要的结果”，而众议院通过的 HR 2212 号法案将严重阻碍美国在华的商业活动，减少美国的工作机会；对最惠国待遇附加条件将严重损害中国的改革力量，削弱香港并强化反对民主和经济改革的力量。美国的“参与”政策已经推动中国发生变化，而此议案危及这项政策，所以为了保护美国的经济和对外政策利益就有必要否决这项议案。①

3 月 11 日，众议院轻易地以 357 票对 61 票达到了推翻总统否决所要求的 2/3 多数票，但是参议院投票结果是 60 票对 38 票，离推翻总统的否决差 7 票。以多尔为首的忠于总统的共和党议员和来自农业州、以鲍卡斯为首的少数民主党人支持总统的立场，从而使得布什总统得以维持对此项议案的否决。

从国会和行政当局围绕中国最惠国待遇问题的互动可以看出，为了安抚国会、确保对华政策的主导权，布什总统不得不做出一些姿态，对中国采取更强硬的政策。

六、1992 年总统大选年关于中国最惠国待遇问题的讨论

1991 年关于中国最惠国待遇问题的争夺刚刚告一段落，新一轮的斗争又拉开了序幕。大选年里，民主党人极力利用对华最惠国待遇问题诋毁布什政府在外交上所取得的成绩，给布什总统制造麻烦。不仅如此，由于布什总统此前竭力控制对华政策的主导权，多少忽略了国会参与决策的作

---

① 1992 *CQ ALMANAC*, p. 158. See also Public Papers：Bush，1992，p. 363.

用，从而疏远了一些议员。在苏联东欧发生剧变的情况下，布什政府的对华政策不断遭到质疑。在美国不少人看来，布什所推行的对华政策并没有获得中国方面应有的让步，因而遭到越来越强烈的批评，并进而成为布什在即将到来的大选中的一个弱点。在这一年，围绕中国最惠国待遇的斗争进入了高潮。

1992 年 6 月 2 日，布什总统决定再次延长中国的最惠国待遇一年。在白宫发表的一项声明中，布什总统强调，在美中关系尚未完全恢复正常的情况下，与中国保持建设性的接触政策是符合美国的利益的；在此之前，美国通过接触政策已经取得了一些成果，如在核不扩散问题上，中国加入了《核不扩散条约》，并宣布遵守《导弹及其技术控制机制》。继续给予中国最惠国待遇，将大大促进中国的自由移民。相反，如果取消中国的最惠国待遇，就会使美国商人、投资者和消费者付出沉重代价。总而言之，与中国的接触政策是一种成功的政策，为了保护美国的利益和“促进中国的积极变化”，美国将继续采取这种接触政策。①

次日，民主党议员皮斯和佩罗西共 72 名议员联名提出《1992 年美国—中国法案》，要求对中国最惠国待遇附加条件。此议案与以往议案所不同的是，将打击的目标对准了中国政府的国营公司。此议案规定，除非总统向国会证明中国政府已经在人权、贸易和武器扩散方面正在取得进展，美国将对中国国营公司征收高额关税，而对中国三资企业和集体个人企业继续给予最惠国待遇。按照皮斯的说法，这一变化是旨在调和那些过去抱怨说取消中国的最惠国待遇将损害美国的商业利益和在中国的改革力量的议员。②《1992 年美国—中国法案》的主要内容有：

（1）禁止总统对中国豁免“杰克逊—瓦尼克修正案”的要求，如果中国政府不说明和释放 1989 年游行后被关押和拘留的人士。

（2）禁止总统对中国豁免杰克逊—瓦尼克修正案的要求，除非中国政府在人权、贸易和武器扩散取得“总体的、明显的进展”。

（3）如果取消中国的最惠国待遇，那么就自动给予中国的三资企业和集体、个人所有的企业生产的产品以最惠国待遇。

---

① 《人民日报》1992 年 6 月 4 日。

② “House Committee Tries Anew to Press China for Reforms”, *Congressional Quarterly Weekly Report*, July 4, 1992, p. 1993.

（4）要求美国财政部长保留一个不能享有最惠国待遇的中国国营企业的名单。

（5）在人权方面，要求中国政府阻止向美国出口劳改产品；停止在中国和西藏的宗教迫害和给予新闻自由；停止对中国留美学生的恐吓。

（6）在贸易方面，要求中国政府保护知识产权，停止限制美国商业发展的不公平贸易做法。

（7）在武器扩散方面，中国政府停止同控制导弹技术和核武器、化学武器以及生化武器国际的标准化一致的行为。①

尽管布什政府极力反对《1992 年美国—中国法案》，但是众院还是以 339 票对 62 票通过了“皮斯—佩罗西法案”。为表示对布什政府对华政策的不满，众院还以 258 票对 135 票通过了要求取消中国最惠国待遇的 HJ Res. 502 号议案。众院通过这项议案仅仅是表示一个姿态而已，参院对此议案并未采取行动。

参议院也采取了相应的行动。米歇尔提出 S2808 号议案，要求对中国最惠国待遇附加条件。这项议案规定：禁止总统延长中国最惠国待遇，除非总统向国会报告说中国已经采取措施遵守国际人权宣言，并允许那些由于政治原因和宗教迫害原因希望离开中国的人出境；对 1989 年“天安门事件”中被捕的人员做出说明，并释放政治犯；阻止向美国出售劳改产品。此法案还要求总统在报告中阐述中国是否在下面三方面取得进展：（1）停止在中国和西藏的宗教迫害，释放由于宗教信仰而遭到拘禁的宗教领导人士；（2）停止对于美国的不公平贸易做法，使得美国商业得以进入中国市场；（3）遵守导弹技术控制机制、核技术控制机制和生化武器控制机制。② 该议案实际就是众议院《1992 年美国—中国法案》的翻版。共和党人认为此项议案是一项政治姿态，目的更多的是使总统尴尬，而不是向中国政府施加压力。9 月 14 日，参议院最终以 59 票对 40 票通过了这一议案。其中有以鲍卡斯为首的 5 位民主党人反对这项议案。讨论期间，支持布什政府立场的多为共和党人。

众议院接受了参议院的议案，并完成了国会立法的工作，送交总统签

---

① 1992 *CQ ALMANAC*, p. 160. See also *Congressional Quarterly Weekly Report*, July 4, 1992, p. 1934.

② 资料来源于美国国会网址：thomaslocgov。

署。布什总统否决了国会的议案。在其致众议院的否决答复中，布什总统再次强调：取消中国的最惠国待遇或对中国的最惠国待遇附加条件不仅不能达到国会议员们所期待的目标，反而会打击中国国内富有活力的市场经济成分和改革派以及香港地区的经济，并损害美国的在华商业利益和减少美国的就业机会。布什总统进而指出，最惠国待遇是美国对华施加影响的一种手段，而“全面参与是我们用来将这种影响转变成积极变化的过程。我们对华政策的这两个关键成分之间的关系是一种强有力的关系，缺少一种成分就会削弱另一成分的作用”；“通过我们民主的、经济的和教育的机制而不是对抗的方法为推动中国的改革提供了最好的希望。最惠国待遇是我们同中国人打交道的基础；HR 5318 号议案对再次延长中国的最惠国待遇附加条件将危及这一政策，并且包括一项要求，侵犯了总统代表美国进行外交谈判所独有的权威”，所以为了美国的经济和对外政策利益，总统否决此议案。① 众议院 345 票对 74 票赞成推翻总统的否决，但是次日参议院的投票结果是 59 票对 40 票，未能达到推翻总统否决的 2/3 多数，从而布什的否决得以维持。

七、对于布什政府时期最惠国待遇斗争的小结

关于中国最惠国待遇的斗争不仅是中美之间的一场较量，而且是美国国内政治的一场斗争。国会与行政当局之间、共和党与民主党之间的斗争相互缠绕在一起，使得问题变得更加复杂。

政党政治是美国政治中的重要特点。其政党政治体系的整个逻辑就是在野党必须对执政党进行监督，使得执政党担负起责任。尽管近年来政党的作用有所下降，但是政党仍然是美国立法体系中整合的一个重要内在力量。政党所发挥的作用表现在：政党是国会中的核心组织力量；政党特别是国会中的多数党确立国会的立法日程；国会议员出于自身利益和个人信念的需要在没有选民和利益集团重大压力的情况下一般选择倾向所属党派的立场。在冷战时期，由于对于外在威胁的认知，美国民众包罗精英阶层普遍认为出于国家安全利益的考虑，美国的党派斗争不应当干扰美国的对外政策，应该对外保持团结一致。冷战结束之后，国际环境已经彻底改变，而且美国国内在对外政策上又缺乏冷战时期的共识，于是政党政治就

---

① 1992 *CQ ALMANAC*, p. 159. See also *Congressional Quarterly Weekly Report*, October 3, 1992, p. 3094 and *Congressional Record*, October 1, 1992, S15913.

不可避免地越加活跃地介入到美国的对外政策制定当中，所以政党政治的游戏就更加明显。

民主党人选择对华政策来对布什总统发起攻击并不令人奇怪。在布什就任总统以来，民主党人在很大程度上只是在一边观望着，外交主导权完全掌握在熟谙外交的总统手里。随着美国国内和国会里对中国抨击声音的加强，对华政策赫然耸现为民主党人能够采取主动的、少有的对外政策领域。一些民主党议员助手承认，国会中的一些民主党人急切地要在其所认定的布什总统和共和党在对华政策上的弱点上捞取政治好处。[①] 不仅如此，把矛头指向“红色中国”，也可以获得国会里一向积极反共的、共和党保守派议员的支持，从而掩饰党派斗争的色彩。

与此同时，在中国最惠国待遇问题上的斗争还反映了白宫和国会之间的较量，即国会试图从以总统为首的行政部门夺取外交政策的主导权。从数次国会投票可以看出，反对布什总统对华政策的力量不仅仅来自民主党人，许多共和党国会议员也对政府的对华政策持有异议。这种情况在众议院表现得更为突出。1991 年众议院表决“佩罗西议案”时，151 名共和党议员投了支持票，仅有 14 人投了反对票。多数国会议员攻击中国的人权状况，主张对华实施制裁；白宫则侧重从中美关系的战略角度出发，出于维护美国根本利益的考虑，主张不应孤立中国，实施对华接触的政策，以图影响中国，使中国朝着美国所希望的方向发展。而国会议员人数多、背景复杂、变动大，又受到选举政治的影响，容易受到各种政治观点和利益集团的影响，所以相对美国行政当局而言，他们的思维和行动方式更侧重于意识形态和短期政治的收效，缺少长远考虑，理想主义色彩浓厚。在北京政治风波发生之后，美国公众在新闻媒介缺乏公正报道的误导下，对中国的认识失之偏颇。为拉拢和讨好选民，国会议员急于表现出强硬态度，要求对华实施严厉制裁，并企盼中国在西方国家的压力下能发生像苏联、东欧的剧变。美国国会议员虽然由于党派的不同和代表的利益不同从而在许多观点和立场上有很大的区别，但是在后冷战时期，国会中的共和党保守派和民主党自由派在对华

① 根据罗伯特·G. 萨特在 1991 年 12 月的走访。见 Robert G. Sutter, “The China Policy in Washington: Recent Background and Prospects”, *New Ideas and Concepts in Sino-American Relations, Conference Report*, p. 153。

问题上结成了反华同盟。从传统上而言，共和党保守派的反共意识较强，而民主党中的自由派则强调所谓民主和人权。在苏联解体、中美战略关系重要性下降的国际大背景下，一股反华的潜流在国会内部形成，不断对行政当局施加压力，要求对华实施更为强硬的政策。在认为布什政府对华政策过于温和的思维下，国会力图夺取外交政策的主导权尤其是对华政策的决定权。而行政当局则不愿看到国会过多地卷入外交政策的制定，因为总统认为这是其主导的领域。在这种情况下，美国两大机构之间的争斗色彩就变得极为明显。

实际上，在白宫和国会分别由共和与民主两党执掌的情况下，两大机构之间的斗争会相对激烈得多，这在美国政治运作中已经成为一种定律。在布什政府时期，就出现了共和党总统和民主党控制国会两院的局面，因而使得两大机构之间的斗争就更加激烈。这不仅仅体现在中美关系上，在其他问题上也是如此。在布什 4 年的任期中，国会在他表明立场的问题上有一半是持不同的看法。1992 年，也就是布什任期的最后一年，国会投票后所采取的立场与布什政府所持立场不同的比率高达 67%。[①] 4 年任期之中，布什总统否决了总共高达 36 个国会通过的议案，国会仅仅是在最后一个议案上推翻了总统的否决。[②] 根据一项研究统计表明，在 101 届国会中，布什政府和由民主党控制的众议院各委员会在 60% 的主要立法上立场分歧，双方在只有 18% 的立法上立场相同。即使在 1981—1982 年府院激烈争执期间，里根政府和众议院各委员会在 38% 的议案上观点一致，只在 51% 的议案上持不同看法。在参议院，布什政府和委员会在 26% 的议案上观点一致，但是在 40% 的议案上有分歧。[③] 这些就表明了美国政府两大机构之间斗争的激烈程度。基于这种背景，中国的最惠国待遇问题成为两大机构之间的角力场也就不难理解了。

相反，如果白宫和国会都由同一党派控制，那么两大机构之间的合作

① Phillip S. Davis, "Politics, Drop in Senate Support Put Bush's Ratings in Cellar", *Congressional Quarterly Weekly Report*, December 19, 1992, pp. 3841 - 3844.

② Roger H Davidson and Walter J. Oleszek, *Congress and Its Members*, 4th ed, Washington DC: Congressional Quarterly Press, 1994, p. 249.

③ Barbara and the President, "The Polt Thickens: Congress and the President", in Herbert F. Weisberg and Samuel C. Patterson (ed), *Great Theatre, The American Congress in the 1990s*, Cambridge, New York and Melbourne: Cambridge University Press, 1998, p. 185.

就会容易许多。尽管仍然不可避免地有机构之间的对立和猜忌，但是达成一种协议的动机是强烈的。“用政治学的隐喻来说，政党的确起到了桥梁或网络的作用。”①

1990—1992 年围绕中国最惠国待遇斗争的焦点是继续延长中国的最惠国待遇还是取消中国的最惠国待遇。布什政府最终顶住了国会的巨大压力使得中国的最惠国待遇得以延长。行政当局在这场斗争中获胜的原因首先得益于美国的立法程序。根据美国的立法程序，如果国会要推翻总统的否决，就必须在参众两院的投票中都达到 2/3 多数以上。这样布什政府只要在参议院或众议院获得 1/3 以上的票数就可以维持对国会议案的否决。相对而言，国会要推翻总统的否决难度要大得多。布什政府以参议院为主攻对象，做了大量游说工作，主要依赖共和党议员的支持维持了对国会议案的否决。

其次，布什总统曾在中国多年，是一个中国通，这一点在国会议员中特别是在共和党议员中具有一定影响。1991 年在国会审议中国最惠国待遇问题时，来自宾夕法尼亚的共和党参议员斯佩克特（Arlen Specter）就曾说过：“我心中正在考虑如何影响中国人，我的本能是总统对怎样实现那一目标有一个好的认识，鉴于他有与中国人打交道的广泛的经验。”② 绝大多数共和党参议员都忠实地站在了总统一边，这是布什政府得以取得胜利的关键因素之一。

布什总统得以把握外交主导权的另一个关键因素是来自农业州的民主党议员害怕取消中国的最惠国待遇将意味着失去中国这个出口大市场，所以在几次投票特别是在参议院的投票中都反对取消中国的最惠国待遇，而支持布什政府的立场，这使得布什总统得以维持对国会对中国最惠国待遇附加条件的议案的否决。

此外，一些国会议员依然认为总统应是外交决策的主导者。共和党议员汉科·布朗（Hank Brown）在 1991 年参议院投票表决“米歇尔法案”时指出：“我已经确信这（指中国最惠国待遇问题）是最好留给总统来做

① James Sundquist, “Needed: A Political Theory for the New Era of Coalition Government in the United States”, *Political Science Quarterly*, Winter 1988 - 1989, p. 629.

② “Mitchell Struggling for Votes To Restrict MFN for China”, *Congressional Quarterly Weekly Report*, July 20, 1991, p. 1972.

的工作。”①

尽管布什总统最终控制了对华政策的主导权，但是国会方面的巨大压力使得布什政府在维护中国最惠国待遇这一目标的过程中，总是要作出姿态，对华采取一定的制裁或惩戒行动，以便向国内交代。这在 1991 年后就更加明显，伴随着苏联东欧的剧变和美国国内大选的接近，布什政府的对华立场渐趋强硬。

这里需要特别指出的是，美国国内各党各派包括国会和行政当局之间的分歧，并不是根本目标的分歧，而只是在所使用的手段和具体策略上的分歧。国会倾向于通过制裁施压的强硬手段，而以总统为首的行政当局主张通过对华的接触政策、以软硬兼施的手段来影响中国的发展方向。事实上，国会和行政当局的对立和较量有助于美国国家利益的实现。总统和国会在中国最惠国待遇问题上的分歧与争夺实际上加强了美国对中国进行讨价还价的地位，迫使中国作出一定的让步。美国石溪研究所所长艾尔伯特·基尔德就曾指出，“在中国最惠国待遇问题上的美国总统和国会是在演出一场‘双簧’，一唱红脸，一唱白脸，是为了让中国在范围广泛的次要的外交政策目标上进行合作而采用的威胁中国外汇来源的手段”。②

第四节　美国对台出售 F-16 战斗机事件

自中美建交以来，美国在台湾问题上一直推行“双轨”政策：一方面多次表示遵守中美三个联合公报，奉行“一个中国”的政策，发展同中国大陆的关系；另一方面又依据《与台湾关系法》继续与台湾发展“实质”关系。20 世纪 90 年代初，苏东剧变、冷战结束，国际局势发生了巨大变化，这给中美关系的发展注入了新的因素。美国的对外战略发生了调整，对台政策也出现了新的变化。当时，台湾的经济发展速度较快，一度成为拥有 820 亿美元的外汇储备，名列世界首位。而美台之间的经贸往来也日趋密切。当时，美国是台湾的最大贸易伙伴，而台湾则是美国的第六大贸

① “China MFN Vote Falls Short of Veto-Proof Margin”, *Congressional Quarterly Weekly Report*, July 27, 1991, p. 2053.

② 转引自王曰庠、黄仁伟等著《中美关系向何处去——克林顿对华政策趋势》，四川人民出版社 1993 年版，第 65 页。

易伙伴。不仅如此，台湾的“民主进程”颇受美国所青睐和认可。正是在这种大背景下，美台关系日益密切起来。美台之间在人员往来上不仅趋于频繁，而且在级别上明显超过以往。继 1991 年美国前总统福特夫妇前往台湾做“私人访问”之后，1992 年 11 月美国贸易代表卡拉·希尔斯以处理经贸事务为由访问了台湾，这是自中美建交以来美国政府内阁部长级官员第一次访台。然而，这一时期对中美关系造成重大冲击的事件则是布什政府决定向台湾出售 150 架 F-16 战斗机。

尽管中美之间曾在 1982 年就售台武器问题签署了《八一七公报》，但美国继续向台湾出售武器。只是在冷战结束之前，美国需要中国的战略合作来共同对付苏联，因此不愿意在对台问题上过于刺激中国，所以在售台武器问题上有所收敛，不敢走得太远。但在冷战结束之后，美国在售台武器问题上的所作所为明显有所升级。

F-16 战斗机一直是台湾方面十多年来梦寐以求的武器装备。自 20 世纪 80 年代初，台湾就一直在寻求向美国求购先进的战斗机。这其中，F-16 战斗机一直是台湾每年向美国提出的武器求购清单中的首要项目。但由于中国政府在售台武器问题上的坚定立场，同时冷战时期中国所处的战略地位，美国一直没有贸然作出向台湾出售 F-16 战斗机的决定。然而冷战结束后，形势就发生了微妙的变化。

20 世纪 80 年代末 90 年代初，随着国际形势的缓和，美国国防开支削减，国际军火市场也渐趋萎缩，美国军火商更急于拓展海外市场。里根政府时期，美苏争夺激烈，美国扩军备战，国防开支大幅上升，财政赤字不断增加。随着美苏关系的缓和，面临巨大的财政赤字，布什政府不得不削减国防开支。美国军方订购的军用飞机数量明显下降，迫使军火商将更多的目光转向国际市场，试图通过对外军火出口来维持收入。而布什政府也采取了一系列相应措施来帮助军火商拓展海外市场，加强对外军售，以获取政治经济利益。在这种背景下，中国台湾是一个令军火商垂涎的市场。自 20 世纪 70 年代以来，台湾经济实力有了明显的提升，外汇储备充裕。而台湾也正在努力获取各类先进的新式武器。法国的军火商首先占得先机。1991 年，法国迫不及待地决定向中国台湾出售价值 27 亿美元的 6 艘护卫舰。几乎在此前后，台湾当局还同法国达索集团（Dassault Group）开始就购买 100 架幻影 2000-5 型战斗机展开谈判，还附带了一项价值达数十几亿美元的核电站计划。这就更加刺激了美国的军火商：一旦法台之间达成协议，美国自然就会很大程度上失去一个重要的海外军火市场。法台之间的军火交易和谈判，更使得美国对台军售有一种紧迫感。

台湾当局抓住时机，加大了对美游说的力度，极力寻求购买 F-16 战斗机。1992 年 1 月，时任国民党秘书长的宋楚瑜飞到华盛顿，与美国副总统奎尔共进早餐。这是自 1979 年美台断交以来双方最高级别官员的会晤。[①] 1992 年，台湾当局的武器采购计划当中，F-16 战斗机再度成为首要采购的项目。

随着冷战的结束，在一些美国人看来，中国的战略地位相对有所削弱，不必过于顾及中方的反应，由此美国政府内外的相关人士互为呼应，要求加大对台出售武器的力度。台湾方面也积极游说美国政府相关部门，要求购买 F-16 战斗机。美国军方首先开始为美国对台出售武器造势。1992 年，美国国防部刻意渲染台海两岸在军力特别是空军战斗力方面的失衡。美国先前出售给台湾的 P-5-E 和 F-104 战斗机屡屡失事，从而使得台湾飞机总数从 500 架减少到了 350 架。而中国大陆的战斗机数量则在不断增加，还购买了先进的苏-27 战斗机。无论是从数量上看，还是从质量上，大陆空军比台湾空军占有了明显的优势。美国的一些政治家和军事分析家认为台海两岸的军事平衡正在向大陆倾斜，而美国有必要向台湾方面出售武器，以便维持台湾两岸的均势，防止过于失衡。这种看法也成为布什政府内一些官员要求向台湾出售武器的一个依据。1992 年春，布什政府内部的一些官员已经主张对台出售 F-16 战斗机。时任国防部长助理、曾经担任驻华大使的亲台人士李洁明就提出，应当向台湾出售 50 架这类战斗机，以增强台湾的空防能力。其结果就是美国国防部到当年的 6、7 月间就已经在悄悄开始推动 F-16 战斗机的交易。当时，布什政府还没有作出决定。国务院通知台湾方面，F-16 战斗机仍然是禁止出售的。如果台湾真的需要先进的战斗机，可以向法国购买幻影战斗机。[②]

然而，国内政治的需要最终推动布什政府改变了立场。1992 年，美国经济陷入衰退，失业率升至 7% 以上，失业人数达到了 669 万人。F-16 战斗机的制造商通用动力公司宣布，由于 F-16 战斗机的订货太少，因此不得不计划在得克萨斯沃斯堡的工厂裁员 5800 人，而遍布美国 47 个州的其他

---

① James Mann, *About Face*, pp. 264 - 265.

② Ibid., pp. 265 - 266.

零配件厂也将不同程度地裁员。毫无疑问，失业人数的大幅增加让白宫感到了不小的压力。

美国国会议员也向布什政府施加压力，要求对台军售。1992 年 8 月 18 日，来自沃斯堡的共和党众议员乔·巴顿（Joe Barton）争取了 100 多名众议员联名写信给布什总统，敦促布什批准向台湾出售 F-16 战斗机，并警告说，如果美国不出售 F-16 战斗机给台湾，台湾不仅会购买法国的战斗机，而且还会购买法国的核电站和铁路技术。而得克萨斯州州长和州议会也游说布什总统，希望布什政府能够促成这笔交易，以便缓解得克萨斯州的就业压力。1992 年是美国大选年，布什总统寻求竞选连任。第一次海湾战争爆发后，布什的支持率一度达到 90% 上下。然而，由于美国经济状况不佳，失业率上升，布什的支持率节节下降，以至于开始落后于克林顿。得克萨斯是布什的家乡，同时拥有数量可观的选举人票，因此布什必须力争获取民众的支持。巴顿警告说，如果布什任由这些工人失业，他很可能在 11 月大选时失去得克萨斯州的选票。[①] 紧接着，54 名参议员也联名向布什总统发出呼吁信，强调了对台军售的经济原因："向台湾出售 F-15、F-16，还是 F-18 战斗机并不要紧，问题的关键是（台湾）购买由美国生产的美国飞机。"[②] 8 月 10 日，参议员本特森（Lloyd Bentsen）则在参议院关于"台湾的军事现代化"听证会上，指责布什政府推行了"过时的对台政策"，要求布什总统从实现美国自身利益的实用角度出发，发展同"新台湾的新型关系"。本特森指出，随着冷战的结束和苏联的解体，美国应当重新评估其过去 20 年的对华政策，没有必要"讨好共产主义中国"。而今天的台湾也不是过去的台湾：经济上，台湾的"经济奇迹"使得台湾成为"世界上第十三大贸易国"，拥有 800 亿美元的外汇储备；政治上，台湾也"放弃了独裁，转向了民主制度"。在他看来，中国大陆加快了空军现代化，配备了米格-31 战斗机，并购买了先进的苏-27 战斗机；而台湾的军备已经过时，因此使其空军现代化是防御的合理需要。他认为，向台湾出售 F-16 战斗机是"我们应当梦寐以求的一笔交易"，这种现金交易有助于缓解贸易不平衡，有助于继续保留美国高工资的工作机会。尽管台湾一直寻

---

① 陈永祥主编：《布什与中国》，南京大学出版社 2002 年版。

② 转引自张清敏《布什政府向台湾出售 F-16 战斗机的决定》，《美国研究》2000 年第 4 期。另参见张清敏《美国对台军售政策研究决策的视角》，世界知识出版社 2006 年版，第 214 页。

求购买美国的 F-16 战斗机，但没有获得美国政府的许可，因此转向法国。法国已建议向台湾出售 120 架、价值 72 亿美元的幻影 2000 战斗机。而这只是法台之间更大交易的一部分，台湾还要从法国购买核反应堆和高速铁路设备，价值高达 180 亿美元。[①] 应当说，本特森的观点并非一家之言，而是代表了许多美国政界人士的看法。

面对来自国会的压力，面对竞选形势急转直下的情势，布什政府在售台武器问题上出现了松动。在美国国务院和国防部牵头对售台战斗机问题重新进行评估后，布什总统最终改变了立场。9 月 2 日，在沃斯堡的竞选聚会上，布什总统宣布，将授权向台湾出售 150 架在沃斯堡生产的 F-16 战斗机。他强调了这次军售的经济动机，“我们必须把同样的这些精力和才华转到国内挑战上去，以确保我们的经济基础，保证将来在美国创造高工资、高技术的就业机会”。同时，布什也试图安抚中国大陆，表示他的决定“并不改变本届政府以及前几届政府在与中华人民共和国发表的三项公报中所承诺的义务”。[②] 在布什宣布批准向台湾出售 F-16 战斗机之后没过几天，白宫又宣布向沙特阿拉伯出售价值 90 亿美元的 F-15 战斗机，其目的同样主要是出于竞选的需要。对台军售是给得克萨斯州的通用动力公司，而后者则是给加州和密苏里州的麦道公司的。加州和密苏里州同样是大选中的“票仓”，对于布什的竞选连任十分重要。主要是出于国内政治特别是竞选连任的需要，布什最终决定向台湾出售台湾求购 10 年的武器装备。

150 架 F-16 战斗机的价值是 58 亿美元，超过了 1982 年至 1991 年美国售台武器的总合。作为一个“中国通”，布什深知批准对台出售 F-16 战斗机背离了美国在《八一七公报》中作出的承诺，即美国对台武器出售“在数量上和质量上”不得超过公报发表前的水平，因此事先要美国驻华大使芮效俭私下转告中方，他很遗憾作出这一决定，希望中方能够谅解。在白宫，斯考克罗夫特对中国驻美大使朱启桢说：“这一出售 F-16 战斗机的决定既不是为了台湾，也不是冲着你们。这样做是因为它的生产线在得克萨

① *Congressional Record*, August 10, 1992, S11973.

② 《老布什总统在通用动力公司伏特·沃斯制造厂的讲话》，《总统文件每周汇编》第 28 卷第 36 册，1992 年 9 月 7 日。转引自张清敏《美国对台军售政策研究决策的视角》，附录：参考文献，第 430—431 页。

斯州，而得州对总统至关重要。”①

中方作出了强烈反应。9月3日，中国外交部副部长刘华秋紧急召见美国驻华大使芮效俭，就美国政府决定对台出售F-16战斗机一事向美方提出最强烈抗议。同日，中方宣布，美国向台湾出售F-16战斗机违反了中美《八一七公报》，中国政府决定不参加联合国五大常任理事国中东军控会议。9月7日，负责东亚事务的助理国务卿克拉克来华就此事进行解释，刘华秋再次表示了中国政府的严正立场。

为了缓和对台出售先进战斗机的不良影响，布什总统在任期的最后几个月采取了一些措施来改善中美关系。其主要做法是积极解除北京政治风波之后美国对中国政治、经济和技术方面的制裁，以推进中美关系的恢复。9月11日，布什宣布取消对中国出售卫星及其部件的限制。美国国务院在为总统这项决定辩护时指出，此举有助于减少对华贸易逆差，为美国公司赢得6.5亿美元的出口，从而带来更多的就业机会，同时也证明美国作为高科技产品的供应商是可靠的。12月16日，布什派商务部长富兰克林率团访华，与中方举行了中美商业与贸易联合委员会第7次会议，从而恢复了该委员会中断了3年之久的活动。12月23日，布什政府又宣布取消四项对华军售计划的禁令，包括归还中国8架送到美国更新电子设备的歼-8战斗机、弹药生产和反潜鱼雷等。不过，这些措施并不足以消除对台出售F-16战斗机的恶劣影响，毕竟布什政府决定售台F-16战斗机严重违背了中美《八一七公报》，无论是从经济角度，还是在政治和军事上，都开了一个极坏的先例，使得台海局势进一步复杂化。

布什政府执政期间，中美关系正处在冷战结束的重大转折时期。冷战的结束和苏联的解体，使得中美关系失去了原有的战略基础，而中国国内发生的政治风波在美国国内引发了强烈的反弹，从而使得中美关系经受了严峻的考验。在中美双边的层面上，中国政府坚持维护国家主权、反对外国干涉中国内政的同时，又高度重视中美关系，努力遏制中美关系的大幅下滑。而美国政府一方面深深介入到中国内政问题上，受到传统价值观念和国内政治的压力，带头对华进行制裁；另一方面布什政府又意识到中国的战略重要性，试图阻止中美关系进一步下滑，以避免中美关系的破裂，因此在对华问题上多少出现左右摇摆、前后不一的状况。这也给美国国内

① 陈永祥主编：《布什与中国》，第133页。

一些人士特别是民主党人留下了攻击的口实。这一时期，美国国内在对华问题上明显出现了分歧，原有的共识不复存在，国内政治对于美国对华政策的影响明显加大。这主要表现在总统和国会之间就对华政策主导权所展开的争夺、两党之间的党派斗争上。作为一个“中国通”，布什总统更加了解中国，深深知道中美关系的战略意义。从美国国家利益出发，布什总统拒绝了国会提出的更加严厉的制裁措施，竭力通过各种方式来掌控对华政策的主导权，反对将对华政策措施法律化，而是通过行政命令的方式来实施制裁。而民主党人所掌控的国会则不遗余力地对布什政府施压，要求对华采取更为严厉的制裁。行政当局和国会在对华政策问题上的分歧最终导致中国最惠国待遇问题的出现，成为中美之间、总统和国会之间互动的一个焦点，以至于影响到中美关系全局的发展。

第四章

克林顿时期的中美关系

1992年11月5日，在美国总统大选中，民主党人阿肯色州州长比尔·克林顿击败现任寻求连任的乔治·布什，成为第四十二任美国总统。克林顿的上台得益于美国经济自1990年7月开始的衰退。他高举“振兴美国经济”和“国内问题优先”两面旗帜，赢得了众多思变的美国选民的支持。1993年1月20日，克林顿就任美国总统后，果然全力以赴处理经济和国内问题，甚至在任职后的头两个月中没有见过一位外国领导人，没有就外交政策公开发表过一句讲话。在向全国推出的首次国情咨文中，通篇也是经济问题和经济增长方案，没有一个字提及对外关系。这与他的前任注重外交事务的风格形成了鲜明的对照。

在外交领域，克林顿提出了美国外交政策的“三大支柱”，即经济安全、军事实力和促进民主。克林顿是以许诺解决美国经济问题而竞选成功的，因此它不仅在国内政策中突出经济问题，而且在上台之初把经济问题放在美国外交的首位，强调外交为经济服务；对外经贸政策方面在继续肯定自由贸易原则的同时，更多强调“公平贸易”；强调增强美国在世界经济中的竞争力；强调用强硬手段和措施逼迫他国对美开放市场；强调美国在协调全球经济增长中起领导作用。军事实力是美国外交政策的第二大支柱。克林顿政府的目标是质量建军，即既削减国防开支，收缩海内外基地，缩小驻军规模，同时又不降低军队的战斗力和机动能力，而且在必要时能同时打赢两场地区性战争。因此，克林顿政府提出的1994—1998年五个财年军事预算为14000亿美元，虽比布什1992年提出的五年军事预算减少了1000亿美元，但年平均军费开支仍高达2800亿美元。总之，克林顿政府仍力图依靠一支强大的军事力量支撑其唯一超级大国的地位。克林顿政府外交政策的第三根支柱是“促进民主”。克林顿政府的第一任国务卿克里斯托弗称：“我们将在全世界大大小小的国家都这么做。”为了实现这一目标，美国运用经济、贸易、政治和外交等各种手段，不遗余力地向全世界推行美国的市场经济和价值观念，把人权作为处理对外关系中的一个重要因素，特别使之与经济关系和对外援助挂钩。

到 1993 年下半年，克林顿政府酝酿并推出了所谓“扩展战略”，并以此取代冷战时代的遏制战略以及布什政府昙花一现的世界新秩序构想。当年 9 月 21 日，国家安全事务顾问莱克在约翰·霍普金斯大学保罗·尼采高级国际问题研究院发表演讲，将这一战略公之于世。该战略认为当代世界的特点是：美国赢得了冷战的胜利，成为世界上最主要的大国，美国拥有世界上最强大的军事力量和规模最大的经济，近期内不存在对美国安全的重大威胁；美国的价值观与市场经济在世界上得到传播；美国面临国内激增的种族冲突；新科技发展推动了信息社会的来临。从上述四个特点出发，扩展战略的目标是“谋求扩展民主制”，“扩大这个世界由市场民主制国家组成的自由大家庭”，即由美国起领导作用，促使世界上更多的国家按照美国的模式发展。扩展战略包含四项内容：（1）加强美国与西方盟国之间的关系，以此作为扩展战略的核心；（2）在苏联、东欧等地区帮助促进和巩固新的民主制和市场经济；（3）孤立和打击诸如伊朗、伊拉克之类敌视民主和市场的国家，支持中国的“经济自由化”政策；（4）以提供援助和帮助推行民主与市场经济的方式实现美国的人道主义亦即人权目标。实际上，扩展战略是对美国对外政策“三大支柱”的发展和诠释，也是“三大支柱”尤其是第三个支柱“促进民主”的具体化。而克林顿政府对外战略的这一总体设想也体现在这一时期的美国对华政策上。

第一节　从“人权挂帅”到“战略伙伴”

冷战结束后，面对国际安全环境和中国的发展变化，如何在新的战略价值和道德考虑下追求在华经济利益，成为美国对华政策的起点和归宿。然而，由于上述三个因素均不具有像苏联威胁那样压倒一切的重要性，美国决策集团难以确定对华政策的重点和优先次序①，并由此引发了一场全

① 用美国前国务卿奥尔布赖特的话说：“美国在对华关系上的利益多种多样，任何一个都不能凌驾于其他利益之上。”详细论述请参见伊丽莎白·埃克诺米、米歇尔·奥森伯格主编《中国参与世界》，新华出版社 2001 年版，第 1 页。

国性的对华政策辩论，辩论的焦点是应该奉行对华“遏制政策”还是“交往政策”。[①]

“遏制派”认为，中国替代苏联对美国构成了“战略威胁”，其根据是各种各样的“中国威胁论”[②]。该派的最坚定支持者是一些并不了解中国的国会议员、极端保守的学者和记者等。其主流观点认为，“理性的”对华政策两个基本点：一是同中国的邻国建立或加强安全关系，以遏制中国影响的扩大；二是支持吴弘达之流的“持不同政见者”，以颠覆中国现政府[③]，从而消除未来可能的战略威胁。美国在冷战结束后不断强化亚太地区联盟关系，提高亚太地区驻军的质量，在人权上不断向中国发难等做法都可以用来解释该派的观点和主张。而“交往派”认为，中国尚未对美国构成现实的战略威胁，如果现在就视中国为敌，奉行对华遏制政策，将导致“自我实现的预言”（Self-fulfilling Prophecy）。该派的支持者主要来自相对了解中美关系重要性的某些行政部门和真正了解中国的著名学者。他们主张，在维护美国核心价值观的前提下，承认中国的某些利益，通过交往谋求美国的经济利益，影响中国的内外政策，把中国纳入美国领导的国际

① 另有学者认为，美国对华政策的辩论很难简单地以“遏制”还是“交往”划限。从国际关系理论上看，参与中国政策辩论的包括现实主义者、经济至上论者、观念论者，三者中既有合作派，又有对抗派。因此，就出现了六种对华政策主张：合作派现实主义者、对抗派现实主义者、合作派新自由主义者、经济民族主义者、合作派观念论者和对抗派观念论者。合作派现实主义者主张同中国合作，保持地区均势，支持中国加入各种武器控制体制；对抗派现实主义者主张保护台湾，保持同日本和韩国的联盟，阻止中国出售导弹与核技术；合作派新自由主义者主张让中国加入世贸组织，鼓励世界银行向中国发放贷款，在环境方面与中国合作；经济民族主义者主张使用和威胁使用经济制裁，支持中国工人的权利；合作派观念论者主张同中国领导人长期保持高层对话，着眼于演变中国下一代领导人，促进中国国内机构的演变；对抗派观念论者主张将中美关系的其他方面同中国的人权状况挂钩，要求中国给予宗教自由，支持自由亚洲电台。合作派的支持者主要在行政部门，而对抗派的支持者主要来自国会；现实主义者在国防部中居主导，经济至上论者在财政部、商业部和贸易代表办公室中一统天下；国务院则更看重在它支持下进行对话。政策偏好不同的原因之一是机构的宗旨不同。1972—1989 年，各派在对华政策上基本能达成共识，但自 1989 年以来，该共识不复存在，美国总统很难令政府机构之间以及国会与行政部门之间在政策上保持一致。形形色色的利益集团加强了同某些国会议员、政府机构之间的联盟。这样，1989 年以来的美国对华政策，实际上成为上述六大政策偏好的大杂烩。详见伊丽莎白·埃克诺米、米歇尔·奥克森伯格主编《中国参与世界》，新华出版社 2001 年版，第 8—16 页。

② 关于各种“中国威胁论”的详细分析，请参见王缉思主编《高处不胜寒——冷战后美国的全球战略和世界地位》，世界知识出版社 1999 年版，第 269—274 页。

③ Charles Krauthammer, “Why We Must Contain China”, *Time*, July 31, 1995, p. 72. 转引自王缉思主编《高处不胜寒——冷战后美国的全球战略和世界地位》，世界知识出版社 1999 年版，第 270 页。

秩序之中。

美国政府公开宣布的对华政策，是“交往”而不是“遏制”。无论是布什政府还是克林顿政府都反复重申这一立场。但是，即使是主张“交往政策”的人，也并非完全否认遏制的必要性。他们认为，假如“交往政策”不能奏效，美国最终可能转而奉行“遏制政策”。在维持台海两岸军力平衡，保持美日、美韩、美澳等军事联盟关系，维持美国在亚太地区驻军方面，交往派和遏制派的观点并没有本质区别。目前不能采取遏制政策的主要原因有三：一是中国尚未构成对美国的战略威胁，尚存在着按美国的意愿演变中国的机会；二是美国在许多国际和地区问题上需要中国的合作；三是单凭美国的力量不足以孤立和遏制中国，而中国的邻国和其他西方国家出于自身利益的考虑，不愿加入遏制中国的行列。这一点在冷战后爆发的历次中美危机中已经有所体现。因此对美国决策者而言，“遏制”不是一项现实可行的政策选择。

但是，在20世纪的最后十年里，尤其是克林顿政府执政的八年中，美国政府一再重申的对华政策立场并未能阻止“遏制”还是“交往”的辩论。这八年的美国对华政策大体上可分为三个阶段，“最惠国待遇”、“台海危机”以及首脑互访等一系列重大事件发生前后的政策辩论，反映了美国对华政策的重点在道德因素、经济利益和战略价值三者之间摇摆不定，致使双边关系起伏跌宕，一直无法走上平稳发展的道路。

1. *以“人权为核心”与“以压促变”时期（1993—1994）*

1993年初，美国仍陶醉于“历史已经终结”① 的喜悦之中，“理想主义”势力正在重新抬头。克林顿以新民主党人的面孔当选后，招募了大批理想主义色彩十分浓厚的人员入阁，其中许多重要成员均有卡特时期从事人权外交的背景和经历。② 沃伦·克里斯托弗在就任国务卿之前即公开宣

① Francis Fukuyama, “The End of History?” *The National Interest* (New York), Summer, pp. 3-18.

② 国务卿沃伦·克里斯托夫曾担任卡特政府主管人权事务的副国务卿；人权和人道事务助理国务卿约翰·沙特克曾为美国市民自由联盟（American Civil Liberties Union）工作；国防部长莱斯·阿斯平主张五角大楼更多地关注民主和人权事务；驻联合国大使、第二任国务卿马德琳·奥尔不赖特（Madeleine Albright）是一位捷克避难者的女儿，人权色彩浓厚；国家安全顾问安东尼·莱克（Anthony Lake）及其副手塞缪尔·伯杰（Samuel R Berger）均曾就职于卡特时期的国务院。见周琪“冷战后美国人权外交的演进”，载王缉思主编《高处不胜寒——冷战后美国的全球战略和世界地位》，世界知识出版社1999年版，第226—227页。

称：我们的政策将是谋求促进中国从共产主义到民主制的广泛的、和平的演变，办法是鼓励那个国家实现经济和政治自由化的势力。[①] 在这样的背景下，加之克林顿自身的理想主义色彩和兑现其竞选承诺[②]的需要，立即将人权问题置于对华关系的核心，奉行以压促变的对华政策。在前后不到三个月的时间内，就发生了把对华最惠国待遇同人权挂钩[③]、设立“自由亚洲电台”、指控中国向巴基斯坦转让导弹技术并对中国实施制裁、“阻挠中国申奥”、“银河”号事件等一系列严重事件，使自“北京政治风波”以来美国“以压促变”的对华政策达到顶点。特别是美国在后两起事件中的霸道行为，导致中美关系的气氛极度紧张，引起了中国对克林顿政府根本意图的警惕，对中美关系带来了一系列消极影响。但是，与此同时，也出现了一些影响美国对华政策走向的积极因素。

首先，由于美国将最惠国待遇同人权挂钩，使美国对华贸易面临危险，这显然与克林顿要通过扩大贸易振兴美国经济的初衷相反。1993 年仅德国总理科尔的一次访华就拿走了 30 多亿美元的订单，这给美国工商界带来了不小的震动。美国工商团体开始认识到“在促使美中关系恢复正常的过程中，工商界必须积极参与”。1994 年初，向政府要求延长最惠国待遇的美国公司多达 800 余家。在随后的几年中，工商界都成为稳定中美关系的重要力量之一。

其次，由于在人权领域的对抗，中美战略合作受到严重影响。双方在武器控制方面的对话与合作陷入僵局，朝鲜半岛的核计划引起了美国安全部门的担忧。美国情报部门认为，朝鲜坚持完成其秘密核武设施，克林顿政府必须考虑是否先发制人摧毁这些核设施。克林顿曾经威胁说：“如果朝鲜胆敢使用核武器，将把它从地球上抹掉。”朝鲜也不甘示弱，声称“如果美国敢侵略朝鲜，它将炸毁洛杉矶。”双方剑拔弩张互不相让，使事态迅速向军事危机发展。在这样的危险局势下，美国决策者发现，“区域

---

① 牛军主编：《克林顿治下的美国》，中国社会科学出版社 1998 年版，第 47 页。

② 克林顿在竞选总统期间曾宣称，一旦他当选，“决不会姑息从巴格达到北京的暴君们”（《华盛顿邮报》，1992 年 7 月 17 日，第 A26 版）。克林顿还声称，他将执行一项迫使中国政府不得不尊重人权的政策（此处指竞选期间提出的把人权与中国最惠国待遇挂钩的主张）。参见牛军主编前引书，第 47 页。

③ 克林顿于 1993 年 5 月 8 日签署的《关于 1994 年延续中国最惠国待遇的条件的行政命令》，给对华最惠国待遇附加了两类条件：一类是人权问题，一类是军控问题。鉴于人权问题占主要地位，人们通常称其为将人权与最惠国待遇挂钩。关于附加条件的详细内容请参见本章第二节，中美在经贸领域交往中的最惠国待遇问题。

中唯一有能力劝阻朝鲜领导人的力量可能是中国”。①

第三，美国的高压政策在中国并没有奏效。20 世纪 90 年代初，中国政府不仅顶住了来自美国的压力，还根据邓小平以“韬光养晦、有所作为”为核心的外交方针，积极改善与世界各国，特别是周边国家的双边关系。与朝鲜半岛南北双方的关系取得重大突破；与东盟各国恢复或建立了外交关系，在共同维护“亚洲价值观”方面达成广泛共识；与日本和欧洲国家实现了首脑互访，经贸合作迅速扩大；与俄罗斯的关系发展更为迅速，双方很快就建立新型伙伴关系达成共识。1992 年春邓小平南方谈话之后，中国经济再次呈现出高速增长势头，“大中华经济圈”的作用也开始显现。上述发展变化表明，在北京政治风波之后的短短几年之内，中国的国际地位不仅没有下降，对地区及国际事务的影响力反而日益提高。

面对人权目标无法实现，经济利益受损、地区稳定和武器扩散可能失控的危险，克林顿政府内部开始有越来越多的人反对国务院只重视人权的政策。国家经济委员会主任鲁宾、商务部长布朗、财政部长本特森、总统经济政策顾问卡特以及驻华大使芮效俭等一致认为：“美国与中国的关系不应受制于人权这个单一议题。中国是亚洲安全的重要角色，可能是促使北韩放弃核子野心的关键；中国有庞大的经济，可能再过 20—30 年就能与日本匹敌；中国在联合国有否决权，可与俄罗斯或欧洲合作，在伊拉克、波斯尼亚等各种问题上挑战美国的领导地位。”② 他们的观点得到了许多前政要、知名学者、部分国会议员，特别是大型企业的支持。③ 克林顿本人也开始意识到必须实施一项全面的对华政策，改变一味按照国务院的强硬立场行事的做法。④

① 郜培德《中美交锋：三十年来美国六位总统如何与中共领导人对抗与结盟》（联合报编译组译），台北：联经出版事业公司，2000 年版，第 490 页。关于中国在美朝和危机中的作用的详细论述，可参见徐辉的博士论文《从波斯湾到朝鲜半岛：后冷战时期美国危机管理比较研究》，中国社会科学院研究生院。

② 郜培德：《中美交锋：三十年来美国六位总统如何与中共领导人对抗与结盟》（联合报编译组译），台北：联经出版事业公司，2000 年版，第 30 页。

③ 详细内容请参见苏格《美国对华政策与台湾问题》，第 685—691 页。

④ 其实，早在 1993 年 9 月，克林顿就已经批准了总统国家安全顾问莱克主持下起草的对华政策《行动备忘录》中提出的对华“广泛交往政策”。9 月 25 日，莱克向中国驻美大使李道豫正式通报了美国即将实施的新的对华政策并转交了克林顿致江泽民的一封信，邀请中国国家主席江泽民出席 11 月在西雅图举行的亚太经合组织领导人非正式会议。这标志着美国打算开始执行对华“全面接触”战略。苏格：前引书，第 680 页；丁幸豪：《中美关系 25 年》，《国际问题论坛》，1997 年第 2 期。

在中美西雅图最高级会晤之后，美国财政部长本特森于 1994 年 1 月访华并重开停滞已久的《中美经济联合委员会》会议。本特森此行再次向中方表示，克林顿希望安然通过 5 月的人权问题最后期限，开展双边关系的新时代，但能否如此，还须视中国在人权方面的实质进展而定。并希望中方采取更多的步骤，以促使克林顿政府决定延长对华最惠国待遇。中方极为重视本特森的访问，并对他的建议给予了积极的回应。① 1994 年 5 月，克林顿宣布，把人权与贸易问题脱钩，无条件给予中国最惠国待遇，并表示希望同中国建立“长期广泛和建设性的关系”②。1994 年 7 月底，随着对华“接触”战略的正式出台，美国政府内部对华政策的争议暂时得以缓解，并出现了一些积极发展的迹象。1994 年 9 月和 10 月，美国商务部长布朗和国防部长佩里先后访华，与中方签署了从防扩散到知识产权等领域的一系列协议。

但是，提出新的对华战略并不等于克林顿政府已经形成了对华政策共识，而刚刚提出的“接触”战略本身也缺乏明确的目标和具体内容。恰逢此时，1994 年的国会选举迎来了共和党主导的 104 届国会。共和党领袖们对北京政府的强硬态度，大大增加了克林顿政府执行一项连贯的对华政策的困难。特别是在台湾问题上，中美关系再次面临严峻考验。

2. 台湾问题起波澜（1995—1996）

人权问题刚刚告一段落，台湾问题就再起波澜。问题的直接原因是美国政府出尔反尔，于 1995 年 5 月宣布允许李登辉对美国进行“私人访问”，并允许其发表演讲，为李登辉搞“台独”活动提供舞台。对此，中国立即作出强烈反应。首先推迟包括中国国防部长访美以及美国裁军和军控署署长的访华计划在内的一系列高层会谈；取消中美核能和导弹技术控制谈判；中断正在美国访问的一个空军代表团的行程。7 月 17 日，中国政府召回驻美大使，而美国驻华大使也刚好离任回国，中美外交关系实际上降到了代办级。结果，美国在提出对华全面接触政策一年之后，中美关系却出现了丧失接触的危险。

为了进一步震慑“台独”势力及其外部支持力量，中国人民解放军于 1995 年 7 月至 1996 年 3 月间，在台湾海峡附近地区举行了包括导弹试射在

---

① 美国财政部长本特森在中国社会科学院的演讲，1994 年 1 月 20 日。郃培德：前引书，第 489 页。

② 克林顿总统 1994 年 5 月 31 日为《洛杉矶时报》撰写的文章。

内的一系列三军联合演习。对此，美国政府一方面重申其奉行“一个中国”的立场没有发生变化，一方面在1996年3月台湾“总统直选”期间向台湾海域附近派出两个航母编队，向中国大陆炫耀武力，给“台独”势力撑腰。然而，美国这一赤裸裸的军事威胁行动并未动摇中国政府和人民捍卫祖国统一的决心，人民解放军的演习仍按计划进行。

其实，这次台海危机的爆发并非偶然。早在美国宣布对华接触政策仅仅2个月之后，即1994年9月7日，克林顿政府便开始了美台断交以来美国对台政策最全面的一次调整，并宣布了“调整对台政策的框架”。声称《与台湾关系法》高于《中美联合公报》，企图使美台官方接触合法化，甚至有人称“台湾仍是一艘不沉的航空母舰”，主张“以台制华”，最后竟发展到公开允许李登辉访美进行分裂活动的严重地步。

但是，与“人权牌”的结果一样，打“台湾牌”不仅难以实现美国对华政策目标，而且有很大的危险性。后来的事态发展表明，始于李登辉访美的台海危机成为冷战后中美关系的重要转折点之一。克林顿政府以国会压力为由，不遵守自己的承诺打“台湾牌”的行动，使中美关系跌到了建交16年来的最低点，使美国的政治形象及其政策的可信度在中国人心目中进一步降低，给中美关系造成了长远的消极影响。与此同时，中国的强烈反应也迫使美国行政当局和国会认识到台湾问题事关中国的根本国家利益，认识到“以台制华”政策的局限性和危险性，在对中国大陆炫耀武力、实施威慑的同时，也不得不开始审慎而全面地看待中美关系以及台湾问题。

3. 致力于建立“建设性战略伙伴关系”（1996—2000）

中国政府对台湾问题的坚定立场和各界的强烈反应，对美国政府和国会起到了镇定作用。克林顿总统及其行政部门开始重视对华政策的主动权，白宫开始把政策制定权直接留在自己手中。负责对华政策的外交班子由克林顿信任的人组成，并在克林顿、戈尔和白宫核心成员的监督和指导下工作。[①] 与此同时，美国国务院也开始转变其对华强硬立场。1996年4月19日，美国国务卿克里斯托弗在海牙与中国副总理钱其琛会面时明确表示，“美国现在认识到台湾是中国政府最为关注的问题”，并且保证美国将坚持三个联合

① 罗伯特·萨特、詹姆斯·普里斯特：《美中关系：问题和选择》，吉姆·赫尔姆斯、詹姆斯·普里斯特主编：《外交与威慑：美国对华战略》张林宏等译，新华出版社1998年版，第3页。

公报中关于一个中国的承诺，不与台湾发生官方关系。[①] 1996 年 5 月 17 日，克里斯托弗在华盛顿对外关系委员会作了题为“美国利益与中美关系”的首次对华政策专题演讲，提出了对华政策三原则：第一，中国发展成为一个安定的、开放的和成功的国家完全符合美国的利益；第二，美国将支持中国完全加入和积极参与国际社会；第三，寻求通过对话和接触处理两国的分歧，但也将毫不犹豫地采取必要行动来保护美国的利益。[②]

从一定程度上讲，这三项原则的提出意味着对那些以颠覆中国社会制度为目标、主张孤立中国并与中国进行对抗的“遏制派”观点的否定。这一政策原则的提出，是冷战后中美多次交锋的结果，是美国开始全面深刻认识中国的重要标志。为了证明对华“交往政策”的正确性，克里斯托弗还表示：将中国说成是妖魔与将中国描绘得十分浪漫都会危险地起误导作用。我们认识到中国极具复杂性，认识到变革既需要耐心并尊重中国的主权，同时又要维护我们的价值观念和利益。我们的对华政策一直是非常成功的。[③]

7 月 6—10 日，美国总统国家安全事务助理安东尼·莱克访华。同 1994 年克里斯托弗专门为人权问题访问中国相比，莱克根本未提及人权问题，其目的在于开启同中国的“战略对话”。会谈中，莱克表示赞同江泽民主席提出的“增加信任、减少麻烦、发展合作、不搞对抗”的处理中美关系 16 字方针，并同中方商定，两国将恢复部长级对话和实现首脑互访。来自各界的评论认为，莱克的成功访华成为中美关系走出低谷进而改善的一个转折点，是冷战后中美进行战略对话的重要标志。[④]

11 月 20 日，克里斯托弗再次访华，与江泽民、李鹏、钱其琛就广泛议题进行了会谈，并就首脑互访、和平利用核能合作、朝鲜半岛四方会谈等问题达成具体共识。11 月 21 日，克里斯托弗在上海复旦大学作了题为

---

① 香港《中国通讯社》，1996 年 4 月 20 日，转引自 Dr. Gary Klintworth，“China and Taiwan—From Flashpoint to Redefining One China”，*Foreign Affairs*，Defense and Trade Group，7 November 2000，wwwdsisorgtw/peaceforum/papers/2000-11/E0011001ehtm。

② 克里斯托弗：《美国新外交：经济、防务、民主》，苏广辉等译，新华出版社 1999 年版，第 405 页。

③ 同上。

④ 苏格：前引书，第 752 页；美国总统国家安全助理莱克早在 1995 年 12 月就曾经公开表示要主导对华政策，改变国务院的强硬立场，与中国开启“新的战略对话”。1996 年 3 月之后，中国对台湾问题的严正立场和克里斯托弗对华态度的变化，为中美战略对话铺平了道路。郜培德：前引书，第 30—31 页。

《美国和中国：为新世纪开创一个合作的新时代》的演讲。首次公开承认了冷战结束后中国对美国的战略价值。他指出："一些人认为，随着冷战的终结，美中关系的战略重要性降低了。我相信他们完全是倒退。随着新世纪的开始，加强美中关系的重要性将变得越来越强烈。……过去的一个突出教训是：遏制和对峙使双方受损；合作和对话将最好地推进共同利益。……美国坚信，通过扩展我们在全球、地区、双边等每一个层次上的合作，将推进我们的共同利益。"①

1997 年上半年，除美国副总统戈尔和一些军方高级官员相继访华外，大约有 50 名议员访问了中国，在这么短的时间内有如此多的议员访华，是前所未有的。② 特别是众议院议长金里奇于 3 月对中国大陆和香港的访问，对美国国会了解中国、支持对华最惠国待遇发挥了很重要的作用。中国海军舰队也对美国进行了历史性访问，引起了国际社会的高度关注。5 月 1 日，中美就香港回归中国之后美国军舰仍可在香港停泊一事达成协议③。

通过上述高层访问，美国政府和国会越来越认识到，必须集中精力关注中国实力的崛起在国际事务中产生的影响。尽管美国国内关于中国的报道还是负面的，民意测验中美国公众对中国政府的支持率也很低，甚至再次出现了"中国威胁论"的反华逆流。但美国决策者还是比过去表现出更强的轻重缓急感和平衡感。④ 5 月 21 日克林顿宣布继续给予中国最惠国待遇。国务卿奥尔布赖特在演讲中说，克林顿政府认为，在所有问题上与中国进行"战略性对话"是维护美国长远利益的最佳方式。⑤ 这为 1997 年中美首脑的成功会晤奠定了基础。

1997 年 10 月 26 日至 11 月 2 日，中国国家主席江泽民实现了对美国的历史性访问。江泽民主席和克林顿总统一致认为，"两国合作的基础不是削弱了，而是加强了"，"中美两国是伙伴，而不是对手"。⑥ 两位元首

---

① 克里斯托弗：前引书，第 420、425 页。

② 吉姆·赫尔姆斯、詹姆斯·普里斯特主编：前引书，第 4 页。

③ 法新社香港 1997 年 4 月 29 日电。

④ 详细内容请参见吉姆·赫尔姆斯、詹姆斯·普里斯特主编：前引书，第 4 页；理查德·博恩斯坦、罗斯·芒罗：《即将到来的中美冲突》，新华出版社 1997 年版。

⑤ 苏格：前引书，第 755 页。

⑥ 辛华编：《构筑建设性战略伙伴关系——中美首脑互访记实》，新华出版社 1998 年版，第 129 页。

签署了《中美联合宣言》，决定“共同致力于建立中美建设性战略伙伴关系”，为中美“全面交往”提供了新的框架。1998年6月，克林顿访华，进一步确认了中美关系的发展方向。

中美元首的成功互访，为两国关系的改善注入了新的活力，并取得了许多具体成果。江泽民访美期间，确立了两国元首定期互访和高级官员定期磋商机制，建立元首直接通信联系，两国内阁和次内阁官员定期互访，就政治、军事、安全和军控问题进行磋商。克林顿和美国其他领导人明确表示，美国政府不支持“两个中国”、“一中一台”的主张，不支持台湾独立，不支持台湾加入联合国，并按照《八一七公报》的原则处理售台武器问题。双方还决定进一步加强中美在环保、能源、科技、法律、教育和文化等领域的交流与合作以及两国军队的往来。[①] 在克林顿访华期间，两国签署了包括30亿美元经贸合同在内的47项协议，克林顿再次重申对台“三不”承诺，同意与中方开展建设性的“人权对话”，双方签署了战略核武器互不瞄准对方以及和平利用核能协议，并针对印巴核试验，共同发表了两国元首对南亚的联合声明。两国在双边、国际金融、地区安全、防扩散、环保和社会、文化等领域的合作都取得了明显的成果。日本《朝日新闻》的社论说，中美首脑会谈表明中美之间的“协调时代”开始了。

需要指出的是，虽然中美发表了“建设性战略伙伴关系”的联合宣言并提出了未来关系发展框架，但由于在此之前，克林顿内阁并没有向国会解释建立伙伴关系的必要性，因此缺乏政治根基；各政府部门也没有相互协调研究具体执行办法；媒体与公众舆论没有思想准备，更没有共识，不愿勉强接受克林顿政府的新政策理念。[②] 结果，在随后的一段时间里，面对国内反华势力的挑战，“战略伙伴关系”显得毫无力量，几乎被架空。这表明，随着信息时代的到来，首脑外交固然十分重要，但其自身的局限性也是十分明显的。就在克林顿访华之后的1998年秋，美国的右翼团体和自由派人士指责克林顿“对中共软弱”，一些大报激烈抨击克林顿的对台“三不”政策，在西藏和人权问题上向克林顿政府施加压力。20世纪进入尾声之际，美国“新干涉主义”抬头，给中美关系带来了新的考验。1999年4月，朱镕基总理访美期间，美国行政当局基于政治原因而拒绝与

① 人民日报1997年11月14日。

② 郝雨凡、张燕冬主编：前引书，第54页。

中国签署中国加入世界贸易组织的协议；5 月初，美国国会抛出了诬蔑中国“盗窃核机密”的“考克斯报告”，掀起了新一轮反华逆流；5 月 8 日，以美国为首的北约在科索沃战争中袭击中国驻南联盟大使馆，使中美关系再次陷入危机。

直到 1999 年 10 月，江泽民与克林顿在新西兰的奥克兰会晤之后，两国关系才开始走出“炸馆事件”的阴影。11 月，中美两国就中国加入世界贸易组织问题达成最终协议。2000 年，中美关系进一步得到修复和稳定发展。在联合国千年首脑会议和亚太经合组织领导人非正式会议期间，两国元首先后举行了会晤，恢复了两国间的安全对话和军事交流，美国国会通过了对华永久性正常贸易关系法案，为“建设性战略伙伴关系”注入了实质性内容。

第二节　中美在各领域的交往

在克林顿政府期间，美国奉行以经济、安全、民主为三大支柱的全球“参与与扩展”（Engagement & Enlargement）战略。与此相对应，美国的“对华交往”政策，也涉及经贸、安全和人权三大领域。相对于美国同其他大国的关系而言，中美的“交往”不仅全面涉及上述三个领域，而且在各领域的“交往”既有积极的一面，也有消极的一面，各领域本身又相互关联，可谓真正的“全方位交往”。

何为“交往”？实际上，冷战结束后美国对华政策中出现的“交往”、“接触”、“参与”、“介入”等中文词汇的英文单词只有一个，即“ENGAGEMENT”。该词的英文含义十分复杂，很难用一个对应的中文词来表达。这一点恰恰与美国对华政策自身的复杂性相吻合。从字面理解，ENGAGEMENT 可直译为：参与、接触、介入、啮合、卷入、交火、交战等。用于国际政治领域，它含有“用契约和承诺来约束”的意思。因此，与谁“交往”，并不意味着要与谁“交友”，而更主要的是通过“交往”达成所追求的目标。这样的一种交往政策，也曾经被欧洲用来作为制定对苏联政策的原则，在促使苏联演变过程中发挥了重要作用。根据美国官方的解释，对华“交往政策”是指：经济上，致力于使中国建立接受国际贸易准则的更为开放的市场经济；安全上，为了不让中国对这一地区构成威胁，将不遗余力地促使中国加入地区安全体系；在民主和人权领域，将继续在像中国这样迥然不同的国家促进人民尊重人权。① 正如王缉思先生所说："美国的对华'交往政策'，并非是一种友好的表示，而是表明美国政府希望它的经济、政治、文化、思想影响向中国社会的纵深渗透，以便用它倡导的那套国际机制、竞争规范来约束中国。可以说，美国增加同中国交往的目的之一是制约中国的国际和国内行为。"②

从这个意义上说，中美建交以来美国的对华政策的确没有发生变化，而且始终存在着两面性：既寻求合作促进美国的全球战略利益和在华经济利益，又保持压力迫使中国接受美国所倡导的国际规范和价值观。无论是克林顿本人还是其他政府官员，均在不同场合强调了这一对华交往政策的两面性。克林顿在 1996 年 5 月 20 日的太平洋盆地经济理事会第 29 届年会的演讲中公开宣称："为了增进我们的利益，我们的交往政策是最有利的工具，它包括鼓励性与惩罚性工具。交往并不意味着我们对那些为我们所反对的中国政策不闻不问。我们仍然持续严重关切人权、核武器扩散和贸易等问题。当我们的意见相左时，我们将继续保卫我们的利益并坚持我们的价值观。"③

由此可见，"交往"是融"合作、促变、防范"为一体的一种政策，其最终战略目标是把中国纳入美国主导的国际社会，与此同时，防范中国崛起可能给美国带来的挑战。美国这种"一以贯之"的对华政策及其两面性，均充分体现于中美在人权、经贸、国际安全等领域的合作与摩擦之中。

1. 中美在人权领域的交往

如前文所述，冷战结束后，"道德因素"曾一度居于美国对华政策的首要位置，所谓人权问题立即成为中美关系中最为敏感、争论最激烈、持续影响中美正常国家关系的主要问题，几乎所有的中美接触都要谈到人权问题。但是，随着美国对外政策优先次序的变化，人权因素在美国对华关系中的地位和人权政策的重点亦有所不同。

---

① 《美国国家安全战略报告》（*A National Security Strategy of Engagement and Enlargement*），1994 年 7 月。

② 王缉思主编：《高处不胜寒——冷战后美国的全球战略和世界地位》，世界知识出版社 1999 年版，第 289 页。

③ US President William J. Clinton Remarks before the 29th International General Meeting of the Pacific Basin Economic Council, May 20, 1996.

众所周知，1972 年尼克松访华之时，正是新中国人权状况最差的时期。但当时地缘战略考虑压倒一切，在中美关系中根本没有人权问题的地位。在冷战后期的 20 世纪 80 年代，中美关系中相继出现了“胡娜事件”、“中国计划生育”以及西藏等人权问题。美国众议院在 1987 年通过了涉及中国人权的第一项立法，即《关于中国人权问题的修正案》和《关于中国在西藏侵犯人权的修正案》，要求中国改善人权。但鉴于中国在美全球战略中的重要价值和美国对中国改革开放及其发展方向的期待①，人权问题并未成为中美关系中的主要议题。

1989 年 2 月布什访华时发生的“方励之事件”，标志着人权在美国对华关系中的地位开始上升。“北京政治风波”以后，美国开始把中国人权状况作为改善对华关系的前提条件。布什 6 月 8 日在白宫讲话中称，美国不能同中国保持正常关系，除非中国领导人承认个人的权利、尊重持不同政见者的意见、承认学生所提要求的合法性。② 随后，美国对中国实施了大规模的制裁。许多国会议员开始要求取消或把对华最惠国待遇同中国的人权状况挂钩，但布什总统从保持中美战略关系出发，连续两年否决了取消对华最惠国待遇的提案。

克林顿担任总统后，马上把中国改善人权作为发展双边关系的前提。其直接目标涉及的是“政治犯待遇”和“宗教自由”等问题。阻挠中国申办奥运和把人权问题同对华最惠国待遇挂钩，是克林顿政府奉行以“人权”为核心的对华政策的重要标志。

（1）政治犯问题③

以 1989 年 2 月布什访华时私自邀请方励之为开端，美国即开始对中国的“持不同政见者”公开表示关注。“北京政治风波”之后，美国一直同中

---

① 美国学者哈里·哈丁认为，“中国的政治和经济改革重新激起了美国人长期以来怀有的一种兴趣，即促使中国接受美国的价值观，按照美国的办法重新铸造中国的经济和政治制度。同样的事情，在中国人看来是促进他们国家社会主义改革的一种伙伴关系，而美国人则认为是鼓励中国政治和经济自由化的一种努力。”见哈里·哈丁：《美中关系的现状和前景》（柯雄等译），新华出版社 1993 年版，第 11—12 页。中国学者董云虎认为，“美国人在中国的改革事业中看到了战略利益、商业机会和自由民主的希望。中国发生的变化符合美国道德和价值观念，美国应予以支持。而对某些人提出的中国人权问题视而不见，相信随着中国的发展自然会得到解决”。见董云虎主编：前引书，第 5 页。

② 刘连第：《中美关系重要文献资料选编》，时事出版社 1996 年版，第 296 页。

③ 中国政府不认为中国有政治犯。那些从事反政府活动的人遭被捕是因为他们违反了刑法，因而是刑事犯。美国则把这些人称为政治犯。本文题目是美国对华关系，故此采用这一称谓。

国政府就释放“民主运动人士”进行交涉，并一度把该问题的解决作为改善关系的先决条件。几乎每一位访华的美国高官都向中方领导人提出一连串的持不同政见者清单，要求改善他们的服刑条件或予以释放。1990 年 6 月以后，中国政府陆续释放和处理了一批在“北京政治风波”期间的犯人，并将其中部分人递解出境。但美方仍不满意，继续向中方施加压力。1994 年 3 月，美国助理国务卿沙特克访华期间，私下会见保外就医的魏京生，引起中国政府的极大不满，并且几乎使随后的克里斯托弗访华之行告吹。

美国国务院每年发表的人权报告，都对中国的人权状况进行攻击。《1993 年人权报告》指责中国有“数百名、甚至数千名政治犯在押”。1995 年，国务卿克里斯托弗仍然声称“中国对持不同政见者的镇压”对中美关系提出了“重大挑战”。1997 年 7 月，美国参众两院提出议案，要求增加拨款，以便使美国驻北京使馆增设 6 名监督人权状况的外交官，并且在美国驻中国的每一个领事馆至少增加一名监督人权状况的外交官。1999 年 1 月，助理国务卿哈罗德·高指责中国逮捕、监禁和审判“民主人士”是方向性错误的“镇压行动”，要求中国“纠正这次镇压行动并改善中国国内的人权状况”。①

（2）宗教自由问题

美国认为，中国政府限制宗教自由。特别是近年发表的人权报告，把宗教自由作为主题之一。报告指责中国政府将宗教活动限制在政府控制的宗教组织和经登记的场所；监督供分发的宗教材料的出版；宗教管理局的官员（他们本身大多不信宗教）对宗教法规的实施进行“指导与监督”。

美国国务院《1997 年人权报告》还对中国某些地方当局的执法情况进行无理指责，宣称有证据表明，有些地方当局依据国家政策，采取强有力的措施对未获批准的天主教和新教教堂的活动进行镇压。警方和宗教事务官员正在采取措施对未获批准的团体进行登记，并关闭了许多“地下”的清真寺、寺庙、神学院以及数以百万计的地下教会团体。②

美国的人权报告还攻击中国对西藏社会和政治实行压制性控制，妨碍藏族人的基本自由，并有可能破坏西藏独一无二的文化、宗教和语言遗产。对中国中央政府挑选的班禅喇嘛第十一世转世灵童说三道四。美国还

---

① 楚树龙：《冷战后中美关系的走向》，中国社会科学出版社 2001 年版，第 416 页。

② 美国国务院：《1997 年人权报告》，转引自董云虎主编：前引书，第 114 页。

对中国镇压“法轮功”邪教组织的做法与所谓的宗教自由相联系，并多次以此为由，干涉中国内政。

（3）阻挠中国申奥

美国对华人权政策的最恶劣行径，莫过于通过国会议案阻挠中国在1993年申办2000年奥运会。克林顿政府上台之后，国会的反华势力在迫使克林顿政府给对华最惠国待遇附加条件的同时，仍不放过任何以人权问题向中方施压的机会。1993年6月，美国众议院外委会公然通过决议，以人权问题为借口，反对北京申办奥运。这种践踏和干涉奥林匹克精神的行为遭到中国政府的强烈抗议，引起了中国人民的极大愤慨。然而，美国众议院外委会又于7月26日通过了兰托斯提出的议案，诬蔑中国的“人权状况”不具备申办奥运的条件，要求美国于9月举行的国际奥委会会议上投票反对中国申办，并极力动员其他国家投票反对中国。最后，中国因1票之差败给澳大利亚申办城市悉尼。美国此举给中国人民的心理造成了极大伤害。

（4）人权与最惠国待遇挂钩

克林顿上台后，采取的第一项对华政策措施，就是通过总统行政命令的方式，给对华最惠国待遇附加人权条件。该行政命令规定，1994年是否给予中国最惠国待遇地位将取决于中国在下述七项人权条件方面是否有重大进展。这七项条件包括：

中国满足1974年贸易法关于自由移民的有关规定；

中国遵守1992年中美关于犯人劳动的双边协定；

中国采取步骤开始遵守《世界人权宣言》；

释放因非暴力表达政治和宗教信仰而遭监禁或拘留的人员并对他们的情况做出令人满意的说明；

保证犯人的人道待遇，允许国际人道主义和人权组织视察监狱；

保护西藏独特的宗教和文化遗产；

允许国际广播电台和电视台对中国广播。

其中，前两项条件必须在一年内办到，否则“国务卿不应提出延长中国最惠国待遇地位的建议”。①

① 克林顿政府1993年5月28日发表三份文件：《行政命令》、《致国会报告》、《总统关于中国最惠国待遇的声明》，转引自苏格：前引书，第672—673页。王缉思主编：《高处不胜寒——冷战后美国的全球战略和世界地位》，世界知识出版社1999年版，第257页。

随后，美国政府，特别是国务院，通过各种渠道要求中国满足上述条件。但事实证明这种做法很难达到目标，而且代价高昂。1994 年 5 月之后，美国把人权从改善对华关系前提的位置降为“重要问题”之一，取消了把人权与最惠国待遇挂钩的做法，开始奉行“新的人权战略”。

(5) 新的人权战略

所谓“新的人权战略”包括四项内容：1）美国企业界参与推动中国的自由化，制定一套自愿遵守的准则，以促进中国的人权；2）增加对中国的广播，开办自由亚洲电台；3）把中国的人权问题国际化，列入国际论坛，在联合国人权委员会通过一项关于中国严重侵犯人权的决议；4）支持中国的非政府组织。①

新的人权战略的提出，标志着自“北京政治风波”以来的美国人权政策已经走到尽头，是美国对华人权战略的重大转折，与美国同一时期提出的“参与与扩展”战略一致，试图通过在经贸、法制及社会领域的参与，实现美国的对华人权政策目标。随着新的人权战略的实施，中美在人权领域交锋的主要舞台转移到每年一次的日内瓦人权大会。但自 1989 年以来，美国联合其他国家谴责中国人权状况的企图始终没有得逞。

(6) 中美人权对话

中美两国在人权领域对抗的背后，也进行着时断时续的人权对话。1990 年 12 月，美国负责人权事务的助理国务卿理查德·西夫特对华访问，标志着中美人权对话的开始。1991 年 11 月，美国国务卿贝克访华期间，双方达成了建立人权对话机制的协议。但后因美国售台 F-16 战斗机、邀请李登辉访美等事件而被迫中断。双方真正在人权对话问题上取得突破是在 1997 年。这一年，在江泽民访美前夕，中方宣布签署《经济、社会和文化权利公约》。访问期间，两国元首就人权问题进行了开诚布公的对话。双方一致认为《世界人权宣言》及其他国际人权文书在促进人权方面发挥积极作用，并重申双方均致力于促进和保护人权和基本自由。1998 年初，中国宣布签署《公民权利和政治权利公约》。同年 3 月，美国宣布，不支持提出批评中国人权状况的联合国决议案。克林顿访华期间，双方同意按照《中美联合声明》中达成的共识，本着平等和相互尊重的精神，在政府和

① 关于新的人权战略的详细内容，请参见董云虎主编：前引书，第 165—171 页。

非政府级别进行人权对话，并设立中美非政府人权论坛。[①] 中美在公安、司法以及律师等领域的对话与合作也取得了很大成效。但是，1999 年 5 月，美国为首的北约野蛮轰炸中国驻贝尔格莱德大使馆后，人权对话被迫终止。2000 年两国首脑会晤后，对话才得以继续。

美国对华人权战略的演变，与国际和美国国内政治气候直接相关，其发展变化亦反映了克林顿政府外交思想由理想到务实的转变过程。美国对华人权政策的长远目标是用美国的价值观念和制度演变中国，因此，只要中国的社会制度不朝美国所希望的方向演变，双方在人权领域的分歧和斗争就不会结束。

2. 国际战略与安全领域的交往

到目前为止，曾作为中美关系基石的双边战略安全和军事合作，从未恢复到 1989 年之前的水平。从很大程度上讲，美国自那时以来的对华军事技术制裁仍在继续，对华高技术出口因美国对军事战略安全的考虑而受到严格限制。但是，随着冷战后国际和地区安全环境的发展变化和美国安全战略焦点的转移，中美两国在国际战略和安全领域交往的范围也大大超过了以往针对第三国进行的合作，涉及的议题也越来越多，包括维护全球和地区战略安全与稳定、防止武器扩散、打击毒品走私和跨国犯罪、人道主义救援等多边和双边、传统和非传统安全的诸多领域。其中，既有在共同利益方面的协调与合作，也有因安全观念的不同而引起的相互猜疑与矛盾。协调与合作的方面因双方低调处理而不被注意，摩擦和对抗则成为两国人民关注的焦点。

冷战后，尽管中美不再面临苏联的共同威胁，但中国自身的战略价值对美国全球和地区战略仍具有举足轻重的影响。前美国国家安全事务顾问布热津斯基早在中美建交之前就指出，除了苏联因素之外，“美中关系本身就具有长远的战略意义”。这是 1989 年之后美国之所以奉行“保持接触”的对华政策的根本原因之一。在克林顿政府最初提出的对华全面交往政策中，双方在安全领域的交往是其重要内容之一。1994 年 10 月 18 日，美国国防部长在中国国防大学发表了题为“美中关系及其对世界和平的影响”的演讲，明确阐述了中美两国在冷战后进行安全合作的重要原因：

1）战略上美中两国位于太平洋两岸，两国的面积、人口资源和人民

① 《人民日报》1998 年 6 月 28 日。

的创造性使美中两国成为亚太地区的重要成员，在经济和安全上发挥着重要作用。

2）大规模杀伤武器及其运载工具扩散的危险要求中美两国必须密切合作，并积极防止武器扩散，否则就不能建立起全球不扩散体系。

3）美中都是该地区的重要国家，因此两国的合作是必要的，只有这样才能应付地区威胁，没有美中在各方面的合作，就无法对付新的各种挑战；美中每一方都有自己的影响力，每一方都必须适当地使用这些影响力；维护地区稳定是美中合作的任务，也是美中发展战略关系的基础。[①]

（1）在维护全球战略安全和地区稳定方面的合作

美国为了利用国际安全机制制约中国的相关政策和行为，极力主张中国加入全球不扩散制度和相关协议，并最终从遵守制度过渡到参与制定和维护这类协议和制度。[②] 中国从维护全球战略安全和稳定的愿望出发，同美国进行了广泛的磋商与合作，取得了一系列成果。1992 年，中国承诺遵守《导弹及其技术控制制度》，加入《核不扩散条约》。1993 年，中国签署《禁止化学武器公约》。1996 年，在《核不扩散条约》无限期延长问题上，中美双方协调立场并率先在条约上签字，使其得以顺利实现；同年，中国还加入了《全面禁止核试验条约》。1997 年 8 月，中国发布了《中华人民共和国核出口管制条例》；10 月，发布了《中华人民共和国军品出口管制条例》，加入“桑戈委员会”，[③] 为执行于 1985 年签署的《中美和平利用核能合作协定》消除了一个障碍。1998 年 1 月，克林顿向国会提出“中国已经在核不扩散方面满足了要求和条件”，要求启动《美中和平利用核能合作协定》；3 月 19 日，搁置 13 年之久的《美中和平利用核能合作协定》正式生效。1998 年 6 月 10 日，发布《中华人民共和国核两用品及相关技术出口管制条例》。2000 年 7 月，美国国防部长科恩访华时表示，在以往的 10 年中，中国对军控和防扩散做出了重大贡献。[④]

美中在维护亚太地区和平与稳定方面进行了富有成效的磋商与合作。

---

① 朱成虎主编：《中美关系的发展变化及其趋势》，江苏人民出版社 1998 年版，第 103 页。

② 艾什顿·卡特、威廉姆·佩里：前引书，第 119—120 页。

③ “桑戈委员会”成立于 20 世纪 70 年代初，负责为执行核不扩散条约的出口管制规定制定指导方针。

④ “Cohen July 13 Briefing on Talks with Chinese President”, *Washington File*, July 14, 2000, p. 7.

1990年1月，在美国国务卿贝克的建议下，联合国安理会常任理事国就政治解决柬埔寨内部冲突问题举行了首次副外长级磋商。在随后的一年多时间里，中国与美国、东盟及其他有关国家进行了多次双边和多边磋商，终于在1991年10月达成了“巴黎协定”。尽管双方后来在柬埔寨内政问题上的看法存在分歧，但仍为继续推动柬和平进程进行了多轮磋商。

在朝鲜半岛问题上，由于历史和安全观念的原因，中美双方对该问题的看法和立场有分歧，但在维护冷战后半岛和平与稳定、无核化以及促进南北对话等方面存在着共同的利益。因此，双方进行了积极而富有成效的磋商与合作，并使之成为两国在安全领域进行建设性交往的一个亮点。鉴于中国与朝鲜之间的传统友谊和特殊关系，美国极为重视中国在该问题上的地位和作用。1991年11月，美国国务卿贝克访华，开始与中方讨论朝鲜半岛问题。1994年4月，正当美朝双方围绕朝鲜核问题而剑拔弩张之际，美国负责政治和军事事务的助理国务卿卡卢奇来到北京，希望中方利用所拥有的任何影响力，鼓励朝鲜方面采取愿意合作的立场。① 中国政府根据其“保持朝鲜半岛和平与稳定和实现朝鲜半岛无核化”的一贯主张，予以了积极回应，为最终达成美朝核问题框架协议发挥了十分重要的作用。美国负责处理这起危机的国防部长佩里后来表示，美朝（就朝鲜核问题）所进行的谈判，与中国政府的大力协助是分不开的。② 从1997年8月开始，为了推动半岛南北双方的和平进程，中国积极参加了朝鲜半岛问题“四方会谈”，美方对中国在历次会谈中所发挥的作用给予了积极的评价。

1998年5月，针对印、巴核试验引发的南亚危机，中美两国元首通过刚刚开通的首脑热线电话紧急交换意见，两国政府进行了密切协商与合作，并以共同的立场在联合国采取行动。6月27日，发表了中美两国元首《关于南亚问题的联合声明》，对印、巴双方的行为共同进行了谴责，呼吁他们立即无条件加入《全面禁止核试验条约》。6月29日，路透社的一篇报道称，美中“两国元首之间的关系已经给世界带来了好处”。③

---

① 关于半岛核危机的详细内容可参见本书第五章“美国与亚太地区其他国家的关系”；艾什顿·卡特与威廉姆·佩里：前引书第四章“朝鲜危机一触即发，反扩散势在必行”；徐辉博士论文《从波斯湾到朝鲜半岛：后冷战时期美国危机管理比较研究》。

② 引自美国国防部长威廉姆·佩里于1994年10月18日在中国国防大学的演讲。关于该问题的更多内容，请参见 James Mann, *ABOUT FACE*, p. 332.

③ 辛华编：前引书，第215页。

为了加强双方在安全观念上的相互了解，逐步缩小分歧，保持沟通管道畅通，中美双方近年来还开展了安全领域的第二轨道对话，并取得了积极的成效。

（2）中美双边军事交流与合作

最易受到两国政治关系大气候影响的，莫过于中美之间的军事交流与合作。美国一直认为，中国人民解放军在决定中国国家安全政策方面有极大的发言权，了解和影响中国军队和防务政策的最佳策略，是与中国进行各个层次的、面对面的长期军事交流。因此，美国军方一直积极支持对华交往政策，并于1993年10月开始恢复于1989年中断的同中国军队的交流计划。尽管美中两军的交往时断时续，但总的趋势是交往的领域进一步扩大，内容在逐步增加。两军实现了高层互访、院校与人员交流、海军舰艇互访。在相互参观演习和举行联合演习等领域也进行了有益的尝试。1997年10月美国总统克林顿和中国国家主席江泽民宣布，将促进双边军事交流。1998年1月19日，中美两国国防部长在北京正式签署《关于建立加强海上军事安全协商机制的协定》。根据双方于1997年5月达成的协议，仅从1997年7月到1998年5月，美国就有36批50艘军舰、62架次军机，共22500余人次到香港休整和补给。1998年6月克林顿访华期间，作为维护战略稳定、建立信任的重要内容之一，双方决定互不将各自控制下的战略核武器瞄准对方。

中美两军之间的交往之所以时断时续，除受制于双方政治关系影响外，还有一个重要的原因，这就是，美国进行对华军事交流的目的与冷战期间相比发生了实质性变化。美国前国防部长佩里在1999年出版的著作《预防性防御：一项美国的新安全战略》中明确谈到：自不待言，美国和中国对两军之间的交流抱有不同的目的。美国从自身的长远安全利益出发，希望借此影响中国人民解放军军官的政治、军事观念。同时，美军还应向中国人民解放军展示它的能力、专业化程度和意志……1996年向台湾海峡派遣航母战斗群之所以有必要，恰恰是因为中国人民解放军要么对美国如何看待它在这一地区的国家安全利益认识不清，要么低估了美国为保护上述利益使用武力的决心。通过发展关系和建立各种机制，避免今后产生类似的误解、误算和险情。如果一方与另一方有广泛的联系渠道的话，双方就会更好地了解彼此的意图。美国希望通过两军之间的交流增加有关中国人民解放军能力和意图方面的透明度。与此同时，美国不希望搞任何有可能大大加强中国军队实力的活动。①

由此可见，美国与中国进行军事交流的目的在于了解、影响和防范，而不是合作。具体讲：1）了解中国的军队建设计划和意图，影响中国军队的发展方向和能力，增加中国军队的透明度并将中国纳入美国主导的亚太地区安全对话机制；2）显示美军的实力对中国进行威慑；3）与中国军队进行全面、长期交往的重要前提，是不能帮助中国人民解放军提高其作战能力。为此，美国一直没有恢复两军之间的军事技术和装备合作，并极力阻止其他国家与中国在这方面的合作。1996年5月，当有报道说俄罗斯可能将某种战略导弹技术转让给中国时，美国国防部长佩里立刻向俄罗斯发出警告，说把这种技术转让给中国将是“重大错误”。② 2000年7月，美国向以色列施加压力禁止其向中国出口预警飞机。

（3）安全观念上的分歧

中美双方在安全领域的合作并不能掩盖双方的矛盾和分歧。由于安全观念和政策的差异，特别是由于美国作为当今世界唯一超级大国的心态，使美中两国在维护全球和地区稳定的方式上存在一定分歧。部分美国的高层人士和学者认为，中国提出的多极化主张和反对霸权主义的立场是对美国世界领导地位的挑战，中国综合国力的提高对美国安全利益构成了威胁。因此，主张建立以美日双边军事联盟为核心的地区安全机制，防范和制约中国的崛起可能带来的挑战。特别是1996年美日联盟的修改明显暗示将把中国的台湾地区纳入该联盟的防御区域，甚至声称可能向台湾部署战区导弹防御系统（TMD），对中国的主权构成了潜在威胁，成为建立冷战后亚太地区多边安全机制、增强双边互信的主要障碍。虽然中美双方都积极支持并参与东盟地区安全论坛活动，但美方的目的在于掌握该论坛的主导权，把该多边论坛置于美日双边联盟的辅助地位，不顾亚太地区多元化和相互之间缺乏信任的现实，急于加快论坛进程，致使中美双方在上述问题上产生了一定的分歧。在世纪之交，美国为了寻求自身的绝对安全，违反1972年《反导条约》规定，执意发展国家导弹防御系统（NMD）的行为，亦成为中美在安全领域的重大分歧之一。

---

① 艾什顿·卡特、威廉姆·佩里：前引书，第107—108页。

② *Washington Post*, May 22, 1996.

在解决地区冲突与维持和平方面，中国反对使用武力或以武力相威胁，反对关于“人权高于主权的观点”，反对抛开联合国实施所谓的“人道主义干预”行动。但即便如此，在多数情况下，中国都能够从维护全球和地区和平与稳定的角度出发，在坚持原则立场的同时，采取合作的姿态处理双方的分歧。例如，在海湾危机期间，中国虽然希望和平解决争端，但在安理会表决授权对伊拉克使用武力时，投了弃权票，这样以美国为首的多国部队的行动才拥有了合法性。在科索沃冲突问题上，中国坚决反对以美国为首的北约对南联盟主权的侵犯，对八国集团提出的决议草案的某些内容也有严重保留，但在最后时刻，考虑到北约已宣布停止轰炸、南联盟已接受决议，为了尽快结束冲突，恢复和平，中国在安理会表决中投了弃权票。

（4）在武器扩散领域的争端

虽然美中两国为了维护全球战略稳定进行了许多有益的合作，但从1989年以来，中美在大规模杀伤武器扩散问题上的争端几乎从未停止。原因是美国经常根据自身的所谓情报，指责中国向某些国家，如巴基斯坦和伊朗等国家扩散大规模杀伤武器或相关原料和技术，多次对中国进行制裁或以制裁相威胁，并通过媒体大肆渲染，严重影响了美国公众对中国的看法，破坏了两国人民交往的气氛。其中，最为严重的是“银河号事件”。1993年7月，美国指控中国商船“银河号”载有向中东出口的化学武器原料，派飞机和军舰进行跟踪拦截，迫使“银河号”在公海上漂流多日，最后在沙特阿拉伯对“银河号”进行检查，结果未发现任何违禁物品。但是，美国方面既未赔偿中国的经济损失，也不进行道歉，并声称今后再有类似情报仍将进行检查。对此，中国全国人大外事委员会发表了关于“银河号”事件的声明，对美国的霸权行径表示极大的愤慨和强烈谴责。同年8月，美国又指控中国向巴基斯坦出口M-11导弹，违反了《导弹及其技术控制制度》，宣布实施对华贸易制裁，两年内停止向中国出口可用于军事目的的高技术。

（5）“考克斯报告”

美国除了经常指控中国从事武器扩散之外，在1998年春克林顿访华前夕，美国国会又开始指责中国窃取美国卫星发射技术和核机密。1998年下半年美国国防部和某些研究机构提出了多份关于中国未来军事能力、战略及其未来对美国利益影响的报告，再次鼓吹“中国威胁论”，主张进一步扩大两国在军事领域的高技术差距，对重要技术转让以及交往政策给予更多的限制。1999 年 5 月下旬，美国国会考克斯委员会公布了题为《美国同中华人民共和国交往对国家安全以及军事、商业方面的关注》的报告，简称“考克斯报告”。[①] 这份长达 872 页的报告，用大量似是而非的语言甚至无中生有，攻击中国在过去 40 多年来一直设法窃取美国核武器的设计和制造秘密，以便发展自己的核武器。但是，报告从头到尾没能给出一个令人信服的证据。就连美国能源部长比尔·理查森都认为，“目前没有任何证据显示美国丢失大批资料”，《报告》“夸大其词，许多猜测都毫无根据”。[②] 报告的最后结果虽然是不了了之，但却严重破坏了中国在美国公众心目中的形象，也加深了中国对美国对华政策战略意图的疑虑。最严重的是，几乎在同一时期发生的美国轰炸中国驻南斯拉夫大使馆事件，给中国人民造成的心理伤害则更为深远。

（6）“炸馆事件”

1999 年 3 月，以美国为首的北约绕开联合国，以“人道主义干预”为名对南联盟的科索沃实施空袭。中国政府对这种公然以武力干涉主权国家内政的行为进行了谴责并敦促北约立即停止空袭。5 月 7 日贝尔格莱德时间晚 11 时 45 分（北京时间 8 日凌晨 5 时 45 分），以美国为首的北约悍然从不同方向发射 5 枚导弹（其中 4 枚导弹当场爆炸）袭击中国驻南斯拉夫联盟共和国大使馆，造成新华社驻贝尔格莱德女记者邵云环、光明日报驻南联盟记者许杏虎和夫人朱颖 3 人牺牲、20 多人受伤，使馆馆舍严重毁坏。

事件发生后，美国总统克林顿和国务卿奥尔布赖特等官员多次通过讲话或与中国领导人通电话等方式向中国政府公开道歉，承诺进行调查并就事件原因向中方作出全面解释。此外，还表示要“继续与中国寻求一个建立在广泛基础上的、符合双方共同利益的关系”。但与此同时，美方领导人在未经任何调查的基础上就宣称这是一次“误炸”。随后的调查结果也

① 关于该报告的影响和对它的有关评论，请参阅许宏治《煽动反华情绪破坏中美关系的一出闹剧》，《人民日报》1999 年 6 月 1 日，第 4 版；马世昆、张勇《美国各界批驳考克斯报告》，《人民日报》1999 年 5 月 28 日，第 6 版。

② “DOE’s Richardson 3/21 on China/Espionage”, *USIS Bulletin*, March 23, 1999, p. 23.

只是把“误炸”的原因归结为“情报和结构性的失误”。[①] 面对中方的不满和民众的抗议，美国国防部长科恩一面坚称是“误炸”，一面威胁说，“这样下去将会影响中美关系的发展”。

美军的野蛮行为和牵强的解释，激起了中国人民的强烈愤慨，北京、上海、成都、广州等地出现了20年来没有过的大规模反美示威游行。中国政府要求以美国为首的北约公开、正式地向中国政府、中国人民和中国受害者家属道歉；对北约导弹袭击中国驻南斯拉夫联盟共和国大使馆事件进行全面、彻底的调查；迅速公布调查的详细结果；严惩肇事者。同日，中方决定推迟中美两军高层交往；推迟中美防扩散、军控和国际安全问题磋商；中止中美在人权领域的对话。

6月16日，美国总统特使、副国务卿皮克林在北京向中国政府报告了美国政府对轰炸中国驻南使馆事件的调查结果，但仍是老调重弹。美方解释导致这一“悲剧性误炸”事件的原因有三：一是使用了陆军野战时确定目标的方法造成目标定位方面的失误；二是美数据库未及时更新；三是审查程序未能纠正上述两项失误。中国政府一一驳斥了美方的种种诡辩，并指出“误炸”的结论难以令人信服，不能接受。7月28日至30日，中美代表团在北京就美国轰炸中国驻南大使馆所造成的中方人员伤亡和财产损失的赔偿问题举行第二轮谈判，双方就中方伤亡人员的赔偿问题达成共识。美国将尽快向中国政府支付450万美元的人员伤亡赔偿金。2001年1月19日，美国政府向中国政府支付了使馆财产损失赔偿金2800万美元。[②]

（7）在非传统安全领域的合作

随着冷战的结束和全球化进程的发展，跨国犯罪、恐怖主义、贩毒、走私、非法移民、疾病蔓延、环境破坏以及经济安全等大量非传统安全问题成为各国面临的主要威胁之一。作为全球化进程的主要推动者，美国所面临的非传统安全威胁更为突出，中国也正在成为这些问题的受害者。因

① 袭击事件发生后，以美国为首的北约国家诡称是“误炸”，9日，北约秘书长索拉纳称是因为接获错误情报而误中目标，10日，美中情局局长特纳说是由于资料出错造成的，11日，美国国防部长科恩又称是由于中央情报局提供的一份过时地图，以致美国误中目标。针对美国的诡辩，中国导弹专家经过分析后指出，美国导弹从不同角度轰炸中国使馆，完全是有意的和经过严密策划的。15日，曾建造中国驻南使馆的南斯拉夫建筑商说，4年前中国使馆所处地点及周围300米的区域内地图上根本没有任何建筑物，以美国为首的北约关于袭击中国使馆是因为使用了4年前出版的旧地图的辩解是完全不能成立的。详情可参见 www. xinhuainfo. org。

② www. xinhuainfo. org.

此，几乎每一次中美首脑会晤都谈及非传统安全合作问题，并成为双边安全合作的重要领域。

早在1987年，中美两国就签署了《中美禁毒合作备忘录》，开始互通情报、联合办案、共同打击贩毒，并在人员培训方面进行合作；1994年1月，中美两国在北京就打击偷渡、制止非法移民问题进行磋商；11月美国负责全球事务的副国务卿蒂莫斯·沃斯应邀访华，就环保、世妇会、人口等问题与中方会谈；1995年10月中美两国首脑在纽约会晤，讨论了两国在打击国际犯罪、毒品走私及加强国际执法合作方面的合作问题，双方同意就环境、可持续发展和能源问题进行高层对话。1997年，双方在《中美联合声明》中表示，愿意就打击国际有组织犯罪、毒品走私、非法移民、制造伪币和洗钱等方面的合作，为此，双方拟设立一个由两国政府主管部门代表组成的执法合作联合联络小组。①

3. 经贸领域的交往

冷战结束以来的十年间，鉴于中美双方在经贸领域的高度互补性，互利合作迅速发展。这既是中美两国得以避免走向全面对抗道路的重要原因，也越来越成为新的稳定中美关系的基石。

双边经贸合作机制日益健全，合作范围迅速扩大，贸易额及美国对华投资持续、快速增长。自1990年以来，尽管中美政治关系时起时伏，美国奉行对华最惠国待遇年度审议制度，但美国仍把中国视为十大新兴市场之首，不断加大对华贸易和投资力度。十年间，双方在中美联合商贸委员会、联合经济委员会、联合科技委员会的基础上，在不同层次、不同领域及不同地区成立了大量的贸易、投资以及技术合作协调和促进机构。为了拓展在华业务，美国商务部和进出口银行打破在世界范围内从事商务服务的先例，专门派驻一名财政官员常驻中国，并在上海设立了“商业中心”。

双边贸易额从1990年的117.70亿美元（美方统计为200.30亿美元）增加到2000年的744.70亿美元（美方统计为1164亿美元）。其中，美国对华出口年均增长率超过16%，是美国对世界其他地区出口年均增长率的4倍。美国已经成为中国的第二大贸易伙伴（按美方统计美国为中国第一大贸易伙伴），中国成为美国的第四大贸易伙伴。

---

① 张亚中、孙国祥：《美国的中国政策：围堵、交往、战略伙伴》，台湾生智文化事业有限公司1999年版，第387页。

美国在华投资额也快速增加，投资范围和领域迅速扩展。1990 年，美国对华实际投资约 4.3 亿美元，1999 年达到 43 亿美元，增长 10 倍。截至 1999 年底，美在华投资项目为 28628 个，协议投资金额 523 亿美元，实际投资 256 亿美元。美国最大的 500 家企业中有一半在中国进行了投资。

作为两国交往的重要成果之一和稳定经贸关系的重要保证，经过 14 年的努力，在世纪之交，中美终于达成关于中国加入世界贸易组织的双边协议，美国通过了给予中国永久性正常贸易关系地位的决议，这为扩大双边经贸关系、避免经贸摩擦政治化以及促进全面交往奠定了重要的基础。

但是，虽然中美双边贸易和投资发展迅速，但作为世界最大的发达国家和最大的发展中国家，中美贸易和投资的潜力还远远没有发挥出来。例如，1993 年以前，美国年均在华投资 2.2 亿美元，占 8%；从 1993 年到 1999 年，中国直接吸引外资 2716 亿美元，其中美国投资为 224 亿美元，仅占外资总额的 8.2%。虽然美国在华投资居外资（除去香港）之首，却仅占美国海外投资总额的 2%。随着中国加入世界贸易组织，两国经贸合作机制的进一步完善，贸易和投资规模必将进一步扩大。

表 4－1　　中美双边贸易统计（1990—2000）　　（单位：亿美元）

年份	中方统计				美方统计			
	贸易总额	自美进口	对美出口	差额	贸易总额	自华进口	对华出口	差额
1990	117.70	65.90	51.80	－14.10	200.30	152.20	48.10	－104.10
1991	142.00	80.10	61.90	－18.40	252.70	189.80	62.90	－126.90
1992	174.90	89.00	85.90	－3.10	332.00	257.30	74.70	－182.60
1993	276.50	106.90	169.60	62.70	403.10	315.40	87.70	－227.70
1994	354.30	139.70	214.60	74.90	480.70	387.80	92.90	－294.90
1995	408.30	161.20	247.10	85.90	573.10	455.60	117.50	－338.10
1996	428.40	161.50	266.90	105.40	634.60	514.90	119.70	－395.20
1997	489.90	163.00	326.90	163.90	753.00	625.50	128.10	－497.40
1998	549.37	169.61	379.76	210.15	854.00	714.00	140.00	－574.00
1999	614.26	194.80	419.45	224.66	949.04	817.86	131.18	－686.68
2000	744.7	223.6	521.0	297.4	1164.00	1001.00	163.00	－838.00

资料来源：1990—1999 年数据引自楚树龙《冷战后中美关系的走向》，第 450 页；中国海关统计资料（U. S. Department of Commerce，Office of International Information Programs，U. S. Department of State，http：//usinfo. state. gov）。

需要指出的是，两国经贸领域交往的日益扩大和深化，并未能消除中美在该领域的矛盾和摩擦。近十年间，美中在经贸领域的分歧和摩擦主要是：贸易不平衡、知识产权保护、纺织品配额、最惠国待遇审议以及中国恢复关贸总协定地位（后来转变为加入WTO）等问题。

（1）贸易不平衡问题

中美贸易始终存在不平衡问题，但美中贸易逆差被美方夸大了。按照美方统计，美国从1983年开始出现逆差，以后逐年上升，到2000年达到838亿美元，超过对日本贸易逆差，居美国贸易逆差来源之首。按中方统计，1992年以前一直是中方存在逆差，从1993年始，美方才出现逆差，由1993年的62.7亿美元增加到2000年的297.4亿美元。双方2000年的统计结果相差约541亿美元。

尽管中美双方原则上均采用进口按照原产地、出口按照消费国的国际标准统计方法，但两国对美方所称的巨额贸易逆差有不同的理解。美方指责中国搞不平衡贸易，限制美国产品和服务进入中国市场，要求中方解决市场准入问题，并多次威胁要对中国进行贸易制裁。实际上，中国非常重视并努力解决两国贸易不平衡问题，多次自主降低关税，减少非关税壁垒，改善市场准入条件，并于1992年10月在华盛顿与美国达成两国关于市场准入谅解备忘录。但美国仍不断提高要价，并将市场准入问题作为同意中国加入世界贸易组织的重要先决条件。

中方认为，逆差的主要原因之一在于美国自身对华出口限制。据有关方面的分析，由于美国歧视性的出口管制，每年美国要丧失对中国几十亿美元的出口贸易机会。美方一面强调对中国贸易逆差问题，一面又不放宽对中国的出口管制，这是自相矛盾的。造成统计数字差异较大的主要原因在于双边贸易经香港等地的转口比例很高，美方未将转口销往中国的产品计算在内，却将转口销往美国的中国产品计算在内。同时，美商在中国生产的产品主要在中国销售，代替了中国自美国的进口。再者，自从1993年以来，许多原来在港、澳、台等地区的公司把生产基地转移到中国大陆，因此他们的对美出口都变成了中国大陆对美出口，这也是中国对美商品出口的快速增加的另外一个重要原因。美国的许多经济学家也对美国的统计数据提出了质疑，研究美中贸易的美国专家拉迪曾经指出，自1990年以来，美国商务部一直把双边的逆差夸大1/3。[①] 此外，中方还认为，随

① 《中国：数字把戏》，《经济学家》1995年10月14日。转引自楚树龙前引书，第503页。

着经济全球化的发展和跨国投资的增加，现行的国际贸易统计方法也很难反映中美贸易平衡的真实状况。

虽然中国对美国存在贸易顺差，但由于中国对美出口以劳动密集型的廉价消费品为主，其中大部分产品美国早已停止生产，因此，中国对美出口并未对美国的相关产业造成大的冲击，也未引起美国老百姓像对日本巨额贸易逆差那样的担忧，反而每年为美国老百姓节省约140亿美元，有利于缓解美国通货膨胀的压力。为美国提供了40万个直接就业机会，间接就业机会达数百万。尽管随着中国经济的发展和出口产品结构的调整，中美贸易的竞争性略有提高，但在中国加入WTO和美国给予中国永久性正常贸易地位之后，中美贸易的互补性优势必将进一步提高。

表4－2　　美国对华出口前五类商品统计表　（单位：百万美元）

年份 商品种类	1996	1997	1998	1999	2000	1999/2000（%）
出口总额	11978	12805	14258	13118	16253	23.9
机电产品及其零部件	583	741	1014	1381	1747	26.5
运输设备(主要是飞机及其配件)	1725	2129	3605	2326	1698	－27.0
办公及自动化设备	266	344	879	843	1498	77.8
含油种子	422	419	288	354	1020	188.0
通用工业机床及其配件	755	767	674	685	839	22.4
前五项之和	3751	4400	6460	5589	6802	21.7

资料来源：美国商务部（U. S. Department of Commerce）。

表4－3　　美国从中国进口前五类产品统计表　（单位：百万美元）

年份 商品种类	1996	1997	1998	1999	2000	1999/2000（%）
进口总额	51495	62552	71156	81786	100063	22.3
杂项制成品（如玩具、游戏等）	11857	14176	15543	17273	19441	33.2
办公自动化设备	3579	5044	6360	8259	11000	33.2
通信和音像等家用电器设备	4552	5220	6546	7502	9935	32.4
鞋类	6392	7415	8008	8434	9195	9.0
电子机械设备及零部件	3903	4922	5776	7062	9119	29.1
前五类商品进口总额	30282	36777	42233	48530	58690	20.9

资料来源：美国商务部（U. S. Department of Commerce）。

（2）知识产权保护问题

据统计，美国电脑软件业占全球市场75%的份额，仅版权业年产值即高达3500亿美元。此外，这一问题还牵涉到美国国内的政治等因素。[①] 因此，根据1974年《贸易修正案》第182条，也就是所谓的“特别301条款”，美国商务部每年都要确定违反美国知识产权（如违反专利、版权、商标、商业秘密等权利的保护条款，或者拒绝为那些依赖知识产权保护的美国公司提供平等的市场准入条件等行为）的“重点国家”名单，而后与其进行协商，如果不能限期达成协议或认为必要，就对这些国家实施制裁。

知识产权保护问题一度成为冷战后中美经贸争端的主要问题。1991年5月，美方宣布中国未能充分保护知识产权，把中国列入“特别301条款”重点调查对象。11月发出威胁说，如果1992年1月达不成协议将对价值15亿美元的中国商品征收报复性关税。次年1月16日，中美达成了关于知识产权的谅解备忘录，中方承诺加强对知识产权的保护，双方争端暂时得以缓解。1994年2月，美国指责中国执法不力，存在许多盗版工厂和限制美国音像制品进入中国市场，使美国每年因中国盗版损失10亿美元，威胁对中国进行严厉制裁。在报复和反报复的威胁下，双方重开谈判，终于在1995年3月11日正式签署了具有里程碑意义的中美知识产权保护协议。

然而，在达成协议后，美方仍不断对协议执行情况“表示失望”。1996年4月，美国政府再次把中国列入侵犯知识产权的“重点301国家”，并威胁对价值20亿美元的中国商品实行报复，中国也提出了相应的反报复清单。随后经过多轮谈判，双方于6月17日再次达成协议，避免了一场贸易战。中国在达成协议后，不仅加大了对知识产权的保护力度，甚至不惜动用武警部队查封盗版工厂，还增加了美国音像制品的进口，美国也对中国的努力多次表示肯定，至此，中美关于知识产权保护的争端渐渐平息，但问题并未彻底解决，美方仍不时指责中方执法力度不够和存在贸易壁垒，要求中国政府进一步加强执法和向美国的电脑软件和音像制品开放市场，甚至把中国的知识产权保护作为支持中国加入世界贸易组织的一个条件。

（3）纺织品配额问题

多年来，纺织品出口曾经一直居于中国对美出口的首位，中国一度成

---

① 王缉思主编：《高处不胜寒——冷战后美国的全球战略和世界地位》，世界知识出版社1999年版，第252页。

为美国最大的纺织品和服装进口国。但自 1990 年起，美国为了保护国内市场，限制从中国的进口数量，以中国某些公司向美国非法转运纺织品为由，不断单方面削减中国输美纺织品配额，还经常运用所谓反倾销法限制从中国的进口，致使中国在美国纺织品和服装市场所占比重严重下滑，由第一位跌至第四位。

1994 年 1 月 17 日，中美签署了一项为期 3 年的服装和纺织品协议，规定中国输往美国的纺织品和丝绸服装的年均增长率不得超过 1%。1995 年 5 月，美国以中国执行协议不力为由，对中国产的全棉内衣削减 35% 的配额。1996 年 9 月，美国称中国避开配额限制从其他国家向美国转运价值 630 万美元纺织品，宣布向中国征收 1900 万美元罚款。经过长时间谈判，中美于 1997 年 2 月 2 日达成了第五个双边服装和纺织品协议，减少了中国 17 个种类的配额，对中国加入世界贸易组织后服装和纺织品出口的影响更加具体化。①

（4）中国加入世界贸易组织

从 1987 年始，关于中国恢复关贸总协定缔约国地位和加入世界贸易组织的谈判历时 13 年之久，直到 1999 年 11 月 15 日才与美国达成双边协议。其间，中方做出了巨大的努力和让步，主要障碍来自美方。

美方提出，中国必须符合美国规定的“商业上有意义的条件”才能加入，即第一，中国不能按照发展中国家的条件加入；第二，中国必须满足美方在市场准入、经济政策法规和制度以及金融和外汇制度等 30 多个方面提出的要求。② 随着谈判进程的展开，美方的要价不断提高，甚至超出世贸组织的规则。特别是到谈判后期，美国的许多反对意见不是为了美国的总体国家利益，而是出自各利益集团的自身利益考虑。③ 中方的原则立场是，必须以中国的经济实际水平，而不是把未来发展潜力的估计为前

---

① 《新纺织品交易为中国加入世界贸易组织奠定了商业上的基础》，《美国贸易》，第 15 卷，第 6 号（1997 年 2 月 7 日），第 7—8 页。转引自吉姆·赫尔姆斯、詹姆斯·普里斯特主编：前引书，第 63—64 页。楚树龙：前引书，第 537—540 页。

② 具体要求参见楚树龙：前引书和王勇：《最惠国待遇的回合——论 1989—1995 年美国对华贸易政策》（中央编译出版社 1998 年版）相关章节。

③ 如众议院少数党领袖理查德·盖普哈特的选民基础是美国的劳工阶层，担心对华贸易逆差的扩大使他失去支持；参议员杰西·赫尔姆斯的反对主要代表人权和宗教团体；参议员查克·格拉丝利则主要代表伊阿华州的农民。他们都提出了与中国入关不相干的条件，如得不到满足，就反对中国加入 WTO。

提，以发展中国家的身份加入世贸，以“乌拉圭回合协议”① 为依据，在权利和义务平衡的基础上，愿意在谈判中表现出最大的灵活性。②

1989 年之后，中国复关谈判曾一度中断，1993 年 3 月开始恢复谈判。中国与各成员国的双边谈判和与所有成员国的多边谈判同时交叉展开。至次年 9 月，中美双方共进行了 10 轮磋商，尽管中方做出了许多让步，但进展有限；1994 年 11 月 28 日，中国政府决定在年底，即世贸组织正式成立前夕结束中国复关的实质性谈判，但由于美国等少数国家蓄意阻挠、漫天要价而未能达成协议，中国失去了成为世贸组织创始成员国的机会。

1995 年 7 月 27—28 日举行的中国复关非正式磋商日内瓦会议，接受了中国代表团提出的关于在中国复关议定书中写入中国有权享受无条件最惠国待遇条款的要求，这等于否决了美国所坚持的在该问题上世贸协议对中美两国互不适用的无理要求。至 1997 年 7 月，经过多轮谈判和磋商，在关于中国外贸经营权问题、非歧视原则和司法审议两项主要条款达成多边协议，中国承诺到 2000 年中国的平均关税降低到 15% 以下。

1997 年江泽民主席访美期间，承诺中国将参加世贸组织《信息技术协议》。中国国务委员吴仪和美国贸易谈判代表巴尔舍夫斯基就在温哥华举行会晤，双方就市场准入一揽子协议框架进行了详细讨论。克林顿表示，美国将尽一切可能加快中国入世进程。江泽民主席在温哥华亚太经合组织会议上宣布，将在 2005 年把工业品平均关税降低到 10%。但美国等一些国家仍要求中国在金融、电信、法律及会计等行业的服务贸易方面做出更大让步。

1999 年初朱镕基总理访美之前，中美双方就包括农产品、金融、电信、汽车、音像以及纺织品等几乎所有美国产品和服务进入中国市场问题进行了紧张的谈判。朱镕基总理访美期间，中国做出了重大让步，签署了中美就世贸组织问题达成的第一个协议——《中美农业合作协议》，扫清了双边谈判的一个最大障碍。但是，由于克林顿顾忌美国反对力量的攻击，双方并未达成最后协议。虽然中美双方随后加快了谈判步伐，但因发生了“炸馆事件”，谈判被迫终止。直到 1999 年 9 月中美首脑在奥克兰会晤之后才恢复谈判，并在两国首脑的直接干预和促动下，于 1999 年 11 月

① 《乌拉圭回合协议》是指关贸总协定成员国和申请国于 1994 年在乌拉圭谈判达成的协议。

② 刘连第、汪大为主编：前引书，第 435 页。

16 日达成中美双边最后协议。

综观双边谈判过程，美方在谈判中的真正目的，在于充分利用美国在制定规则中的有利地位，迫使中方做出最大的让步，按有利于美国的国际规则改变中国经贸运行机制，为美国产品和服务彻底打开中国市场，谋取最大的经济利益。正如美国贸易代表巴尔舍夫斯基所言，“美国只根据商业条件支持中国加入世贸组织，而不能根据任何别的条件”。因为，“这不是国家间的政治问题，而是钱的问题”。[①] 但是，按照克林顿政府关于“市场导致民主、民主保证和平”的逻辑，美国在关于中国加入 WTO 的谈判过程中，不能说没有政治和安全方面的考虑。克林顿在 1999 年的对华政策演说中强调，如果中国接受世界贸易组织的责任，将为美国进入中国市场提供大量机会，与此同时，将加速中国国内变革和促使中国接受法制。[②] 两国首脑互访之后谈判进程明显加快的事实亦说明，政治考虑为达成协议发挥了重要作用。

(5)“最惠国待遇”以及“永久性正常贸易关系”问题

与中国加入世界贸易组织问题相比，对华最惠国待遇问题从一开始就不是个经济问题，而是政治问题。

根据 1979 年《中美贸易关系协定》，双方应无条件给予对方最惠国待遇。然而，美国根据本国《1974 年贸易法案》第 402 条“杰克逊—瓦尼克修正案”，规定“非市场经济国家”不能享有美国的最惠国待遇，总统虽有权给予这类国家一年的最惠国待遇，但必须经国会审议。1989 年以前，每年 6 月的国会审议基本上都是例行公事，都无条件延长了中国下一年度的最惠国待遇。但自 1989 年 6 月以来，人权、武器扩散、劳改产品、西藏问题乃至计划生育等问题，都开始成为美国反华势力手中的工具，使美国国会关于是否给予中国最惠国待遇的审议变成了“立法大战”。有人形象地比喻说，在美国反华人士眼中，最惠国待遇变成了一个“筐”，中美两国的什么分歧都往里边装。[③] 这种刻意把对华经贸关系政治化的做法，严重制约了中美关系的发展。

---

① 新华社华盛顿 1995 年 12 月 15 日电；转引自楚树龙：前引书。

② President Clinton's Speech on US Policy Toward China, The White House, Office of the Press Secretary, April 7, 1999.

③ 周世俭：《理应是永久性》，《国际贸易》1997 年第 1 期。

面对来自国会的压力，美国行政当局每年都要求中国在一系列问题上做出让步。最严重的是1993年5月，克林顿以总统行政命令的方式首次给对华最惠国待遇附加了人权条件①。结果使双边人权对话陷入僵局，中美关系严重下滑。1994年5月，克林顿不得不取消给最惠国待遇附加条件的做法。但直到第一任期结束，他仍坚持年度审议制度，试图以此迫使中方在人权、经贸以及安全等领域做出让步。但后来的实践证明，年度审议被政治化的做法，对美国在华经济利益造成了严重损害，并给美国总体对华关系造成混乱，达不到预期目的。而且每年辩论的结果都是给予中国最惠国待遇地位。之所以如此，除相关商业团体、知名学者和思想库以及前政要等的大力游说之外，关键在于最惠国待遇是一把“双刃剑”。据世界银行1994年的一份报告，如果取消中国的最惠国待遇，中国当年对美出口将减少42%—96%。但是，美国消费者为了从别国进口的同类产品，不得不多支付140亿美元。

随着中美贸易关系的迅速发展，取消年度审议制度的呼声开始提高。1996年6月7日，美国参议员马克斯·鲍卡斯在国会听证会上指出，美国这种断断续续延长中国最惠国待遇地位的做法所带来的问题多于它所解决的问题。② 包括国务卿奥尔布赖特、贸易代表巴尔舍夫斯基在内的政府官员也提出了类似的主张。到1998年，连克林顿本人也逐渐觉得“每年进行这种辩论没有什么特别助益”，并于同年7月，签署了参议院通过的议案，而且用“正常贸易关系”取代“最惠国待遇”一词。中美达成世贸协议后，克林顿在2000年3月8日正式向国会提交“给予中国永久性正常贸易关系法案”，并带领政府官员展开了20世纪末最大规模的游说行动。该提案虽然遭到了多数民主党议员、劳工、人权以及宗教等组织的反对，但却得到了共和党多数议员、企业界、前政要的广泛支持，特别是得到了民主和共和两党的总统候选人戈尔和小布什的大力支持。2000年5月25日凌晨，美国众议院以237票对197票通过了“给予中国永久性正常贸易关系”议案。该议案的通过对中美经贸关系的发展具有重大的现实和历史意义，因此被称作“美国未来50年中最重要的立法投票”。克林顿表示，“众议院的表决结果，向有利于美国繁荣、中国改革、世界和平的方向迈

① 具体条件请参见本节人权交往部分。

② 美联社华盛顿1996年6月7日电，转引自楚树龙：前引书，第527页。

出了历史性的一步”，“它扫除了中美关系发展中的一道障碍，为中美战略性伙伴关系注入了实质性内涵，将对中美关系发展起积极作用”。

随着美国给予中国永久性正常贸易国家地位和中国加入世界贸易组织，经贸问题政治化的倾向将得到缓解，许多问题将通过世界贸易组织予以解决。但是，中美关于中国加入世贸组织达成协议和美国给予中国永久性正常贸易国家地位之后，美国国会的保守派为了保持在人权、宗教、武器扩散等问题上向中方施压的手段，成立了国会和政府间中国委员会（Congressional-Executive Commission on China），监督中国的人权政策和所谓的违反人权记录，每年向国会提交报告和政策建议，进而采取可能的立法行动。此外，美方在期待大举进入中国市场之余，又提出了所谓的中国能否真正履行协议问题，要求中方为此做出进一步承诺。这无疑为美国将来继续干涉中国内政留下了隐患。

第三节　美国的“对台政策”

如果说，冷战结束以来美国在人权、国际安全和经贸等领域的对华交往分别从不同侧面体现了美国对外政策的三个要素，那么其对台政策本身就反映了美国总体对华政策中的战略价值、经济利益和道德考虑。

战略上，因其地缘战略位置的重要性，台湾在历史上曾经一度作为日本进军东南亚的前进基地，美国进行朝鲜战争和越南战争的后勤基地，以及美国遏制中国的“不沉的航空母舰”和太平洋岛链的重要一环。在信息和高技术武器迅速发展的今天，台湾的地缘战略重要性虽然有所变化，但仍在亚太地区安全结构中居于重要地位。随着亚太地区安全环境的演变，特别是近年来朝鲜半岛和解进程的发展，台湾对美国驻军亚太，维持美国主导下的力量平衡日显重要；经济上，台湾是美国的第六大贸易伙伴，美国军火商的最大买家之一，美台经贸和军事关系对美国有着重要的经济利益；道德考虑方面，台湾近年来的政治生态变化日益被美国的理想主义者推崇为亚太地区民主进程的样板，特别是2000年台湾“总统选举”，实现了国民党与民进党之间的权力和平过渡，美国许多民主和人权斗士便以保卫“民主成果”为由，要求美国政府加强对台湾的“安全承诺”。

鉴于此，美国在声称遵守中美三个联合公报，坚持“一个中国”原则的同时，不断以所谓的《与台湾关系法》等国内法为借口，奉行实质上的

“一中一台”政策，其表现主要在以下三个方面：增强台军防卫作战能力、提升美台实质关系水平、支持台湾加入国际组织。美国国内特别是国会中的亲台保守势力是上述政策的积极推动者。

1. 增强台军防卫能力，维持两岸军力平衡

迄今为止，在“台独”势力和美国亲台分子的大力游说下，美国与台湾的军事关系正在逐步由简单的军售层次向战略合作层次演进，着眼于全面提高台军防卫作战能力。其对台军售已经远远超出了“有限的防御性武器”范畴，曾常驻中国的美国资深记者郃培德指出：

中美关系史上最重要的真相是，美国背离了尼克松、福特、卡特和里根等总统遵守的严正承诺，也就是美国与中国在 1979 年建交后，美方在提供台湾有限的防御性武器上应表现出高度自制。①

1982 年中美签署《八一七公报》之后的十年间，美国在对台军售问题上，基本遵守了逐年减少 2000 万美元的承诺，到 1992 财年，美对台军售总额已降至约 5. 8 亿美元。然而，在美国总统大选前夕的 1992 年 9 月，布什却以大选需要为由，违反他十年前亲自参与制订的对台军售的数量和质量限制，决定向台湾出售 150 架 F-16 战斗机。② 此外，还同意向台湾出售 4 架更为先进的 E-2T“鹰眼”式预警机。该机能监视周围近 500 千米范围内的情况，并可同时追踪十几个目标，从而可以极大地提升台军的侦察能力和范围。两项军售协议合计价值约 67 亿美元，使 1993 财政年度的对台军售不成比例地增加。

很显然，同意如此大规模军售的最重要背景是冷战的结束。它表明，随着冷战的结束，中美战略合作的基础已经动摇。该军售协定的意义已经远远超出了事件本身。以此为标志，根据美国国内的政治需要，维持台湾海峡两

① 郃培德：前引书，第 14 页。

② 美国大选开始以来，民主党就一直攻击布什政府的对华政策过于软弱。在布什的幕僚和竞选班子成员中，主管亚太安全事务的助理国务卿、前驻华大使李杰明，助理国防部长沃尔福威茨，亚太安全事务助理道格拉斯・帕尔等亲台分子，都积极主张不要理会中国政府的反应，批准该项军售。他们认为，这它既可以提高台湾空军的水平，平衡中国购买苏—27 所带来的优势，也可以抵消关于布什姑息北京政权的指责。恰逢此时，由于美国经济不景气，位于得克萨斯州的通用动力公司很可能关闭 F-16 战斗机的生产线，造成工人失业。而得州是布什的政治大本营，如果工人失业，布什将失去该州选票。在布什公布这一决定之前，美国总统国家安全事务助理斯考克罗夫特曾经与布什一道在白宫会见中国驻美大使朱启祯，当面向他解释说，“这项军售既不是为了台湾，也不是为了你们，这完全是因为 F-16 型战斗机的生产线在得州，而得州对布什总统极为重要”。参见郃培德：前引书，第 460 页。

岸平衡开始超过《八一七公报》，成为美国对华政策的优先考虑。①

克林顿总统任期内，美国为了全面提高台军的防空、反舰、反登陆能力，增强其指挥、控制、通信、情报以及预警能力，对台军售数量稳中有升，种类不断扩大、性能不断提高。其中包括："佩里"级和"诺克斯"级巡防舰、反潜机、运输机、远程预警雷达系统、情报电子战系统、改良型机动通信电子系统、电子战系统、改进型"爱国者"导弹以及大量陆战武器系统等。截至1998年底，美国对台军售总额已达170亿美元，占台湾外购武器装备的95%以上，使台湾成为仅次于沙特阿拉伯的美国第二大海外军火买主。2000年，美对台军售数额再次大幅度提升到18.66亿美元。在售台武器的同时，美国还通过向台湾转让高新技术、以租代售、合作办厂等方式，提升台军武器生产和维护水平。美台合作建立了亚太地区唯一的F-16战斗机维修厂，就合作生产改良型爱国者导弹达成协议，甚至还提出要在台湾部署"战区导弹防御系统"。②

表4-4　　美国对台军售金额一览表（1979—2000）

年度	双方军售协议额	商业出口转移额	总计（美元）
1979	520632000	44547000	565179000
1980	455449000	57770000	513219000
1981	309456000	66731000	376187000
1982	524155000	75000000	599155000
1983	698231000	85000000	783231000
1984	703893000	70000000	773893000
1985	697563000	54463000	752026000
1986	508837000	228400000	737237000
1987	507056000	210000000	717056000
1988	501133000	195069000	696202000
1989	524687000	84753000	609440000
1990	500286000	149963000	650249000
1991	473592000	160041000	633633000
1992	477904000	95610000	573514000

① 关于这一点的更多分析，请参阅James Mann，*ABOUT FACE*，pp. 270-272。

② 《国际问题研究》2001年第4期；《台湾周刊》2001年第20期。

续表

年度	双方军售协议额	商业出口转移额	总计（美元）
1993	6276144000	346062000	6622206000
1994	360891000	261869000	622760000
1995	208003000	27760000	235763000
1996	453434000	20941000	474375000
1997	353737000	261136000	614873000
1998	440921000	171858000	612779000
1999	559401000	15457000	574858000
2000			1866000000
总计			18923835000

资料来源：1. 中国社会科学院台湾研究所主编：《台湾周刊》2001 年第 28 期；2. 赖铭传主编：《国际战略形势分析 2000—2001》，国防大学出版社 2001 年版，第 79 页；3. 新华社 4 月 28 日电："谁在为两岸和平制造障碍——评美国对台军售。"

在大力提高台军武器装备"硬实力"的同时，美国越来越注重增强台湾军队的"软实力"。1996 年以来，特别是 2000 年陈水扁当选为台湾领导人之后，美台之间还恢复了中美建交后一度中止了的许多军事交流项目。其中包括：美国和台湾军官之间就战略计划、军事部署、后勤支援、地区安全等问题进行协商；在军事教育和部队训练方面进行合作，每年有 1000 多名台湾军官在美国军事院校接受教育和训练；美国国防部军官访问台湾，对台军防卫作战能力进行实地评估，而后对美国防部提出加强台军作战能力的建议。①

美国的上述行为，不仅使台湾逐步实现了"二代兵力整建计划"，而且逐步使美台军事关系由军售层次向全面提升台军作战能力方向演变，使台军作战指挥控制理论与美军逐步接轨，乃至向美军"协防台湾"方向发展，这完全无异于为"台独"势力撑腰，加大了海峡两岸和平统一的困难，也加大了美国卷入两岸军事冲突的可能性。

冷战结束后的十年间，美国在把对两岸政策限定在中美三个联合公报和《与台湾关系法》的框架之内的同时，不断通过国会修正案和政府声明的形式，"模糊并颠倒"二者的关系。《与台湾关系法》的核心内容集中

① 《国际问题研究》2001 年第 4 期，第 39 页。

体现在以下六点政策声明之上：

（1）维护并促进美国与台湾人民和中国大陆人民以及西太平洋地区所有其他人民之间广泛、亲密和友好的商务、文化和其他关系。

（2）宣布该地区的安全和稳定是美国的政治、安全和经济利益，也是国际关注之事。

（3）清楚地表明美国和中华人民共和国建立外交关系是基于台湾的未来将以和平方式解决这一期待上。

（4）任何企图以非和平方式决定台湾前途的努力，包括抵制、禁运等方式，都是对西太平洋地区和平和安全的威胁，并为美国严重关注之事。

（5）继续向台湾提供防御性武器。

（6）保持美国抵御任何诉诸武力或其他强制形式而危及台湾人民安全和社会与经济制度的能力。

三个联合公报的核心是美国坚持“一个中国”政策，《与台湾关系法》的关键是美国关注台湾问题必须以和平方式解决。体现在售台武器问题上，所谓《与台湾关系法》优先于《八一七公报》的修正案虽然不具有约束力，但意味着美国将主要根据《与台湾关系法》的需要履行对台湾安全的承诺，当然，美国也不能完全忽略中美联合公报的规定，因为美国政府毕竟没有公开声称后者失效。换句话说，美国对两岸政策的前提，是台湾问题的和平解决，如果美国认为中国的对台政策不符合这一前提，美国将超越《八一七公报》的制约，而按照《与台湾关系法》行事。美国这种把国内法凌驾于国际法之上的做法显然是强权政治的表现，但由于两个文件在文字上的差异和优先顺序上的模糊，使得美国行政当局在解释对台军售等政策时具有相当的弹性。这种弹性成为美国维持两岸政策平衡，“奖惩”两岸任何一方的筹码。①

2. 提升美台“实质关系”，支持台湾“务实外交”

美国奉行“一中一台”政策的努力，还表现在大力提升美台“实质关系”水平方面。可以说，冷战结束后的十年是美台实质性官方关系不断发展并逐步公开化、制度化的十年，这与台湾当局推行“务实外交”的努力不谋而合。从 1989 年开始，美、台高级政府官员和许多前政府要员便以“私人访问”或“过境”或“度假”等名义进行互访，如蒋彦士、陈履

① 郝雨凡、张燕冬主编：前引书，第 201 页。

安、郝伯村、章孝严等台湾“部长级”官员都曾到美国活动；美国前总统福特、前国防部长卡卢奇、前国务卿舒尔茨等先后访问台湾。1992 年 6 月，台湾“司法院长”林洋港对美国进行了为期3 周的访问；11 月，美国总统贸易代表西尔斯访台，并会见了台湾正副“总统”李登辉和郝伯村。至此，美台正式突破 1979 年以来的禁令，实现了内阁部长级官员互访。

克林顿上台后，虽然仍保持美台非官方关系的基本框架，但包括许多所谓的中国问题专家在内，都主张改善与台湾的关系，根据冷战后的需要，“立即调整对台政策，以便将台湾牌作为遏制中国的重要手段”①。1994 年 9 月，克林顿政府以“承认台湾在经济和政治方面取得的成就”，“确保美在台的经济、商业和文化方面的利益”为名，宣布了“对台政策调整框架”。它规定：允许建立美台内阁副部长级对话；允许美台官员在白宫和国务院以外的政府机构中进行会晤；允许美国经济、技术部门的内阁成员访台；支持台湾加入不限以国家为基本会员单位的国际组织；同意台湾驻美机构“北美事务协调委员会”更名为“台北驻美经济文化代表处”；允许台湾“总统”、“副总统”、行政院长等出访途中在美国过境。这是自中美建交 15 年来美国政府首次就其对台政策“全面审议”之后作出的系统性调整，在许多方面突破了以往的美台非官方关系框架，为进一步提升美台实质性关系提供了政策保证。其中，将台湾驻美机构“北美事务协调委员会”更名为“台北驻美国经济文化代表处”、支持台湾加入非主权国家加入的国际组织、允许台湾领导人在美过境等规定，目的在于提高台湾在美国公众以及国际社会中的“声音”，无异于公开支持对台湾当局的“务实外交”。

1995 年初，台湾当局以参加美国康奈尔大学同学会的名义，要求美国行政当局允许李登辉对美国进行私人访问。对此，美国国务卿克里斯托弗曾在不同场合多次表示，鉴于李登辉身份特殊，即使只是“私人访问”也“难以符合我们同台湾的非官方关系性质”，美国“将拒绝给李登辉发放签证”，并向中方进行了通报。② 然而，5 月 22 日，美国政府却自食其言，

---

① 1994 年初，美国国家安全事务委员会同美国国务院、国防部以及美国参众两院主管外交事务的负责人，联合撰写了《东亚地区战略调整》的调研报告，报告最后部分专门强调了这一观点。转引自朱成虎主编：前引书，第 179 页。

② 《人民日报》1995 年 5 月 26 日，第 3 版。

以种种借口允许李登辉对美实施“私人访问”。至此，在克林顿政府上台不到两年半的时间内，美国亲台势力“以台制华”的企图便发展到相当严重的地步，公开为“台独”活动提供舞台，给中美关系造成了长远的不良影响。

美国提升美台关系的努力还体现在，美国政界、舆论界以及思想库中同情、支持“台独”、公开主张“一中一台”的言论日益明目张胆，有的甚至公开叫嚣要保卫台湾和支持台湾加入一些只有主权国家才能加入的地区和国际组织。前任驻华大使李杰明、洛德等人多次攻击中国的“主权观已经过时”；某些舆论工具和思想库建议，以提升美台关系作为牵制中国的一张牌，以代替不起作用的“最惠国待遇”和“人权牌”；美国的一些军工企业为了经济利益，公开鼓吹“保卫台湾”；那些主张将人权作为外交重点的美国人，更是把台湾作为“民主样板”，同情“住民自决”的“台独”言论，支持台湾争取国际承认的种种动议。值得注意和警惕的是，由于亲台势力的宣传和媒体的影响，越来越多的美国人倾向于把台湾视为一个国家，而很少再提“中华民国”。①

3. 美国国会与美台关系

鉴于台湾与美国的非官方关系性质，台湾当局多年来极力发展与美国国会议员及其助手、州长和州议员、重要城市的官员以及关键媒体负责人的关系。他们不断邀请上述人员到台湾访问，培养他们的亲台情结。美国前总统克林顿担任阿肯色州州长之时，就曾 4 次访问过台湾。此外，台湾还设立专门基金，加强与美国各主要大学和思想库的联系，不断举办关于台湾问题的研讨会，博取他们对台湾的同情。20 世纪 90 年代以来，台湾当局利用设在美国的公关公司加大了对国会议员及其助手的工作力度，并很快与那些企图牵制中国发展的美国政客找到了利益的交汇点，使他们成为“台独”势力的最大支持者。

美国国会极力支持对台军售，鼓吹保卫台湾。早在“北京政治风波”之后，美国国会就于 1989 年 7 月通过了“关于台湾前途的政策”的第 285 号修正案。该修正案强调，“美国和中华人民共和国之间的良好关系取决于中国当局不使用武力解决台湾前途或不以武力进行威胁的意愿”，并首

① 王缉思主编：《高处不胜寒——冷战后美国的全球战略和世界地位》，世界知识出版社 1999 年版，第 265 页。

次提出“台湾的前途应该以台湾人民能接受的方式来决定”。[①] 台湾当局便借机分化美国朝野和政府各部门之间的对华政策共识。

1992 年，100 多位国会议员写信给布什总统，要求他向台湾出售 F-16 战斗机，“以确保台湾对中国的反制能力”。同年 8 月 5 日，又有约 200 名国会议员签署请愿书向白宫施压，促使白宫决定向台湾出售 F-16 战斗机。在冷战结束后的所有大宗对台军售案中，国会都起到了重要的推动作用。1999 年 7 月 1 日，参议院以 97∶2 票压倒多数通过了“海外运作法案”，其中规定，美国行政部门向台湾出售武器，必须先与国会咨商。从而在对台军售问题上，加快了国会由传统的“被动接受”向“主动参与”的角色转换步伐。[②]

1994 年 4 月，美国国会通过了含有多项反华条款的《对外关系授权法》，建议总统解除对台军售限制、派遣内阁官员访台、支持台湾加入国际组织。当克林顿于 1994 年 4 月 30 日签署该法案时，他向中国公开保证，法案中不具约束力的语言不会改变美国对华和对台基本政策。但与此同时，国务卿克里斯托弗却在给参议员麦考斯基的私人信件中暗地里确认，行政当局同意《与台湾关系法》优先于《八一七公报》的立场。1995 年 5 月，美国众议院再次通过了《与台湾关系法》优于《八一七公报》的修正案。同月 16 日，美国国务院发表声明宣称，“毫无疑问，《与台湾关系法》优先于同中国的联合声明所表达的政策立场”。[③]

1996 年 2 月，78 名国会议员以中国大陆军事演习对台湾构成威胁为由致函克林顿总统，敦促他“以最强硬的措词表达对北京最近对台湾的威胁的关注”，要求尽快批准向台湾提供“爱国者”导弹防御系统。3 月 11 日，众议院国际关系委员会开始了所谓“台湾安全问题”听证会，参众两院还分别通过议案，要求美国行政部门重新研究“使台湾保持充分自卫能力可能需要的美国防御物资和服务”，甚至公开鼓吹采取明确行动“协防台湾”。[④]

1998 年，克林顿的“三不”承诺发表之后，美国参议院多数党领袖

---

① *Congressional Record*, July 19, 1989, pp. 8159 – 8160；转引自苏格：前引书，第 632 页。

② 严峻：《冷战后美国国会对美台关系的影响》，《台湾研究》2001 年第 1 期。

③ 苏格：前引书，第 726—728 页；楚树龙：前引书，第 287—288 页；朱成虎主编：前引书，第 179—180 页。

④ 严峻：《冷战后美国国会对美台关系的影响》，《台湾研究》2001 年第 1 期。

洛特指责克林顿的讲话“犯了严重错误”，“产生了相反的效果”。随后，参众两院先后通过了一项不具有约束力的议案，声称美国将继续向台湾出售武器，并敦促克林顿要求中国承诺不以武力实现海峡两岸统一。[①]

1999 年 3 月，美国参议员赫尔姆斯和托里切利等人提出了“增强台湾安全法案”，对美国对台军售、军事科技援助以及其他军事合作提出许多具体要求，并要求向台湾提供战区导弹防御系统、潜艇以及宙斯顿驱逐舰，加强及重建美台在军事人员训练、作战指挥、通信联系等方面的合作关系等。2000 年 2 月 1 日，众议院以 341：70 票压倒多数通过了该项法案。一旦该法案成为法律，将大幅提升美台安全关系水平，甚至等同于美台再次结为军事联盟。

支持台湾当局“务实外交”的努力主要来自美国国会亲台保守势力。1994 年 10 月，美国参众两院分别通过《1994 年移民及国籍技术法修正案》，在附属条款中规定，“台湾的总统或其他高层官员，为与美国联邦或州政府官员讨论相关事项而申请访美时，应获准进入美国”。1995 年 5 月 2 日，美国众议院全体会议以 396：0 票的表决结果，通过了邀请李登辉访问美国的决议；5 月 9 日，参议院以 97：1 票通过了同样的决议，与此同时，美国的许多媒体也公开支持李登辉访美。面对国会的压力、1996 年大选的考虑和对中国可能反应的误判[②]，加之克林顿本人的台湾情结，美国政府签发了李登辉访美的签证。

美国国会亲台保守势力积极支持台湾加入国际组织的努力。1993 年 3 月和 9 月，参议员利伯曼和达马托分别正式提案呼吁美国政府支持台湾加入联合国。此后，美国国会几乎每年都通过决议支持台湾加入联合国等国际组织。值得注意的是，至 1995 年，全美国已有 36 个州和 3 个属地的议会通过了“支持台湾加入联合国”的决议。在美国亲台保守势力的大力支持下，至 1998 年底，台湾共获得了在亚洲开发银行、中美洲银行、亚太经合组织等 12 个政府间国际组织中的正式成员资格并成为 900 多个非政

① 新华社 1998 年 7 月 11 日电。

② 据悉，当时美国国务院设想中方可能有三种反应：第一，中方可能采取危及中美关系本身的措施，包括召回大使等激烈行动；第二，中国在另外一些领域，采取行动对美国进行报复；第三，中国对美国提出措辞强硬的抗议，但不会采取过激的行动。结果认为第三种可能性最大。苏格：前引书，第 737—738 页。另据报道，早在美国政府同意李登辉访美之前的几周内，国务院曾设想中国人民解放军可能会采取军事行动。但主管亚太安全事务的助理国务卿洛德却认为，不需要以军事行动来威胁白宫，并指示其助手删去了这一预测。参见 James Mann，*ABOUT FACE*，p. 328.

府间国际组织成员。[1] 2001 年，台湾在中国大陆之后，正式加入了世界贸易组织。世纪之交，美国国会还两次通过议案，包括含有支持台湾参与世界卫生组织条款的《2000 年综合拨款法》和《支持台湾参与世界卫生组织》议案，并获得克林顿总统签署。

4. 美国对两岸的“承诺”与“两岸平衡”政策

（1）“三不”承诺

1995 年 8 月，为了缓解李登辉访美对中美关系带来的严重后果，克里斯托弗与钱其琛在文莱进行了会晤并转交了克林顿致江泽民主席的一封信。克林顿在信中做出承诺：美国将 1）反对或抵制台湾为获得“独立”而做出的努力；2）不支持“两个中国”或“一中一台”；3）不支持台湾加入联合国。这就是江泽民访美后美国政府以口头形式做出的“三不”承诺的最初版本。[2] 克林顿政府后来在公开的声明中把“反对或抵制台独”改为“不支持台湾独立”，把“不支持台湾加入联合国”改为“不支持台湾进入只有主权国家才能进入的国际组织”。

从许多方面来看，克林顿的承诺与尼克松和基辛格在 20 世纪 70 年代初的承诺十分相似[3]，但鉴于台湾即将进行首次“总统直选”，宣布独立的可能性远远大于 20 世纪 70 年代，岛内主张“重返联合国”的势力越来越嚣张，此时的承诺，特别是公开承诺更具有现实意义。可以说，这是克林顿就任总统两年半以来首次在对台政策上对中国政府做出的积极的重要承诺。1998 年访华期间，克林顿在上海再次以口头形式公开重申对台“三不”承诺之后，台湾舆论一片哗然，这表明该承诺对台湾分裂势力的打击是沉重的。

“六项保证”（Six Assurances）如同在中美签署建交公报之后美国立即通过了所谓的《与台湾关系法》一样，1982 年里根政府在与中国大陆签

---

① 据悉，当时美国国务院设想中方可能有三种反应：第一，中方可能采取危及中美关系本身的措施，包括召回大使等激烈行动；第二，中国在另外一些领域，采取行动对美国进行报复；第三，中国对美国提出措辞强硬的抗议，但不会采取过激的行动。结果认为第三种可能性最大。苏格：前引书，第 737—738 页。另据报道，早在美国政府同意李登辉访美之前的几周内，国务院曾设想中国人民解放军可能会采取军事行动。但主管亚太安全事务的助理国务卿洛德却认为，不需要以军事行动来威胁白宫，并指示其助手删去了这一预测。参见 James Mann，*ABOUT FACE*，p. 328.

② James Mann，*ABOUT FACE*，p. 330.

③ 尼克松访华期间曾向中国总理周恩来做出了五点承诺，其中前两点为：（1）台湾的地位已经决定，即只有一个中国，台湾是中国的一部分；（2）不支持台湾独立。参见 James Mann，*A-BOUT FACE*，p. 46.

署了《八一七公报》之后，宣布了对台湾安全的六项保证：1）不改变《与台湾关系法》；2）不寻求担任北京和台北之间的调解人；3）不设定对台军售终止日期；4）不在对台军售之前同北京磋商；5）不改变对台湾主权的立场；6）不逼迫台北与北京谈判。

在1997年江泽民主席访美前夕，美国主管亚太事务的助理国务卿斯坦利·罗斯在给参议院外交委员会的书面答复中声称，这（六项保证）也是现任政府的立场。① 美国在台协会主席卜睿哲也分别在不同场合强调了上述六项保证中的相关内容。

（2）“三根支柱”

1999年7月，当中美关系因“炸馆事件”而陷入低谷之时，李登辉在接受德国之声电台采访时公然抛出了“两国论”，即台湾海峡两岸是“国家与国家，至少是特殊的国与国关系”。对此，克林顿政府较迅速地做出了反应。国务院发言人鲁宾重申，美国将继续坚持“一个中国”政策和“三不”立场，认为“两国论”不利于两岸对话，“不认为这一插曲是有帮助的”。克林顿本人也在与江泽民主席的电话交谈中重申了自己的承诺，并在记者招待会上提出了所谓的美国对两岸政策的“三根支柱”，即一个中国、两岸对话、和平解决。此外，美国总统克林顿还分别派遣卜睿哲前往台湾，斯坦利·罗斯和李侃如赴大陆，进一步向海峡两岸阐明其上述立场。②

在同年9月11日的APEC奥克兰会议期间，克林顿总统在与江泽民主席的会晤中说，李登辉提出“两国论”是在“制造麻烦”。但与此同时，克林顿还声称，美国将非常严肃地看待北京与台北之间的任何和谈被取消的事。2000年，克林顿宣布给予中国永久性正常贸易关系（PNTR）地位提案时又强调“台海争议必须和平化解，同时应得到台湾人民同意”。台湾当局认为，“和平化解”意味不得动武，“人民同意”意味不得强加于台湾人民，并认为这“两不”与克林顿先前提出的“三不”形成对照，有利于台湾。

2000年3月18日，民进党的陈水扁当选为台湾“总统”。他在就职演说之前就提出了争取“让美国人民满意，让岛内民众接受，让大陆无法动武”的“三原则”，希望以此打消美国对他这位过去高呼“台湾独立万

---

① 台“中央社”华盛顿1997年10月30日电。

② See Ramon H. Myers, *et al* (eds), *MAKING CHINA POLICY*, Rowman & Littefied Publishers, Inc 2001, pp. 193 – 194.

岁”的人当选后的担心。在5月20日举行的就职演说中，陈水扁又提出所谓的“四不一没有”：“只要中共无意对台动武，本人保证在任期之内，不会宣布独立，不会更改国号，不会推动两国论入宪，不会推动改变现状的统独公投，也没有废除国统纲领与国统会的问题。”①

对此，美国政府虽未出台新的对台政策，但对台湾的选举结果却公开表示赞许，称其为“民主成就”。“5·20”之后，美国对陈水扁的就职演说表示肯定，并派政府要员频繁到两岸活动，试图促使大陆对陈水扁的大陆政策给予所谓的“积极和建设性”回应。但陈水扁的各项“承诺”并没有减缓其实施“务实外交”的步伐。陈水扁在拒绝承认“一个中国”原则的同时，继续进行“过境外交”、“进入联合国”和“世界卫生组织”等“台独”活动。而克林顿政府的反应仍是一方面重申美国恪守“一个中国”政策，一方面在使用武力问题上向大陆施加压力。虽然美国政府无数次重申坚持“一个中国”的立场，其内涵已经发生了悄悄的、但却是实质性的变化。它在官方正式声明中从来不肯提“台湾是中国的一部分”，甚至不肯像1979年《中美建交公报》那样“承认中国的立场，即台湾是中国的一部分”。这只能说明它在声明“只有一个中国”立场时，故意留下“还有一个台湾”这个伏笔。② 近年来，美国国会的立法和政府政策调整，也为美国进一步奉行实质上的“一中一台”政策提供了法律和政策保证。

第四节　结束语

在20世纪的最后十年，美国对华关系经历了由“联华抗苏”到“全面交往”的转变。这一转变过程充满波折而且尚未完成。

冷战期间，尽管中美两国的“个性”有着巨大差异，但为了生存而进行战略合作是双边关系的大局。在这个大局之下的两国关系，不需要考虑更多的经济、政治、文化及社会等因素。冷战结束后，特别是随着中国改革开放进程的不断深入，中美两大社会之间的差距比以前大大地缩小了，但分歧反而比以往增加了许多。双方在经贸、科技、环保、打击跨国犯

① “陈水扁就职演说全文”，《联合早报》2000年5月20日。

② 王缉思（主编）：《高处不胜寒——冷战后美国的全球战略和世界地位》，世界知识出版社1999年版，第262—263页。

罪、文化、教育以及司法等低度政治领域的合作空前活跃和广泛，但双方在高度政治领域，如军事技术领域的合作却受到严格限制；美国政府积极推动对华交往政策，但并未减缓其强化亚太地区联盟体系、维持亚太地区驻军、防范中国的步伐。上述现象产生的根源在于，随着冷战的结束，中国在美国对外政策三要素中的地位发生了变化。

第一，中国在美国对外政策中的战略价值的性质发生了变化。两国关系互动着眼于第三国挑战的历史让位于两国政府和两大社会的直接、深入、全面交往，双边的问题开始起主导作用，美国对华政策由注重战略合作转向合作与防范并存。第二，随着中国经济的迅速发展和融入世界经济进程步伐的加快，双方在经济领域的共同利益正在逐步取代地缘战略合作成为中美关系的新基础，但围绕游戏规则的“磨合期”远未结束。第三，美国“和平演变”中国的欲望随着冷战的结束而加强。随着信息技术的发展和经济全球化进程的加快，两国在低度政治领域的相互交往与渗透日益扩大，两国鲜明的“个性”差异充分暴露在两国政府和广大公众面前，远远超出了“基辛格式”秘密外交的掌控范围，矛盾与摩擦的增加实属难免，而美国始终不放弃干涉中国内政的做法，又加剧了中美之间的摩擦。此外，中国的政策调整与变化也对美国的对华政策产生影响。

作为冷战后当选的第一位美国总统，克林顿的对华政策从“决不姑息北京的暴君们”，逐步发展到致力于建立“建设性战略伙伴关系”。这一变化本身即反映了美国对冷战后自身和中国在世界上的地位的认识过程，是美国国内各派力量之间较量以及中美两国相互作用的结果。尽管这一提法在后来并没有被美国国内普遍接受，但它在一定程度上反映出两国在面对冷战结束后全球化加速发展的形势下，世界上最大的发达国家和世界上最大的发展中国家之间努力探索新的相处之道的一种有益尝试，这种尝试为后来中美关系的稳定发展提供了相当宝贵的经验。

事实表明，从克林顿访华到总统任期结束，对华“遏制”派的势力从未消失，不断掀起反华逆流，20 世纪 90 年代中期以来甚至形成了誓言为之共同奋斗的“蓝队”。他们攻击克林顿政府把经济利益置于战略价值和道德考虑之上，重视中国而忽视了盟国，并誓言要改变这一状况。这在后来小布什政府执政的初期表现得尤为明显。

然而，冷战结束十年来，双方对各种危机的处理过程和结果也表明，两国对危机的承受能力日益增强，应对方式也日趋成熟。在中国“入世”

和“永久性正常贸易关系”的谈判过程中，双方的互动和渗透性亦得到了充分体现。经贸领域的争端正在从带有浓厚感情色彩的相互谴责，逐步转向诉诸规则和法律。双方的有识之士也越来越注重从更深层次上看待对方，以战略的眼光来思考和把握双边关系。致力于加深两国人民相互了解和建立信任的努力，也在各层次、各领域展开。在过去的十年中，中美战略和政治关系跌宕起伏，摩擦不断，并成为人们关注的焦点，但与此同时，中美两大社会交往的广度和深度超过了历史上任何时期。正如一位中国著名中美关系专家所说：“中美政治关系在冷战后多次出现曲折，而双边的交流却呈现持续扩大的趋势，这只能说明两国利益的汇合点在逐步增加而不是减少。”①

① 王缉思：《加深相互了解　扩大战略共识——写在克林顿总统访华之前》，《人民日报》1998年6月16日，第6版。

第五章

新世纪以来的中美关系

第一节　确立两国的建设性合作关系

在克林顿当政的头三年多时间里，由于美国外交政策在后冷战时期的迷失，美国缺乏一项明确的、前后一贯的对华政策，中美关系受到人权问题、台湾问题等冲击而一再起伏，尤其是人权问题一度曾左右中美关系。从 1996 年 5 月以后，克林顿政府意识到中美关系对美国的重要性，其政策也转向寻求稳定和改善对华关系，并于 1997 年秋与到访的江泽民主席达成了共识，“共同致力于建立中美建设性的战略伙伴关系”。①

但当时美国社会对华政策的共识仍然脆弱。上述两国元首的互访受到共和党的强烈批评。1999 年 8 月，时任得克萨斯州州长的乔治·沃克·布什曾在接受 CNN 访谈时批评克林顿总统的建设性接触政策，说“总统（克林顿）把中国称为战略伙伴是犯了一个错误，我认为他给中国发出了很糟糕的信号……下一任总统应该明白，我们能够找到一些意见一致的领域诸如开放他们的市场，也应该知道他们应被看作竞争者，一个战略竞争者”。② 11 月 19 日，他在加州里根图书馆发表对外政策演讲，又表示“中国是竞争者，而不是战略伙伴”。③ 进入大选年，布什团队不断攻击“战略伙伴”的说法，重弹所谓中国是“战略竞争者”的老调。在 2000 年共和党竞选纲领中，涉及中国和中美关系的论述基本上强调了两国关系的消极面，认为美国对华政策被“误导”了，克林顿的北京之行是“尴尬的总统

---

① 世界知识出版社编：《努力建立中美建设性的战略伙伴关系》，世界知识出版社 1998 年版，第 4 页。

② “Bush Backs Taiwan, Blasts Clinton Policy”, *China News*, 16 August, 1999. http://www.fas.org/news/taiwan/1999/cn-08-16-99-7.htm.

③ “George W. Bush Foreign Policy Speech”, November 19, 1999.

叩头”和“对长期盟友日本的公然侮辱”，“美国在亚洲的关键挑战是中国”。[①] 新保守派代表人物沃尔福威茨认为，中国正在“成为美国及其盟友在下一个世纪上半叶的主要战略竞争对手和潜在威胁”。[②] 布什的主要外交政策顾问、他第一任期的国家安全事务助理赖斯也写道：“中国不是‘现存的’大国，而是一个试图改变亚洲力量均势并使自己得到好处的大国，仅凭这一点，它就是一个战略竞争者，而不是……‘战略伙伴’。”[③]

布什就职后给二十多个国家的领导人打了电话，但就是不给中国领导人打电话，显然是故意冷落中国。布什强调美国在亚洲的盟友日本和韩国的重要性，将中国置于日、韩乃至俄、印之后。

2001 年 4 月 1 日中美军机在海南相撞本身是一次偶发事件，但它却加剧了中美关系的紧张程度。事件发生后，布什既没有选择通过中美首脑热线同江泽民主席沟通，也没有像以前中美关系出现危机时那样派出特使，而是坚持在工作层次上同中国进行沟通，甚至频频通过媒体放话，显示强硬姿态。[④] 与此同时，布什政府在处理“撞机”事件中也表现出一定的节制。在这个事件中，没有任何美国高层官员表示美国机组人员在中国被扣为“人质”，事件的解决也排除了军方更为强硬的意见而立足于外交渠道。布什和国务卿鲍威尔都对中国飞行员的失踪表示“遗憾”，并称美中两国能够“找到可以成为伙伴的领域”。[⑤]

事件发生后，中方面临三种选择：人机都不放；人机同时放；先放人，后放机。中方选择了第三种方案。事实证明人机分离是正确的选择，如果把美国 24 个机组人员扣在中国时间太长，势必引起美国民众的强烈反感；何况美国的复活节（4 月 15 日）已经临近。但如何才能放人？江泽民主席在 4 月 4 日出访拉美前指示外交部“道歉放人”，为问

---

① Republican Party Platform of 2000，http：//www. presidency. ucsb. edu/site/docs/doc _ platforms. php? platindex = R2000.

② Strobe Talbott，“U. S. – China Relations in a Changing World”，in Christopher Marsh and June Dreyer，eds.，*U. S. – China Relations in Twenty – first Century：Policies，Prospects，and Possibilities*，Lanham，MD，Lexington Books，2003，p. 7.

③ Condoleezza Rice，“Promoting the National Interests”，*Foreign Affairs*，January/February，2000. p. 56.

④ Robert Sutter，“Grading Bush's China Policy“，*PacNet Newsletter*，No. 10，March 8，2002，http：//www. csis. org/pacfor/pac0210. htm；中国社会科学院美国研究所课题组编：《布什言论：2001 年 1 月 16 日—12 月 31 日》，第 41—43 页。

⑤ 《布什言论：2001 年 1 月 16 日—12 月 31 日》，第 47 页。

题的解决指明了道路。4 月 5 日，正在智利访问的江泽民主席发表讲话指出，美方应就美国侦察机同中国战斗机相撞一事向中国人民道歉；中美两国领导人必须就这件事找出一个解决方案，因为这样做有利于中美两国关系的大局；对此事件应该小心谨慎地处理。4 月 6 日，钱其琛复信鲍威尔，在指出美方表态仍难为中方接受后明确表示，美方正视事实，采取积极态度，承担自己的责任，向中国人民道歉，对解决问题至关重要。①

此后，在4 月4—9 日间，中美双方谈判代表进行了九次会晤，讨论解决办法，磋商美方致歉信的文稿。美方的措辞从最初的 regret（遗憾）改为 sorry（抱歉，遗憾），最后又改为 very sorry。在接受道歉方面，中方体现了灵活性，中方起初要求的是“apologize”，最后接受了“very sorry”。11 日，美方向中方递交了致歉信。美方在信中“对飞行员王伟的失踪和他驾驶的战斗机的坠毁深表歉意”，对美方飞机“未经口头许可而进入中国领空并降落深表歉意”。② 次日，美方 24 名机组人员乘美国租用的商业包机回国，事件处理的第一阶段结束。

4 月 12 日下午，中国外交部发言人在记者招待会上表示，中美双方将于 18 日就撞机及相关事宜继续进行谈判，包括造成撞机的原因、美方停止派飞机到中国近海进行侦察活动、如何避免今后发生类似事件及其他问题。实际上，在美方机组人员回国后，美方态度重趋强硬。在 4 月 18 日的谈判中美方表示，如不讨论美机返还问题，美方将拒绝参加谈判。此后谈判断断续续，一度难以进展。

4 月 29 日，中方通知美方，鉴于中方调查取证工作已经完成，中方决定同意美方派人赴陵水机场察看美机，并讨论如何解决美机处理问题。5 月 15 日，布什在白宫会见亚裔领袖时说，尽管发生了撞机事件，美国仍希望与中国发展双边关系，美国无意把中国视为敌人，更无意与中国对抗。③

---

① 《人民日报》2001 年 4 月 8 日。

② 吴建民：《外交案例》，中国人民大学出版社 2007 年版，第 323—334 页；张沱生：《中美撞机事件及其教训》，张沱生、史文主编：《对抗、博弈、合作——中美安全危机管理案例分析》，世界知识出版社 2007 年版，第 282—306 页。

③ 郝雨凡、张燕冬主编：《限制性接触——布什政府对华政策的走向》，新华出版社 2001 年版，第 7 页。

5 月 8—28 日，双方就 EP-3 侦察机回国问题进行了多次交涉。最初，美方坚持要派人来修复飞机，然后让飞机飞返美国。中方不能接受这一办法，认为这将严重损害中国的尊严。5 月 17 日，美方表示同意将飞机拆解后用民用运输机运走。6 月 2—5 日，双方就美机返还问题进行最后磋商，并以换文形式达成协议。7 月 3 日，美国 EP-3 侦察机在拆卸成四个部分后，租用俄罗斯的安-124 大型运输机运回国内。在拆运过程中，双方进行了良好的合作。至此，撞机事件彻底解决。

撞机事件给中美关系造成了一定的冲击，尤其对两国人民的感情是有伤害的。但两国政府都注意不让事态扩大，限制事件对中美关系的实质性影响。美国对华永久性正常贸易关系立法要到中国加入世界贸易组织后才正式生效，由于中国还没有正式加入世界贸易组织，因此当年美国仍然需要延长对华正常贸易待遇，在这个问题上布什政府没有制造麻烦。当年北京正在申办 2008 年奥运会，6 月 25 日，布什政府宣布在北京申奥问题上保持中立。美国没有对北京申奥设置障碍。6 月 28 日，唐家璇外长应美方要求与鲍威尔国务卿通电话，鲍威尔表示，因撞机事件造成的不愉快已经成为过去。[①] 7 月 5 日，布什总统给江泽民主席打电话，表示美中关系至关重要，两国可以在许多国际问题上合作。[②] 这是布什上任后第一次给江泽民打电话。7 月上旬，中国决定恢复美国海军舰只对香港的例行访问。两国关系逐渐恢复。

7 月底鲍威尔国务卿对中国的访问是两国关系恢复的一个重要信号。鲍威尔访华表明中美恢复了高层互访，美国对双边关系进行了重新定位。在访问中国之前，鲍威尔已数次表示美国不寻求与中国为敌。在访问中，他在与中国领导人会晤时和接受中央电视台的专访中都表示，美国希望同中国建立友好的关系、建设性的关系，希望中国继续发展和进步，愿在寻求合作中相互促进，并表示布什总统殷切期待着对中国的访问。谈到对中美关系的定位时，他说他不选择“伙伴”和“敌人”这两个词中的任何一个，“美中关系如此复杂，包括很多方面，所以简单地用一个词来涵盖是不正确的。这是一个复杂的关系，但也是一个将越来越建立在友谊和信任

① 《人民日报》2001 年 6 月 29 日。

② 《人民日报》2001 年 7 月 6 日。

的基础上的关系、建立在共同努力解决问题的基础上的关系”。[①] 鲍威尔的这一说法是对“战略竞争者”提法的修正。它表明，布什政府已经正式决定以后不再用“战略竞争者”或“竞争者”的说法来定位两国关系。这次访问是修复两国关系的一个努力，可见在“9·11”之前，中美关系已经开始改善。

2001年9月11日恐怖主义对纽约、华盛顿的袭击让美国决策者意识到，非传统威胁是对美国国家安全的真正的、迫在眉睫的威胁，布什宣布美国处于战争之中。反恐被列为美国的第一要务，客观上为中美关系的发展提供了契机。“9·11”当晚，布什主持国家安全委员会会议。他在会上提出，恐怖主义袭击为与俄罗斯和中国的合作提供了“异乎寻常的机会”。[②] 中国在“9·11”后迅速做出反应，事发五小时后江泽民主席致电布什总统，向美国政府和人民表示深切慰问。[③] 9月12日晚，江泽民应约再次与布什通电话，布什表示期待与江主席和国际社会其他领导人一起，加强合作，共同打击国际恐怖主义，并希望两国在安理会加强这方面的合作。江泽民表示，中方十分关心救援工作的进展，并愿向美方提供一切必要的支援和协助，从而表明了中国的反恐立场，表达了合作打击恐怖主义的意愿。

随后，唐家璇外长于9月20日访美，并同布什、鲍威尔和赖斯会晤，两国就反恐合作、布什访华达成重要共识。尽管由于形势需要，布什推迟了原定的对华访问，但仍然参加了10月下旬在上海举行的亚太经合组织领导人非正式会议。布什在起程前夕接受亚洲编辑圆桌采访时表达了改善中美关系的愿望，强调“美中两国保持良好的关系是多么的重要”，强调“支持一个中国的政策，而且我也期望我们和平地消除分歧”，两国将在

---

① 《人民日报》2001年7月29日；“Powell Stresses U. S. Wants Friendly Ties with China”, Embassy of the United States of America, Washington File, August 1, 2001, p. 3. 关于中美关系定位的这种说法，其实在此之前助理国务卿凯利已经有过类似表态。他在7月18日与曼谷、东京、汉城和新加坡四地政府官员和媒体进行越洋对话时说，美中都是大国，因此双边关系是多方面的，不能简单地用“战略伙伴关系”或“战略竞争者”来概括。见《解放日报》2001年7月20日。

② Shirley Kan, U. S. - China Counterterrorism Cooperation: Issues for U. S. Policy. CRS Report for Congress. p. 4.

③ 中国前驻法大使吴建民曾就此当面请教江泽民主席，江主席说：“外交工作的基础是人民，中美两国人民是友好的。‘9·11’事件使那么多无辜的美国人遇难，我们中国人当然要表示同情和慰问，人心都是肉长的。”见《外交案例》第345页。

“愿意建立良好和密切关系的基础上”讨论贸易、人权、武器扩散等广泛的议题；他表示相信，两国“可以建立一种非常具有建设性的关系”。[①] 在亚太经合组织上海首脑会议期间，布什总统和江泽民主席进行了会晤，并把中国称作全球反恐联盟的重要伙伴。在随后举行的记者招待会上，布什对中美关系做出了明确的定位：“寻求与中国建立坦诚的、建设性的合作关系。”[②] “坦诚的（Candid）”、“建设性的（Constructive）”和“合作的（Cooperative）”三个词成为布什政府概括中美双边关系的三个定语，这种定位使中美关系得以稳定发展。

在“9·11”事件之后的几年中，美国国内对于中美关系出现了更多的共识。美国认定恐怖主义是对美国国家安全的主要威胁，使20世纪90年代关于“中国威胁”的政策辩论基本中止。反对改善中美关系的利益集团的声音比90年代小了许多，已经掀不起大浪，即使它们发表一些言论，也引不起公众注意。美国主流媒体对中国的报道虽然还有许多不够公正、不够全面之处，但已经不再像90年代那样“妖魔化中国”，对中国正面和客观的报道越来越多。[③] 美国公众对中国的看法也发生了改变，根据2003年9月的一项民意调查，9%的美国人认为中国是盟国，44%的人认为中国是友好国家，对中国持正面看法的人数达到53%，而对中国持负面看法的人（40%稍多）比2001年减少了70%。[④]

布什政府对中美关系的新看法反映在2002年9月发表的《国家安全战略报告》之中。报告对大国关系的概括是：“今天国际社会拥有自从17世纪民族国家形成以来最好的机会，来建设一个各大国在和平中竞争而不是继续准备战争的世界”，“大国竞争的旧模式可能复活，我们对此表示关切。几个潜在的大国现在正处于内部转型时期——特别重要的是俄罗斯、印度和中国。在所有三个案例中，近期的进展激起了我们的希望，即有关基本原则的真正的全球共识正在缓慢形成。”报告讲到中国时指出：“美国和中国的关系是我们促进稳定、和平和繁荣的亚太地区战略的重要组成部

① 《接受亚洲编辑圆桌采访时的讲话》（10月16日），《布什言论：2001年1月16日—12月31日》，第241—247页。

② 《与江泽民主席在记者招待会上的讲话》（10月19日），《布什言论：2001年1月16日—12月31日》，第254—260页。

③ 参见陶文钊主编《冷战后的美国对华政策》，重庆出版社2006年版，第八章。

④ CNN/USA Today / Gallop Poll, September 19 - 21, 2003.

分……我们欢迎出现一个强大的、和平的和繁荣的中国……美国寻求与变化中的中国发展建设性的关系。我们已经在包括当前的反恐战争、促进朝鲜半岛的稳定等我们利益一致的问题上进行了很好的合作。然而，在其他领域我们有深刻的分歧……我们将致力于在有分歧的地方缩小分歧，而不让这些分歧排斥我们在看法一致的问题上进行合作。"①

到了2005年，中美关系又出现了新的情况。"9·11"过去三年多了，类似的新攻击没有发生。一方面，美国提防恐怖主义再次袭击的措施没有放松；另一方面，像过去几年那样压倒性地关注反恐不可能长久继续下去。美国人仍然关心阿富汗、伊拉克问题，以及伊朗和朝鲜的核问题，除此之外，世界上一个明显的变化就是中国经济的持续高速增长。中国的幅员、人口和经济规模庞大，中国经济和综合国力的超常增长以及中国在东亚和国际事务中影响力的扩大，很容易使90年代一度甚嚣尘上的"中国威胁论"沉渣泛起。美国是不允许有一个国家挑战美国在全球和世界任一地区的"最高地位"（supremacy）的。于是，过去三年中相对沉寂的反华利益集团对中国的指责又多了起来，对中国各种各样的疑虑又公开表达出来。中美关系进入了后"9·11"时期。

这一时期里，美国国会竭力反对中国海洋石油公司收购加州石油公司，把这项商业交易政治化，在国会山掀起了新的"中国威胁"风波；人民币汇率成为一些政界人士炒作的对象，一些国会议员威胁要对中国进口商品征收高额关税；有关美国把就业岗位流失给中国的说法遍及报章；美国对中国的国防现代化表现了前所未有的关切，不但竭力阻止欧盟对中国军售解禁，而且反对以色列向中国出售无人驾驶飞机，反对乌克兰向中国出售武器。

与此相应的是，布什政府对中美关系的定位也发生了微妙的变化。布什在2005年5月31日接受《福布斯》记者采访和赖斯8月19日接受《纽约时报》记者采访时都肯定了中美关系是良好的，但也都强调中美关系是"复杂的"或"非常复杂的"。这样，对中美关系的修饰语就由原先的三个C（candid，constructive，cooperative；坦率的、建设性的、合作的）变成了四个C（加了一个complicated；复杂的）。美国对华政策需要有新的

① The White House, National Security Strategy of the United States of America, September 30, 2002, p. 27－28.

框架。

在这种情况下，布什政府对华政策的主要设计师、副国务卿佐利克于2005年9月21日向美中关系全国委员会发表对华政策讲话。这是布什政府执政以来第一篇关于对华政策的系统阐述，并且是从一个新的角度即中国与国际体系的角度来阐述的。他开宗明义地提出，中国的发展“将影响未来的世界，对美国和全世界来说，一个根本的问题是：中国将如何运用自己的影响力？”他强调，冷战时期和19世纪欧洲均势政治的模式已不再适用于看待21世纪初的中国和处理与中国的关系，美中两国的关系、中国与别的国家的关系需要一种新的模式，那就是“需要鼓励中国成为国际体系中一个负责任的利益攸关方”；中国应该与美国和其他国家一起来“维护这个使之获得了成功的国际体系”，“像利益攸关方那样进行合作并不表示没有分歧……但可以在更大的框架之内来处理分歧，即有关各方都承认，这个政治、经济和安全体系给各方带来了共同利益，维护这个体系符合各方的共同利益”。①

佐利克的讲话至少表明了三点：第一，美国决策者认为，中国的发展是不可遏制的，美国也不能再用过去的老办法来处理与中国的关系；第二，美中两国的冲突是可以避免的，中国的发展可以避免过去国际关系中那种新崛起国家对现存国际体系的挑战，以及对现存大国的挑战；第三，维护现存国际体系是美中两国的共同利益之所在。这是美国决策者对两国共同利益的新认识、新概括。1997年10月江泽民主席访美前夕，克林顿总统对“美国之音”发表讲话，总结了美中两国之间六个方面的共同利益。现在佐利克在更高的层面上对两国共同利益进行阐述，这是两国关系和国际关系发展的结果。

佐利克的讲话不是他个人的意见，这一点是很清楚的。在2006年1月美国的《四年防务评估报告》中以及3月发表的《国家安全战略》中，都使用了“利益攸关方”的提法。可见，他的讲话是布什政府对华政策的一个阐述。

佐利克的讲话几乎列举了两国之间的各种分歧，有的说法显然是中国

① “United States Urges China to Be Responsible World Citizen. States’s Zoellick Says U. S. – China Cooperation Benefits Both Partners, the World” . http：//usinfo. state. gov/eap/Archire/2005/Sep/22—290478. html.

学者不能同意的，但他的讲话传达的总的信息是正面的。实际上，中国方面也接受了中美两国是利益攸关方的说法。2006 年 4 月胡锦涛主席访问美国时表示："中美双方不仅是利益攸关方，而且应该是建设性合作者。"①

第二节　不断建立和拓展交流机制

1. 首脑互访和会晤

与以前的中美关系相比，新世纪以来两国关系的一个明显特点是首脑互访频繁。布什总统对中国进行了两次国事访问（2002 年 2 月，2005 年 11 月），并于 2001 年 10 月来上海出席亚太经合组织非正式首脑会议，2008 年 8 月来北京出席奥运会开幕式，并观看比赛。切尼副总统于 2004 年 4 月来华进行工作访问。江泽民主席 2002 年 10 月去布什家乡克劳福德牧场进行访问，胡锦涛作为副主席于 2003 年 5 月对美国进行正式访问，作为主席于 2006 年 4 月对美国进行了国事访问。温家宝总理于 2004 年 12 月对美国进行了正式访问。此外，两国元首还利用国际会议的场合进行会晤，在过去几年中，两国领导人一共会晤了 20 次，互通电话 20 次，互致书信 40 余次。② 这些频繁的互访、会晤和商谈使两国领导人建立了良好的工作关系，他们可以及时就各自所关切的问题交换意见，进行深入讨论，使两国关系保持了持续改善的良好势头。

2006 年 4 月胡锦涛对美国的访问是他就任主席后对美国的第一次访问，对推动中美关系在新世纪的发展具有深远影响。4 月 18 日，胡锦涛抵达西雅图。在那里，胡主席会见了华盛顿州州长葛瑞格尔，参观了微软总部，表示出他对高新技术的浓厚兴趣，并会见了出席中国和平发展道路与中美关系未来讨论会的中美两国学者。在会见两国学者时他强调，中国坚定不移地走和平发展道路，这是基于中国国情和历史文化传统的必然道路，也是基于时代发展潮流的必然选择；只有真正了解中国的和平发展道路，才能深刻认识中国的未来走向，牢牢把握中美的共同战略利益，不断

---

① 钟建和：《全面推进 21 世纪中美建设性合作关系——胡锦涛主席对美国进行国事访问》，世界知识出版社 2007 年版，第 14 页。

② 这种情况是以前的两国关系所不能比拟的。1985 年李先念主席访问了美国，1993 年江泽民主席在西雅图出席亚太经合组织领导人非正式会议第一次会晤克林顿总统，然后到 1997 年才对美国进行国事访问，离上次李先念的访问隔了 12 年。

推动中美关系健康稳定发展。4 月 20 日，胡主席与布什总统举行会谈。他强调，发展中美关系是维护两国和两国人民共同利益的需要，也是促进亚太地区和世界和平、稳定、繁荣的需要。布什总统表示，美国欢迎一个和平、繁荣的中国；中美合作领域日益宽广，对世界和平发挥着重要影响，中国是维护世界和平的关键伙伴。4 月 21 日，胡主席访问耶鲁大学并发表演讲，全面而简约地介绍了中国的传统文化。在 4 天紧张的行程中，胡主席共参加了 32 场活动，接触了联邦政府和州政府官员，以及工商、学术、劳工、学生等各界人士，给美国民众留下了深刻印象。①

2008 年 8 月布什总统来北京参加奥运会开幕式，并观看了精彩的奥运比赛。3 月 14 日西藏拉萨地区出现骚乱之后，美国国会的部分议员、一些非政府组织，以及民主、共和两党的候选人都要求布什抵制北京奥运会开幕式，但布什顶住压力，不为所动。他在 7 月 30 日接受中国记者采访时解释他坚持去北京的理由时说："我个人和美国尊重中国人民，尊重你们的历史，尊重你们的传统，我为接到观摩奥运会的邀请感到荣幸。我要通过出席奥运会，向中国人民表达敬意，这就使我更有信心地与中国政府打交道来把握共同的机会和应对共同的问题。"② 8 月 10 日胡主席在瀛台宴请了布什全家。他在会见布什时表示："布什总统执政 7 年多来，为推动中美建设性合作关系的发展做出了重要贡献，我对此高度评价。"③ 毫无疑问，两国领导人之间良好的工作关系对两国关系的健康发展是至关重要的。

2. 战略对话

2005 年，中美两国发起了战略对话。2004 年 11 月在智利举行的 APEC 领导人非正式会议期间，胡锦涛主席向布什总统提出建议：为了充实中美建设性合作关系的内涵，推动两国关系稳定发展，应加强两国战略对话。2005 年 3 月赖斯访华期间，双方决定将定期举行战略对话。④ 从这个机制建立以来共进行了五次对话：2005 年 8 月在北京（戴秉国与佐利

① 《全面推进 21 世纪中美建设性合作关系——胡锦涛主席对美国进行国事访问》，第 100、126、52—57 页。

② Roundtable Interview of the President by Foreign Print Media。http：//www.whitehouse.gov/news/releases/2008/07/20080731—7.html.

③ 《人民日报》2008 年 8 月 11 日。

④ 《人民日报》2004 年 11 月 21 日、3 月 20 日。美方称为"高层对话"（Senior Dialogue）。

克）、12 月在华盛顿（戴秉国与佐利克）、2006 年 11 月在北京（杨洁篪与伯恩斯）、2007 年 6 月在华盛顿（戴秉国与内格罗蓬特）、2008 年 1 月在贵阳（戴秉国与内格罗蓬特）。中美战略对话有以下几个特点：

第一，战略对话是一种建立信任的机制（CBM）。战略对话与一般的外交会谈不同，它不是为了解决某个具体问题，而是双方就各自关心的、广泛的双边、地区和全球安全和经济问题深入交换意见，每一方都可以表示自己的关切，也可以要求对方就相关问题进行说明，还可以探讨对各种范围广泛的问题的看法。在战略对话中，讨论的范围可以是没有限制的，一些在一般外交场合不容易谈到的问题都可以在这个场合提出来进行商讨，双方甚至都可以不要“谈话要点”，每次对话结束也不必发表公开的声明和会谈公报，可以就某些问题达成一致，也可以保留各自意见。因此双方讨论的内容非常广泛，讨论比较深入，甚至在某种程度上可以无拘无束。战略对话的最大好处或者说最重要的目的是增信释疑，这对于中美关系特别重要。中美两国由于社会制度和意识形态不同，由于在台湾问题上存在分歧，在一系列问题上有不同的政策，两国之间存在疑虑是不难理解的。持之以恒的战略对话将增进双方的互信，有助于逐渐消解相互的疑虑。例如在 2007 年 6 月第四次战略对话结束以后，6 月 23 日美国国务院发表声明，表示欢迎中国和平崛起，强调刚刚结束的中美战略对话正为双方的互信建立坚实架构。①

第二，战略对话是一种危机预防机制。在过去三十多年中，一再发生的突发事件给两国关系带来了严重冲击，这些事件有的是难以预料的（如 1999 年 5 月 8 日中国驻南斯拉夫使馆被美国导弹击中，2001 年 4 月 1 日美国军用侦察机在海南与中国战斗机相撞），有的是有先兆的，如 1995 年李登辉访美。即使是难以预料的事件也有它发生的必然性。由于两国之间对于双边、地区和全球的一系列问题都有不同看法，并且采取不同的政策和做法，这就有可能产生矛盾和冲突。通过战略对话进行深入交流，就可以避免误会对方的意图，避免对形势的误判，进而可以把一些或许会成为突发事件的问题消除在萌芽状态。

第三，从长远来说，战略对话是一个有效调整守成大国与新兴大国关系的平台。有的美国学者坚称：作为现存国际体系的主导者，美国的国家

① 陶文钊：《中美关系：回眸 2007 年》，《外国问题研究》2008 年第 1 期。

利益又是与美国在国际体系中的霸权地位紧紧联系在一起的，在这种情况下，美国对中国的担心就难以避免；“中国崛起必将威胁美国，崛起的中国与仍处于霸权地位但正在走向衰落的美国之间必将爆发冲突，这是守成霸权国家与新兴霸权国家之间无法避免的最后摊牌。也就是说，两个‘巨人’之间必然要爆发冲突”；[①] 从国际关系史的角度来看，新兴大国与守成大国之间的互动多伴随着战争：16 世纪的英国与西班牙，17 世纪的英国与荷兰，19 世纪的德国与英、法，20 世纪的日本与美国都无一幸免这一历史的宿命，中美两国的关系也难以摆脱这一历史的宿命。在中国也有学者持类似看法。

通过战略对话建立起了两国进行经常、深入沟通的渠道，双方对对方的战略意图、近期目标、长远意向了解得越来越清楚，中美关系就完全有可能不再落入这个历史宿命之中。反之，它们可以在地区和国际事务中不断增进合作，共同应对挑战。在第二次战略对话之后，美国国务院发言人鲍彻表示，定期与中国进行这样的对话表示美国承认“中国作为安理会的成员在亚洲、在全球事务中所起的作用”。[②] 2005 年 12 月在华盛顿进行战略对话之后，佐利克特意陪同戴秉国副外长驱车前往纽约州海德公园，共同回顾反法西斯战争期间中美结盟、罗斯福总统把中国列入四大国的历史，似乎是对上述说法的一个印证。

3. 战略经济对话

2006 年 6 月，美国著名投资公司高盛公司前总裁保尔森接任美国财政部长。保尔森先后访华 70 多次，与中国商界和政界都有广泛的联系，不仅到过中国的大城市而且到过山村，对中国的国情比较了解。他认为全球化、各国经济的相互依赖“是不可逆转的”，美国的繁荣与世界各国经济的表现密切相联。“在这种相互依赖的背景中，中国在今天的全球经济中、在与美国的经济关系中发挥着越来越重要的作用”，“美中两国经济的繁荣在世界经济中已经被捆绑在一起”，“一个繁荣、稳定的中国，一个有能力、并愿意发挥自己作为世界经济领导者作用的中国与美国利害相关”，

---

① Zbigniew Bzrezinski and John Mearsheimer, “Clash of the Titans”, *Foreign Affairs*, January/February 2005, pp. 46 – 50.

② See Kerry Dumbaugh, China – US Relations: Current Issues and Implications for U. S. Policy. CRS Report for Congress, p. 2.

“美国不担心中国经济超过美国，担心的是中国不再继续进行改革，而这种改革是保持中国的经济增长和解决它现在面临的严重问题所必须的”。他尤其强调中美经济关系的长期性，指出“我们必须用战略眼光来看待与中国的关系……我们必须认识到，美中关系是真正意义上的世世代代的关系，在我们具有共同利益的这些问题上要求我们有长远的战略经济的接触”。①

由此出发，他向布什总统建议，中美两国不仅要处理具体的经济和贸易问题，而且要从长远的战略角度看待两国的经济关系，要进行战略经济对话，美国要更好地了解中国的经济政策包括产业政策、金融政策、投资政策等等。布什接受了他的建议，并向胡锦涛主席提出。在两国元首的支持下，保尔森于2006年9月中旬作为布什的特别代表来华访问，与胡锦涛主席的特别代表国务院副总理吴仪进行会晤，双方一致同意启动中美战略经济对话。这是推进两国经济关系乃至整个双边关系的一项重要举措。迄今为止，战略经济对话已经举行了四次：2006年12月在北京（保尔森与吴仪）、2007年5月在华盛顿（保尔森与吴仪）、2007年11月在北京（保尔森与吴仪）、2008年5月在马里兰州安纳波利斯（保尔森与王岐山）。

第一，战略经济对话是对两国经济关系的新确认或再定义，突出显示了两国经济关系的长期性、战略性，显示了两国经济高度的相互依赖以及这种依赖的可持续性。

第二，这是两国之间最高层次的经济对话。吴仪、王岐山与保尔森是作为两国元首的特别代表进行对话的，参与对话的双方阵营都空前强大。第一次对话时，保尔森率领的代表团包括了布什政府的整个经济班子：商务部长古铁雷斯、能源部长博德曼、贸易代表施瓦布、劳工部长赵小兰、卫生与公众服务部长莱维特、环境署长约翰逊，以及美联储主席伯南克。中方代表团同样强大。这不仅在中美关系中没有先例，在国际关系中都是少见的，足见双方对对话的重视，对两国经贸关系的重视。

第三，对话的广度和深度前所未有。中美之间有经济联委会、商贸联

① “Remarks by Treasury Secretary Henry M. Paulson on the International Economy”, Treasury Department Cash Room, Washington, D. C., September 13, 2006. http://www.treas.gov/press/release/hp95.htm.

委会等机制，它们对两国之间的沟通、对解决两国之间的经贸分歧起到了重要作用。但这些机制的目的主要是在某个特定时刻解决两国之间存在的分歧和摩擦。战略经济对话与此不同。它从宏观、全局、长远的角度来探讨两国经济和各自的经济政策、财政政策、货币政策。这个对话机制与现有的联委会和其他机制互相补充，相得益彰，对增进两国互信，消除误解，保持中美经贸关系的稳定发展已经并将继续产生良好的效果。

第四，对话超越了对短期经贸热点问题的简单关注，从战略高度对今后一段时间中美经贸关系的发展进行综合思考，对两国中长期的经贸合作进行规划。在已经举行的四次对话中，双方既讨论了当前关注的热点，如贸易不平衡问题、食品质量和安全问题、中国金融服务业的开放问题等，也就两国长远的合作进行了商讨并取得具体结果。如 2007 年 12 月举行的第三次战略经济对话就生物燃料、电力行业二氧化硫排放交易等方面的合作达成共识，并建立了工作组研究两国能源和环境领域的十年合作规划，还确定了今后六个月的优先工作顺序。

4. 军方交流

在中美关系中，两军关系是比较滞后的一个方面，是中美关系中的“短板”。在拉姆斯菲尔德任美国国防部长期间，他总是居高临下看待中国，并在一些场合公开宣扬“中国威胁论”，对推动两军关系持消极态度。拉氏本人只在 2005 年 10 月对中国进行了一次访问，而且是有条件的。此次访问后，他的态度有所改变。从 2006 年 11 月拉氏离任、盖茨接任国防部长后，两军交流活跃起来。2007 年美国军方高层领导人接踵访华，是布什当政以来两军关系最活跃的一年。

2007 年 3 月下旬，美国参谋长联席会议主席佩斯访问中国。他在北京会见了中国军方领导人，讨论了两军增进互信、加强合作、军校加强交流、互相观摩军事演习、为两军年轻军官提供更多机会一起学习、并肩工作等问题。他认为与中国军方领导人的会谈是“良好的、开放的、坦率的”。他在北京举行的记者招待会上说：“当你分析一个国家是不是威胁时，你要看两方面，一个是能力，另一个是意图。中国有规模庞大的军队，但中国没有向美国挑起战争的意图，所以我认为中国不是威胁。”① 佩斯还访问了沈阳军区和南京军区，并参观了解放军院校和部队。中方还安

① 新华网 2007 年 3 月 23 日讯。

排佩斯在沈阳军区观看了一场演练。

5 月中旬，美国太平洋司令部总司令基廷访问中国。他与中国军方领导人着重讨论了台湾问题。他还访问了南京军区临汾旅。解放军打开大门，让基廷参观了反对“台独”分裂势力的前哨阵地，既展现了诚意和透明度，也显示了解放军反“台独”的决心。

8 月下旬，即将上任参谋长联席会议主席的马伦来华访问。他在与中国海军司令员吴胜利的会谈中达成共识：第一，加强两国海军军舰的互访；第二，加强海上联合演习的力度；第三，加强两国海军院校之间的合作。

11 月上旬，美国国防部长盖茨访问中国。盖茨任国防部长后对中国的表态与其前任拉姆斯菲尔德明显不同。拉氏曾经在新加坡亚太安全会议上咄咄逼人地责问中国代表，既然没有国家对中国造成威胁，为什么中国要每年以两位数的速度增长军费？亚太安全会议成了拉氏宣传“中国威胁论”的场所。盖茨担任国防部长后曾表示，“我并不认为中国是美国的战略敌人”。在 11 月 1 日五角大楼的记者招待会上，盖茨又表示，“中国不断增长的军事开支本身并不代表威胁，除非这种增长伴随着与美国对抗的意图”,[①] 他访华的目的是为了更清楚地了解中国的军事意图。他与中国军方领导人讨论了双方关心的问题，以及加深包括核政策、战略等议题在内的双边军事对话，在合适的时间举行海军演习等一系列扩大交流与合作项目。双方并敲定开通军事热线，从而在两国国防部门之间增加了一条专业化的直接沟通渠道。

12 月上旬，两军还举行了第九次副部长级防务磋商，就两国和两军关系、国际和地区形势深入交换了意见。双方同意两军高层不断互访，深化两军之间的机制化交流，并为明年的交往制定了路线图。在磋商中，中方提出，发展两军关系的最大障碍是台湾问题，五角大楼持续发展与台湾的军事关系，提升美台军事合作，严重影响中美两军的互信与合作。中方要求美方恪守在台湾问题上的承诺，不向台湾出售先进武器，终止与台湾的正式军事交流。中方还要求美方放弃影响两军交流的美国的立法。美方表示将尽力推动国会修正《2000 年国防授权法》。

2008 年两国军事交流又开辟了新的渠道。8 月，由美国空军一级军士

① 陶文钊：《中美关系：回眸 2007 年》，《外国问题研究》2008 年第 1 期。

长詹姆斯·罗伊率领的由16名高级军士组成的代表团访问了中国。军士负责各军种士兵的日常管理、饮食、训练和其他工作。他们承担着确保工作得以完成的任务，被视为美军的支柱。

但2008年的两军交流因美国再次对台湾出售武器而受到影响。10月3日，布什政府宣布向台湾出售价值64.63亿美元的武器。中国国防部迅速做出反应，批评美国新的对台军售毒化了中美两军关系的气氛，违反了在《八一七公报》中做出的承诺，是对两军交流的严重干扰；并宣布取消一系列预定进行的军事交流项目，无限期推迟就大规模杀伤性武器进行谈判。这再一次证明，美国对台售武和美台军事关系是中美两军交流的主要障碍。

第三节　在解决地区和国际问题中的合作

“9·11”以后，中美两国合作的领域进一步拓宽，两国在反恐、防止大规模杀伤性武器扩散方面的合作是两国关系中的亮点。布什在2002年1月29日的《国情咨文》中说，“在这个时刻，共同的危险正在消除过去的竞争。美国正以过去从未有过的方式与俄罗斯、中国和印度一起工作”。[①] 2002年1月，美国发起了集装箱安全倡议，对世界最大的20个港口输往美国的集装箱进行检查。中国政府加入了这一倡议，2005年4月起美国检查人员开始在上海执行任务。2002年2月21—22日，布什访问北京，这是他对中国的第一次正式访问。2002年8月26日，美国副国务卿阿米蒂奇在访华期间宣布，东突厥斯坦伊斯兰运动是恐怖组织。2002年10月，布什在家乡克劳福德牧场接待江泽民主席，称美中两国是反恐中的“盟友”。[②]

“9·11”后，中美两国就反恐战争进行了多方面的合作。中国投票赞成联合国安理会关于支持美国打击恐怖主义的1368号和1373号决议，这是中国在安理会表决涉及使用武力的决议时第一次投赞成票；中国派遣资

---

① Shirley Kan, U. S. – China Counterterrorism Cooperation: Issues for U. S. Policy. CRS Report for Congress. p. 3.

② White House, “President Bush, Chinese President Jiang Zemin Discuss Iraq, N. Korea,” Crawford, Texas, October 25, 2002.

深外交官出访伊斯兰堡，说服巴基斯坦成为美国打击塔利班的前线国家；关闭了与阿富汗的边界，向难民提供人道主义援助；情报官员代表团互访；冻结基地组织在香港的账户；总体上支持美国在阿富汗采取军事行动；同意在美国驻中国大使馆设立司法专员（Legal Attache），[①] 所有这些对于美国迅速取得阿富汗战争的胜利是不可或缺的。

“9·11”以后，防止大规模杀伤性武器的扩散成为美国外交政策的首要关注，如《美国国家安全战略报告》中所说，美国“面临的最大危险是激进主义与技术的结合”。[②] 中国政府历来以负责任的态度对待大规模杀伤性武器的扩散，广泛参加多边防扩散机制，不断完善防扩散出口管制体系。1998年中国政府颁布了《核两用品及相关技术出口管制条例》；2002年又颁布了导弹及相关物项和技术、生物两用品及相关设备和技术、化学品及相关设备和技术三套出口管理条例及管制清单，并重新修订了《军品出口管制条例》，颁布了管理清单；在《中华人民共和国刑法》和其他有关的法律条例中也列入了对违反上述法规的刑事处罚措施，这样，中国的防扩散就完成了从行政管理向法制化管理的转变，实现了与国际惯例的接轨。

中美两国在朝鲜半岛无核化方面的合作是两国在安全领域合作的突出表现。朝鲜核危机是美朝半个多世纪的敌对和隔绝的结果，由于美朝之间的恶劣关系，朝鲜缺乏安全感，两国缺乏基本的互信。20世纪90年代初朝核危机爆发，美朝两国经过一番外交折冲，在1994年达成了框架协定（Agreed Framework），使危机得到缓和，2000年10月奥尔布赖特国务卿还访问了平壤；与此同时，朝韩关系也得到改善。布什当政后实行与克林顿对着干的政策（Anything But Clinton，简称ABC），也改变了美国对朝鲜的政策。布什在2002年的《国情咨文》中把朝鲜与伊拉克、伊朗一起列入了“邪恶轴心”国家，使美朝关系大幅度逆转。2002年10月朝核问题再次浮出水面。美国一再对中国施加压力，说中国与朝鲜关系特殊，现在只有中国可以使朝鲜放弃开发核武器的计划。

---

① 2002年2月在两国第一次反恐磋商中中国同意联邦调查局在北京派驻司法专员。2002年9月司法专员正式到任。

② The White House, National Security Strategy of the United States of America, September 30, 2002, p. 1.

以《不扩散核武器条约》为主要内容的国际核不扩散体制是世界和平与安全的重要保障。条约自1970年生效以来，现在已经有180多个签字国。该条约规定，有核武器的国家保证不直接或间接地把核武器转让给非核国家，不援助非核国家制造核武器；非核国家保证不制造核武器，不直接或间接地接受其他国家的核武器转让；停止核军备竞赛，推动核裁军；把和平核设施置于国际原子能机构的国际保障之下，并在和平使用核能方面提供技术合作。1995年在联合国审议该条约时，签字国以协商一致的方式同意无限期延长该条约。中国作为条约的签字国，作为联合国安理会“五常”之一，作为一个对国际和平和安全负责任的大国，有义务维护这个条约，维护核不扩散机制。朝鲜如果成为一个核国家，将对国际维护核不扩散体制带来强烈冲击。国际原子能机构组织总干事巴拉迪甚至警告说，如不有效阻止核技术扩散，“短期之内”将有20到30个国家获得制造核武器的能力。① 如果那样，国际核不扩散体制就会面临崩溃危险。这是中国的利益所在，也是世界和平和安全的利益所在。中国维护国际核不扩散体制的承诺是坚定的。

朝核问题也关系到东北亚的安全和稳定。东北亚地区至今没有一个集体安全机制，在这里决定安全形势的是多组双边关系，安全形势比较脆弱。现在，朝鲜半岛是世界上唯一冷战还在继续的地方，从而使这里的安全形势更带有特殊性。1994年美朝《框架协议》签订以后，美朝关系得到一定程度缓和，朝鲜的浓缩铀生产中止了多年；② 韩国两任总统金大中的阳光政策和卢武铉的包容政策对缓和半岛局势起到了积极作用。如果朝鲜成为一个有核国家，它与有关国家的关系都会发生变化尤其是与日本和韩国的关系，这将刺激日本和韩国追求和竞相拥有实质性的战略力量，于是这个地区就会出现新的军备竞赛。日本历来都有一股希望推动日本背弃“无核三原则”、拥有核力量的势力；韩国的极端民族主义力量也会乘势抬头；美国在东北亚地区部署导弹防御的进程将进一步加速，东北亚地区的紧张局势将随之升级。所有这些都与地区的稳定背道而驰。2003年1月朝鲜宣布退出《不扩散核武器条约》，江泽民主席在与布什总统通电话时明确表示，中国不赞成朝鲜退出这个条约。

---

① 《巴拉迪警告，核武器问题面临失控》，《中国评论新闻网》http://www.chinareviewnews.com。

② 《布利克斯谈朝核、伊核问题》，《文汇报》2006年11月16日，第7版。

危机初期，中国就明确表示了自己的原则立场：中国主张朝鲜半岛实现无核化；中国致力于确保半岛局势的和平与稳定；中国认为朝核问题必须以和平的方式通过外交途径解决。2002 年 10 月，美国负责军控和国际安全事务的副国务卿博尔顿和助理国务卿凯利访华，中美就朝核问题交换看法。从那时以来，美国的一项基本政策是努力寻求中国合作解决朝核问题。中美之间、中朝之间反复进行协商，于 2003 年 4 月底实现了三方会谈，8 月 27 日正式启动第一轮六方会谈。

中国在关于朝核问题的六方会谈中起到了东道主、积极的参与者、美朝之间的调停人的三重作用。这是中国第一次在重大的地区安全问题上发挥这样的作用。由于美朝双方半个多世纪的敌对和隔绝，由于双方缺乏基本的互信，实现和推动六方会谈是极其艰苦、细致的工作，需要超常的耐心和坚韧。中国方面以百折不挠的精神，与其他各方共同努力，终于使会谈逐渐取得进展。美国一再对中国的外交努力表示赞赏。2003 年 10 月 19 日，鲍威尔国务卿在接受 CNN 记者采访时说：“总统致力于这一问题的外交解决，政治解决……他向中国国家主席胡锦涛表示：‘请你们继续发挥你们已在发挥的重要作用，作为我们的前导，担任六方会谈的召集人和六方会谈的参与者。’”①

六方会谈的主要阶段性成果体现在第四轮会谈（2005 年 7 月 26 日至 8 月 7 日，9 月 13 日至 19 日）所达成的《共同声明》之中。在这份声明中，朝方承诺，放弃一切核武器及现有核计划，早日重返《不扩散核武器条约》，并回到国际原子能机构保障监督；美方对朝鲜做出了安全承诺，表示“美国在朝鲜半岛没有核武器，无意以核武器或常规武器攻击或入侵朝鲜”；还认可与朝鲜“相互尊重主权，和平共存……采取步骤实现关系正常化”；有关各方尊重朝鲜和平利用核能的权利，并且同意在适当时候讨论向朝鲜提供轻水反应堆的问题。②

这是朝核问题六方会谈的一个突破。这份共同声明的达成是有关各方共同努力的结果，但自然离不开中国的外交智慧和不屈不挠的努力。布什总统在 2005 年 11 月访华时赞扬中国在朝核问题上发挥了“领导作用”。

---

① “Interview by John King of CNN”, Bangkok, Thailand, October 19, 2003, http://www.state.gov/secretary/former/powell/remarks/2003/25346.htm.

② 《第四轮六方会谈共同声明》，《人民日报》2005 年 9 月 20 日。

解决朝核问题是一个艰难、曲折和长期的过程，这是由问题本身的性质决定的。2006 年 10 月 9 日朝鲜进行了核试验，使中国和国际社会震惊。中国一方面对此表示强烈反对，并同联合国安理会其他成员国一起，通过了对朝鲜实行制裁的 1718 号决议；同时表示对朝鲜的制裁必须恰当、谨慎，使制裁限制在与核、导弹等大规模杀伤性武器有关的领域，而不是对朝鲜实行全面的海、空封锁。中国与有关国家一起继续进行外交斡旋，10 月 31 日，中、朝、美三国的六方会谈代表在北京进行会商，同意重新启动六方会谈。布什总统对朝鲜的这一决定表示欢迎，他说："我很高兴，我要感谢中国。"①

在中方和有关各方的共同努力下，六方会谈得以在 12 月 18 日恢复。朝美双方显示了一定的灵活性，朝鲜不再坚持以取消金融制裁作为复谈的先决条件，美国同意讨论金融问题。各方进行了五天的认真、坦率和紧张的会谈，虽然没有在实质性问题上取得突破，但各方都重申通过对话和平实现朝鲜半岛无核化的共同目标和意志，重申将认真履行在"9·19"声明中做出的承诺，同意根据"行动对行动"的原则，尽快采取协调一致步骤，分阶段落实共同声明。

2007 年是六方会谈取得实质性进展的一年。2 月 13 日，第五轮六方会谈第三次阶段会议通过了《关于落实 9·19 共同声明起步阶段的措施》的共同文件，此后，虽然解决金融问题费了一些周折，但文件中规定的事项在上半年都已实现或开始兑现，朝鲜将其在宁边的核设施予以关闭和封存，并邀请国际原子能机构人员前往视察，其他各方开始向朝鲜提供承诺的 100 万吨重油，其中一半以重油、一半以帮助朝鲜更新发电设施的方式提供；五个工作组（朝鲜半岛无核化、朝美关系正常化、朝日关系正常化、经济与能源合作、东北亚和平与安全机制工作组）也都已启动。在此基础上，10 月 3 日，第六轮会谈第二阶段会议通过了《落实共同声明第二阶段行动》的共同文件，根据这个文件，朝鲜将在 2007 年 12 月 31 日前完成对宁边 5 兆瓦实验反应堆、后处理厂及核燃料元件厂的去功能化，朝鲜还将对其核计划进行"全面和准确的"申报。

但由于事情本身的复杂性，由于美朝之间的信任仍然很脆弱，上述阶段性目标没有达到。经过 2008 年上半年有关各方的努力，各方同意继续

① 《环球时报》2006 年 11 月 2 日。

推动无核化进程。6 月 26 日朝鲜向六方会谈提供了申报书，27 日炸毁了宁边核设施的冷却塔，在此之前，朝鲜已经把与宁边的核设施相关的 1.8 万页材料交给了美国。美国同时启动了把朝鲜从支持恐怖主义名单中除名的程序。[①] 7 月中旬，六方会谈团长会议在中断了 9 个月之后在北京复会，会议确定，宁边核设施的去核化大部分工作要在 10 月完成，同时其他各方继续向朝鲜提供能源和经济援助；六方还同意设立一个专家验证小组，视察宁边核设施、审查其文件。

美国本应于 8 月 11 日将朝鲜从支恐国家名单中除名。但美国却提出，由于验证方案没有落实，要推迟除名。朝鲜认为在现有协议中只有成立验证、监督机构的内容，没有把对核申报进行验证作为除名的前提条件的条款；美国声称要按照“国际标准”对朝鲜的核申报进行验证，实际上是对朝鲜的“特别核查”，是企图侵犯朝鲜自主权的行为。[②] 朝鲜宣布停止弃核进程，拆除了国际原子能机构设在宁边核设施上的 100 多张封条和 20 多台监控设备，驱逐核查人员，重启宁边核设施。朝鲜半岛无核化又到了一个关键时刻。

中国政府极力敦促有关各方考虑朝鲜半岛无核化以及东北亚和平稳定的大局，牢记各自承诺，采取共同行动推动六方会谈不断向前发展。10 月初，希尔率美国代表团对朝鲜进行访问，这是 2007 年 6 月以来他第三次对朝鲜进行访问。经过艰难谈判，美朝就核设施问题达成协议：验证范围将包括钚项目和其他所有与浓缩铀和扩散有关的核活动；六方会谈所有成员国的专家都可以参加验证；在美朝双方同意的前提下，这些专家可以进入所有已公布的核设施和尚未宣布的设施；国际原子能机构可在验证中扮演重要的支持性角色。10 月 11 日，美国国务院发言人宣布，美国决定将朝鲜从“支持恐怖主义国家”的名单中除名。[③] 有关国家对此表示欢迎，日本表示不满，美国国内保守派则强烈反对。朝鲜从 14 日起重新启动宁边核设施的去功能化作业。朝核问题终于又迈过了一个坎，向前推进了。

---

① 美国是在 1988 年 1 月将朝鲜列入“支恐”名单的。1987 年 11 月大韩航空公司的一家客机被炸毁，美国怀疑是朝鲜特工所为。

② 赵海兵：《朝鲜考虑恢复宁边核设施》，《环球时报》2008 年 8 月 27 日。

③ 《美宣布为朝鲜除“支恐”名》，《文汇报》2008 年 10 月 12 日。

伊朗核问题是这几年中美两国既进行沟通合作，又有某些分歧的一个领域。在这个问题上中国的立场是明确的，中国致力于维护《不扩散核武器条约》，伊朗应该积极回应国际社会的关切和呼声，应当加强与国际原子能机构的合作；联合国安理会的相关决议应当得到贯彻；伊朗核问题应该通过外交途径解决，有关各方应当显示灵活性，并希望伊朗与欧盟的接触取得进展。中国参与了联合国安理会对伊朗进行制裁的历次决议，中美双方在多个场合就伊核问题交换了意见，同时中国向伊朗阐述了中国的立场。2007 年 9 月外交部长杨洁篪与来访的伊朗政府特使、内政部长普尔－穆汉默迪举行会谈；11 月中旬，杨洁篪访问伊朗，与内贾德总统会晤，希望伊朗方面加强同国际原子能机构的合作，同欧盟的接触能够取得积极进展。

2008 年 3 月安理会通过了新的制裁伊朗的 1803 号决议，这是安理会关于伊朗问题的第四个决议。新决议在以往决议的基础上增加了对伊朗的制裁措施，包括扩大旅行限制和冻结资产对象名单、禁运敏感双用途物项、呼吁各国对与伊朗有关的金融活动保持警惕、依法有条件地在机场和港口检查伊朗空运公司和伊斯兰航运公司的货物。为了体现决议旨在推动谈判的目的及其可逆性，决议还规定，如果伊朗采取积极步骤执行安理会历次决议和国际原子能机构的要求，停止浓缩铀活动和钚再处理活动，安理会将暂停甚至终止所有制裁。中国常驻联合国大使王光亚在投票后发言说，这一新决议既是国际社会维护核不扩散机制的又一次努力，又表达了各方对尽早通过外交谈判和平解决伊核问题的期待；决议的目的不是惩罚伊朗，而是推动激活新一轮外交努力。①

但新的决议没有对伊朗核问题的解决产生明显影响。伊朗认为发展浓缩铀是伊朗的民族权利，不但没有减缓反而却加速了浓缩铀的步伐。2008 年 8 月底，伊朗宣布已经有 4000 台离心机在运转，正在安装另外 3000 台离心机；并表示，它已同意与尼日利亚共享“和平的核技术”。②

不论是朝核问题，还是伊朗核问题，一个关键因素都是与美国的关系。因为与美国的敌对，它们缺乏安全感。如果美国与这两个国家的关系不改善，没有与它们建立起基本的信任，要彻底解决这两个核问题是十分

① （香港）《大公报》2008 年 3 月 5 日。
② 《参考消息》2008 年 8 月 30 日。

困难的。

苏丹达尔富尔问题引起国际社会的关注已有数年。中国在这一问题上的原则立场是明确的：尊重苏丹的主权和领土完整；坚持对话和平等协商，以和平方式解决问题；非盟和联合国应当在此问题上发挥建设性作用；促进地区局势稳定，改善当地人民生活。2006 年 11 月，联合国秘书长安南、非盟主席、安理会“五常”、苏丹政府和一些非洲国家政府代表举行会议，通过了安南提出的分三阶段在达尔富尔地区部署非盟—联合国混合部队的计划。中国采取了一系列步骤支持落实这一计划。2007 年 2 月，胡锦涛主席访问苏丹，向苏丹领导人阐明了中国政府的原则立场，并向达尔富尔地区提供 4000 万元人民币的物资援助。3 月，苏丹总统巴希尔表示支持非盟—联合国混合维和部队。4 月上旬，中国政府派遣外交部部长助理翟隽访问苏丹，特别就落实“安南方案”与苏丹政府进行沟通。4 月 6 日，美国副国务卿内格罗蓬特与戴秉国副外长通电话，就落实“安南方案”问题进行了磋商。5 月，中国政府任命前驻南非大使刘贵今为中国政府达尔富尔问题特别代表。刘大使多次赴苏丹访问，劝告苏丹政府在接受“安南方案”方面显示更大的灵活性。6 月 12 日，苏丹政府宣布毫无保留地接受安南第三阶段混合维和行动方案。7 月 31 日，安理会通过 1769 号决议，决定向苏丹派遣非盟—联合国维和部队。布什总统在 6 月会晤胡主席时对中国在达尔富尔问题和伊朗核问题上发挥的积极作用表示赞赏。

为了实现达尔富尔地区的和平，2007 年 11 月下旬，中国向该地区派出了 135 名工程兵，协助达尔富尔地区进行基础设施建设，为 2008 年开始的维和行动铺平道路。如今在西达尔富尔州首府尼亚拉附近驻扎着中国维和士兵 300 多人，他们在为非盟—联合国混合维和部队建造房舍，为即将全面开展的维和行动做准备。

第四节　共同努力维护台海地区的稳定

台湾问题是中美关系中最重要、最敏感的核心问题，关系到中国的核心国家利益。中美之间三个联合公报的主题都是台湾问题。中美两国如果没有在台湾问题上的某种共识，要维持建设性合作关系是不可能的，更不要说发展这种关系了。从乔治·沃克·布什政府当政以来，他的对台政策有过两次重要的调整。

1. “尽其所能协防台湾”

布什当政之初不同意克林顿的对华政策，在台湾问题上也是如此。他认为克林顿政府对中国不够强硬，对台湾支持太少，他要采取措施“纠偏”。美国历届政府根据《与台湾关系法》，在台湾问题上实行所谓“战略模糊”，即不明确说出如果台湾海峡地区发生军事冲突美国到底会做什么。布什当政后，立意使对台政策“清晰化”。在他当政百日时接受美国广播公司节目主持人查尔斯·吉布森采访，当记者问到如果台湾遭到攻击，美国是否有责任保卫台湾时，布什回答说：他的政府将“尽其所能协防台湾”。①

从尼克松以来，不论是共和党还是民主党当政，还没有一位总统作过这样的表态。虽然次日在接受CNN记者采访时他又说了一些仿佛是“亡羊补牢”的话，表示“我愿意帮助台湾自卫，就我的观点而言，在政策上实际没有任何的改变”，“我当然希望台湾坚持一个中国政策。而宣布独立不是一个中国的政策，我们将与台湾一道确保这样的事情不会发生。我们需要和平解决这一问题”，等等。② 但他先前的话已经说出口，而且明白无误，是他的决策班子的主张。因此，他后来说的这些话都无法消除“尽其所能协防台湾”这一说法的影响。

与此同时，布什政府继续提升美台关系，尤其是军事关系。2001年4月布什政府批准的售台武器（4艘基德级驱逐舰、8艘柴油动力机潜艇、12架P-3C反潜飞机、12架MH-53E扫雷直升机、54辆AAV7A1两栖突击装甲车等）是美台之间历来最大的一揽子军火交易。2002年3月，台湾的“国防部长”汤曜明前往佛罗里达州参加“国防峰会”，美国国防部副部长沃尔福威茨等前往与会。这是1979年以来访问美国的台湾最高层级的“国防部”官员。此外，台湾“国防部”副部长康宁祥、陈肇敏、林中斌等相继访美，甚至一反往例，直接进入五角大楼，突破了国务院原先的规定。③

在台湾领导人访问南美过境美国问题上，布什也决定按照“安全、舒适、便利”的原则，“善待”过境的台湾领导人。以至于有的美国学者认

① 《执政百日接受全国广播公司（ABC）“早安美国”节目的采访（4月24日采访，25日播出）》，《布什言论》，第85页。

② 《接受有线新闻网的采访》（2001年4月25日），《布什言论》第94页。

③ 苏起：《危险边缘——从两国论到一边一国》，台湾天下远见出版股份公司2004年版，第231页。

为，布什政府是1979年以来历届美国政府中最亲台的一届政府。①

上述事态发展可以说是布什政府对台湾政策的第一次调整。之所以做出这样的调整，主要有三个原因。第一，布什在竞选中称中国是“竞争者”或“战略竞争者”，他和他的主要决策班子是怀着对中国的战略疑虑进入白宫的，提升与台湾的关系自然成为战略上牵制中国的高招。第二，新保守派在克林顿政府时期就公开要求总统承诺“保卫台湾”，现在他们自己成了决策者，布什总统说出了他们早就想说的话。② 第三，2001年4月1日的海南撞机事件恶化了中美关系的大环境。

这一调整对于海峡两岸关系影响甚大。民进党本来就是一个以争取台湾“独立”为己任的政党。陈水扁在2000年5月的就职演说中虽然言不由衷地作了“四不一没有”的表态，但他无时无刻不在寻找机会，运用一切资源和手段，推行他的“渐进式台独”路线，搞“去中国化”。布什政府对台政策的上述调整显然是对“台独”分裂势力的鼓励，使之搞“台独”更觉得有恃无恐。正如有的美国学者所说，这种表态仿佛是给了陈水扁一张空白支票，不管他做什么美国都会加以支持。③ 这种表态的后果是布什政府先前没有料到的。

“9·11”后，布什政府的首要关注是反恐，它的战略和外交的重点是在从西亚到中东这个小弧型地区，这里有阿富汗、伊拉克、伊朗，以及半个多世纪以来一直相互敌对的以色列和巴勒斯坦及阿拉伯国家。在亚洲，布什政府急于解决的是朝核问题，美国在台湾海峡的政策是维持现状。台

---

① Kerry Dumbaugh, Taiwan - U. S. Political Relations: New Strains and Changes. p. 7.

② 1999年8月下旬，新保守派组织新美国世纪与传统基金会联合发表了题为“关于保卫台湾的声明”，其中说“对于美国来说至关重要的是作出种种努力来阻遏中华人民共和国对台湾的任何形式的恐吓，并且毫不含糊地宣布，如果台湾，包括金门、马祖等沿海岛屿遭遇进攻和封锁，美国将去保卫台湾”。在这个声明上签字的有22位著名的新老保守派人士，包括沃尔福威茨、约翰·博尔顿、路易斯·利比、理查德·帕尔、罗波特·卡根等，其中多人后来在乔治·沃克·布什政府中任职。The Heritage Foundation and the Project for the New American Century: “Statement on the Defense of Taiwan”.

③ 美国凯托学会5月30日发表该学会负责防务和外交政策研究的副会长特德·卡澎特的题为《布什保卫台湾的保证走得太远了》的文章指出，总统显然是要用战略清晰政策来取代长期奉行的“战略模糊”政策……这给美国造成了一个极其危险的局面。见《参考资料》2001年6月8日，第7页。前外交官傅立民批评说，美国政府使陈水扁相信，他得到了一张“空白支票”，可以不顾海峡两岸稳定，任意采取可能带来严重后果的行动。布什2001年4月的一次讲话“给予台北为所欲为的自由”。见《参考资料》2003年12月7日，第1页。

湾问题第一次引起布什政府严重关注是在 2002 年 8 月初。当时，太平洋岛国瑙鲁断绝了与台湾的“邦交关系”，与中华人民共和国建立了外交关系。陈水扁恼羞成怒，在 8 月 3 日以视讯直播的方式，向在东京举行的“世界台湾同乡联合会”年会发表讲话说：“台湾是一个主权独立国家……台湾跟对岸中国‘一边一国’，要分清楚……个人诚恳地呼吁和鼓舞大家，要认真思考公民投票立法的重要性和迫切性。”① 陈水扁的“一边一国”论显然直接挑战了美国的一个中国政策。于是美国国家安全委员会发言人麦科马克、国务院副发言人里克一再表示，“我们……的政策众所周知，是长期的，没有发生变化。我们的政策是一个中国政策，我们不支持台湾独立”。② 由于中国政府的坚决斗争，也由于美国的反对，陈水扁只好把“一边一国”论暂时收起。尽管如此，陈水扁的这次讲话对他与布什政府的关系造成了伤害。正是从这时起，白宫认为陈水扁行事出尔反尔，对于他的可信度开始产生怀疑，并对陈水扁“把个人的利益置于战略目标和美国的关注之上”表示不满。③

2. 反对单方面改变现状

通过“公投”决定台湾前途是民进党的一贯主张。为了给 2004 年的选举造势，陈水扁于 2003 年 9 月 28 日在民进党成立十七周年党庆会上第一次亮出“台独”时间表，声称要在 2004 年“完成历史性首次公投”，在 2006 年“催生台湾新宪法”，于 2007 年实施“新宪法”（后又称 2008 年 5 月 20 日正式实施）。在 10 月 6 日接受《华盛顿邮报》专访时，他重弹“一边一国”的老调，并称：“公民投票一定会落实，新宪法一定会诞生。台湾不是另一个国家的一个省或一个州。任何民主的改革是我们自己的内部事务。我不认为任何一个民主国家可以反对我们的民主理念。”④ 他以实施民主、坚持改革为幌子，坚持他的“台独”理念，显示了前所未有的抗中拒美的强硬姿态。

陈水扁为了公投制宪似乎已经到了不顾一切的地步，美国政府不能不

---

① 苏起：《危险边缘——从两国论到一边一国》，台湾天下远见出版股份公司 2004 年版，第 303 页。

② “Taiwan's Leader Supports a Vote on Independence”, *Wall Street Journal*, August 5, 2002；《美官员说美坚持一个中国政策》，《人民日报》（海外版）2002 年 8 月 9 日。

③ Kerry Dumbaugh, Taiwan - U. S. Political Relations: New Strains and Changes. CRS Report for Congress. p. 8.

④ 《参考消息》2003 年 10 月 14 日第 10 版。

做出反应。10 月 7 日，美国国务院发言人包润石在记者招待会上罕见地把陈水扁 2000 年 5 月 20 日的就职演说翻了出来，把“四不一没有”的承诺逐字逐句地念了一遍，指出这些承诺应予遵守。他重申美国坚持一个中国的政策，并要求两岸不要有升高紧张或阻碍对话的言行。①

大陆方面严密注视着事态的发展。11 月 17 日，国务院台湾事务办公室负责人就陈水扁当局通过“公投立法”、进行“台独”分裂活动发表措辞严厉的谈话指出，祖国大陆方面坚决反对陈水扁当局进行的这些分裂活动，一旦台湾通过不设限“公投法”，大陆将做出强烈反应。“‘台独’就意味着战争”。②

为了向国际社会尤其是美国进一步表明中国政府的严正立场，2000 年 11 月 21 日，即将访美的温家宝总理在中南海紫光阁接受美国《华盛顿邮报》总编辑唐尼专访，针对台湾“公投”问题表示，我们不放弃和平解决台湾问题的努力，但是对任何分裂祖国的挑衅行动，我们不会坐视不管。中国人民会不惜一切代价，维护祖国的统一。③

11 月 27 日，台湾“立法院”三读通过国、亲两党共同推出的“公投法草案”，民进党与“行政院”提出的“公投法草案”被否决。在“有关改宪和重大政策方面”，“适用范围”的条文删除了“变更中华民国的领土范围、国名和国旗”等内容；泛绿则在“防御性公投”上扳回一局，“公投法”第 17 条明定台湾遭受外力威胁、主权有变更之虞时，总统得直接经行政院会决议，将国安事项交付公民投票。

“公投法”的出台和台湾几个月来的事态发展引起布什政府高度关注。11 月下旬，白宫和国务院发言人及高官频繁表态，重申一个中国的政策，反对陈水扁当局的“公投”企图。12 月 1 日，鲍彻说，美国反对台湾举办任何会改变台湾地位或走向台湾“独立”的公民投票。12 月 4 日，白宫发言人麦克莱伦重申美国反对两岸任何一方改变台海现状，这个说法包括反对大陆动武和台湾“独立”。④

---

① 《参考消息》2003 年 10 月 14 日第 10 版。

② 廖翊：《国台办副主任王在希：“台独”就是战争，武力恐难避免》，http：//news. xinhuanet. com/newscenter/2003 – 11/18content_ 1185507. htm。

③ “Government Resolute on Taiwan Issue”，*China Daily*，November 24，2004.

④ 中国新闻网：《新闻背景：近一个月美国在台湾问题上的频繁表态》，sina. com. cn 2003 年 12 月 9 日。

为了加强美国表态的力量，12 月初，国家安全委员会负责亚太事务的资深主任莫健奉布什之命秘密访台，并带去布什亲笔信，明确反对可能挑衅大陆的“公投”，并再次表示反对单方面改变现状。[①] 但陈水扁固执己见，在公开场合一再鼓吹“公投”的必要性。至此，美台在台湾“公投”问题上的分歧公开化。

12 月上旬，应美国总统布什的邀请，温家宝总理对美国进行了正式访问。台湾问题显然是两位领导人会谈的中心议题。12 月 9 日华盛顿时间中午 12 时许，布什在白宫的记者招待会上表示反对海峡两岸任何一方单方面改变台海地区现状，严厉批评陈水扁说：“台湾领导人的言行表明，他可能做出决定单方面改变现状，对此我们是反对的。”[②] 布什的这一表态不能不说是对台湾的一种冲击。许多美国学者都感到，总统当着中国总理的面，这样直言不讳、不用任何外交辞令地批评陈水扁，确实表示了他对陈水扁的强烈不满。稍后，12 月 20 日，布什在与胡锦涛主席通电话时又再次重申，美国不希望海峡两岸的任何一方企图片面改变现状。[③] 布什总统的这一表态可以说是美国对台湾政策的又一次调整。它表明，布什政府认识到陈水扁的“台独”分裂活动是对台湾海峡地区稳定的严重威胁，现在布什政府的政策重点是向台湾当局施加压力，是要把陈水扁管住，约束“台独”分裂势力的活动。

就在台湾选举前一天，3 月 19 日，发生了神秘的“枪击案”。第二天，陈、吕仅以 0.2% 的微弱优势获胜，泛蓝不服，进行了持久的抗争。但陈水扁执意要搞的“公投”却马上有了结果：两个议题的投票率分别为 45.17% 和 45.12%，均未过半，“公投”无效。

4 月 21 日，众议院国际关系委员会举行纪念《与台湾关系法》25 周年听证会，助理国务卿凯利出席作证，比较完整、全面地阐述了布什政府的对台湾政策。证词总的调子仍然是反对单方面改变现状。他强调，中国政府领导人不放弃对台湾使用武力，在台湾宣布“独立”时将采取军事行动；虽然美国对中国的这一立场持有强烈异议，“但我们和台湾领导人如

---

① Kerry Dumbaugh, Taiwan - U. S. Political Relations: New Strains and Changes. CRS Report for Congress. p. 10.

② 见 Kerry Dumbaugh, China - US Relations: Current Issues and Implications for U. S. Policy. CRS Report for Congress, p. 9。

③ Washington File, December 10, 2003, pp. 2 - 3.

果把这些声明看作是虚声恫吓那是不负责任的”，“我们敦促台湾人民也同样严肃地看待这些声明”。他进而说：“在我们看来，任何单方面走向独立不会使台湾得到比它现在已经享有的自由、自治、繁荣和安全更多的东西”，而大陆方面的反应“将可能摧毁许多台湾已经建立起来的东西”。证词要求陈水扁“实施负责任的、民主的和克制的领导，这是保证台湾的和平和繁荣的未来所必须的”。这段话传达的信息十分重要，说得直白一点就是，如果台湾领导人和民众要和平、要繁荣，那就不要搞“台独”；要搞“台独”，就会失去和平，失去繁荣。20 多年来，还没有一位美国高官这样警告过台湾领导人。讲到台湾“修宪”时凯利说：“如果要美国支持，那么台湾的修改宪法就应该是有限度的。如果我们不知道限度何在，那么我们将不会予以支持。总统关于反对单方面改变现状的表态将在与台湾关于政治演进的对话中予以加强。”这就明白告诉台湾当局：不要乱来，否则别怪我们不客气。①

在各方面的压力下，陈水扁在 2004 年 5 月 20 日的“就职演说”中又信誓旦旦地作了一些保证，诸如“涉及国家主权、领土及统独的议题，目前在台湾社会尚未形成绝大多数的共识，所以个人明确地建议这些议题不宜在此次宪改的范围之内”，“2000 年 5・20 就职演说所揭橥的原则和承诺，过去四年没有改变，未来四年也不会改变”等等。但他向来是说话不算话的，在 10 月 10 日纪念“双十节”的讲话中他又说什么“中华民国的主权属于 2300 万台湾人民，中华民国就是台湾，台湾就是中华民国”等等，② 与他先前的保证显然相违背。

2005 年底，台湾举行了 23 个县市长的选举。民进党事先扬言要赢得过半的县市长，但选举结果民进党却只得到了 6 个，许多原先由民进党掌权的县市都改变了颜色，台湾的政治版图大变。苏贞昌为此辞去党主席职务，陈水扁也一个星期闭门思过。但他不甘心民进党的这一失败，在 2006 年 1 月 29 日春节讲话中竟然提出要废除“国统会”和“国统纲领”，“以彰显台湾主体意识”，引起海峡两岸及美国震惊。布什政府立即向陈水扁

① “Kelly Says Taiwan Relations Act Key to West Pacific Stability”, Washington File, April 22, pp. 5 – 12.

② 《陈水扁发表“5・20 就职演说”》，《陈水扁“国庆”致词全文》，全国台联研究会编：《台湾 2004》，九州出版社 2005 年版，第 482—486、513 页。

表明，美国反对台湾当局“采取步骤加剧紧张或改变现状，而且持续向台北说明这一点”。[①] 2月中旬，国家安全委员会负责亚太事务的代理资深主任韦德宁和国务院官员访问了台湾，与陈水扁进行了长时间的会谈，要求陈放弃“废统”。在美国的压力下，陈修改了措辞，使用了“国统会终止运作”和“国统纲领终止适用”这样的说法，并于2月27日予以宣布。当日美国国务院副发言人埃尔利在新闻发布会上说，美国反对任何一方单方面改变现状，不支持“台湾独立”，美国将继续要求陈水扁遵守不改变现状的承诺。[②]

本来陈水扁把“废除”改为“终止”只是为了糊弄美国，多少给美国一点面子。但得意忘形的“总统府秘书长”陈唐山和“国安会秘书长”邱义仁却又公开表示，“废除”与“终止存在”和“终止运作”没有什么区别。于是3月2日，国务院副发言人埃尔利就“终统”问题发表声明，“希望台湾当局公开纠正上述说法，毫不含糊地确认2月27日的举动没有废除国统会，没有改变现状，并确认其所作相关承诺依然有效”。声明还罕见地对陈水扁直呼其名，连个“先生”的称谓都不加，愤怒之情溢于言表。声明再次强调，“废除一项承诺就是改变现状”，“台湾信守承诺对于维持现状至关重要”。声明并在国务院网站上公开发表，这可以说是非常罕见的做法。[③]

民进党原来准备在2006年9月28日建党20周年时提出“新宪法”草案。越是临近这个日子，陈水扁鼓吹“修宪”就越起劲。9月下旬，他频繁发表各种言论，9月24日，他讲到“修宪”要考虑领土问题。在次日的新闻发布会上，美国国务院发言人再次重申反对单方面改变现状，并表示：美国“非常严肃地看待”陈水扁“一再作出的关于宪改进程不涉及主权问题的承诺，主权应该包括领土的含义”；陈水扁是否履行这一承诺“是对他的领导和对他是否有能力保卫台湾利益的一个考验”。[④]

---

① 《参考消息》2006年2月24日。

② 《人民日报》2006年3月1日。

③ Senior Taiwan Official's Comments on National Unification Council", Stated Department Press Statement, March 2, 2006. http://www.state.gov/r/pa/prs/ps/2006/662488.htm.

④ Daily Press Briefing, U.S. Department of State, September 25, 2006. http://www.state.gov/r/pa/prs/ps/2006/73101.htm.

3. 反对“入联公投”

2005年3月4日，胡锦涛总书记在全国政协会议期间就台湾问题做了四点重要讲话：坚持一个中国的原则决不动摇，争取和平统一的努力绝不放弃，贯彻寄希望于台湾人民的方针决不改变，反对“台独”分裂势力活动决不妥协。这个讲话更加完整、准确地阐述了新一代领导人对台湾政策思维。3月15日，全国人大通过了《反分裂国家法》，把全国人民实现祖国统一的强烈愿望上升到法律高度。从那时以来，大陆邀请国民党主席连战等来访，胡锦涛向他们阐述了建立两岸和平、稳定的架构的主张，以及和平与发展是两岸关系主题的思想。大陆方面宣布和实施了五六十项惠台措施，国共两党举办了三次经贸和农业论坛。这些政策和措施赢得了台湾越来越多民众的认同，也在国际上产生了良好的影响。

同时，中国政府也加强了与美国在台湾问题上的沟通。在近年中美两国领导人的多次会晤中，台湾问题一直是重要议题之一。2004年11月20日，胡锦涛主席在智利首都圣地亚哥出席亚太经合组织首脑会议期间会晤布什总统时强调，“‘台独’将断送台海和平，并将严重破坏亚太地区的稳定和繁荣，中美两国都应站在这个战略高度来认识‘台独’的危害，共同遏制‘台独’势力的分裂活动”。[①] 2005年9月13日，胡锦涛在纽约出席联合国成立60周年首脑会议期间再次会晤布什，希望美方同中方一道为维护台海和平稳定、反对“台独”做出积极努力。[②] 11月，在布什总统对中国进行访问期间，中方进一步指出，中美共同反对和遏制“台独”分裂势力及其活动，维护台海地区和平稳定，符合双方的共同利益。[③] 至此，中国方面已明确指出“台独”分裂活动对美国利益的危害，对地区和平与稳定的危害；反对和遏制“台独”是中美两国共同利益之所在，不是美国单方面为中国做的“善举”。中方的努力得到了美方的比较积极的回应。

按照陈水扁原先的时间表，2006年要完成“制宪”。但他明白，在“泛蓝”于立法机构占据多数的情况下，要在现有台湾的法律框架内“制宪”是极其困难的。于是他寻找了一个法理“台独”的替代品，那就是

① 《新华月报》2004年第12期，第30页。
② 《新华月报》2005年第10期，第64页。
③ 《新华月报》2005年第12期，第100页。

“以台湾名义加入联合国”以及在2008年3月举行领导人选举的同时举办“入联公投”。中国政府高度关注这一动向，并敦促美国就此表明态度。从2007年6月台湾当局提出“入联公投”以来，布什政府各级官员对“入联公投”多次进行严厉批评。8月28日，国务院常务副国务卿内格罗蓬特约见香港凤凰卫视记者发表谈话警告说，美国把台湾当局的“入联公投”看作“走向宣布独立，走向改变现状的一个步骤”，美国认为举办这次公投的想法是“一个错误”，台湾应该“避免任何挑衅性的步骤”。[①] 9月11日，负责东亚事务的助理国务卿帮办柯庆生在美台国防工业会议上发表主旨讲话，继续发话狠批“入联公投”，明确指出，这项公投是“居心不良的”，是“旨在改变现状的步骤”。公投推动者为了他们短期的政治利益，不惜以台湾人民的安全利益为代价来进行冒险。[②] 12月3日，美国在台协会驻台北办事处主任杨苏棣在台北一个公开场合再次表示，“入联公投”是“不必且不利的”，它极具风险，正在减损美台之间的互信。[③] 12月21日，国务卿赖斯在年终记者招待会上又表示，“入联公投”是“挑衅性政策，它没有必要地使台湾海峡的紧张升级，而不会使台湾人民在国际舞台上得到实在的利益”。[④]

台湾当局策划的“入联公投”既没有得到台湾大多数民众的拥护，也遭到国际社会普遍的反对，在3月22日的投票中遭到失败。[⑤] 26日，胡锦涛主席在与布什总统的电话交谈中赞赏布什总统和美国政府多次表示坚持一个中国政策、遵守中美三个联合公报、反对“台独”、反对“入联公投”、反对台湾加入联合国及其他只有主权国家才能参加的国际组织的明

① Bureau of Public Affairs, U. S. Department of State, “Interview By Naichian Mo of Phoenix TV, John Negroponte, Deputy Secretary of State,” August 27, 2007, at http://www. state. gov/s/d/2007/91479. htm.

② Thomas Christensen, Speech to U. S. – Taiwan business Council , Defense Industry Conference, September 11, 2007, Annapolis.

③ Steve Young, “Opportunities And Challenges in U. S. – Taiwan and Cross – Strait Relations”, 3 December 2007. http://www. ait. org. tw/en/news/officialtext/viewer. aspx? id = 2007120302.

④ Secretary of State Condoleezza Rice, Press Conference, 21 December 2007, http://www. state. gov. /secretary/rm/2007/12/97945. htm.

⑤ 2008年3月22日，台湾领导人选举和公投揭晓。国民党参选人马英九和萧万长得票为765.87万张，得票率为58.4%；民进党参选人谢长廷和苏振昌得票544.52万张，得票率为41.5%；民进党“入联公投”投票率为35.8%，国民党“返联公投”投票率为35.7%，投票率均不到一半，没有过关。

确立场，希望中美双方继续为维护台海和平稳定共同努力。①

4. 美国要做两岸关系的制衡者

总之，从布什2003年12月9日讲话以来，出现了一种貌似中美两国联手遏制法理“台独”的新形势。但这并不意味着美国对台湾政策的根本转变。美国对台政策从根本上说是矛盾的：美国一方面说实行一个中国政策，遵守中美之间的三个公报；另一方面又实行《与台湾关系法》。任何一届美国政府都无法克服这个根本矛盾，布什政府更把美国对台政策说成是“基于三个公报和《与台湾关系法》的一个中国政策”。2006年10月25日国务卿赖斯在美国传统基金会讲话中说：“有一点我们说得很清楚，美国对台湾的政策是受我们对‘一个中国’政策的承诺和三个公报支配的。我们也说得很清楚，它是受我们在《与台湾关系法》中所承担的义务支配的，这就是帮助台湾自卫。我一直对中国人说，这是一个整体，它们是不可分的。”② 只要《与台湾关系法》存在一天，美国对台湾政策的矛盾就存在一天。而在可以预见的未来似乎还看不到美国会修改或终止《与台湾关系法》的可能。

美国对台湾的基本政策是维持不统、不独、不战、不和的局面，也就是台湾事实上与大陆相分离的局面。这种局面最符合美国的战略利益。在具体实施上，美国是要主导台海局势，要做两岸之间的平衡者。2005年3月，胡锦涛主席在政协会议期间作了关于台湾问题的四点重要讲话；此后，大陆邀请了台湾国民党、亲民党和新党领导人访问大陆，国共两党之间达成了五项共识，③ 举行了经贸论坛和农业论坛，大陆宣布并实施了对台湾同胞的数十项优惠措施，海峡两岸的交往出现了前所未有的大好局面。与此同时，陈水扁及其家属因陷入腐败丑闻而遭到越来越多的台湾民众的反对，布什2001年4月批准的巨额军售案一直受到台湾“立法”机构的抵制。④ 这种事态发展显然也是美国不愿意看到的。美国方面担心，

---

① 《人民日报》2008年3月27日。

② Annual B. C. Lee Lecture, Secretary Condoleezza Rice' Speech at the Heritage Foundation, October 25, 2006.

③ 这五项共识是：促进尽快恢复两岸谈判，共谋两岸人民福祉；促进终止敌对状态，达成和平协议；促进两岸经济全面交流，建立两岸经济合作机制；促进台湾民众关心的参与国际活动空间的问题；建立党对党定期沟通平台。见《人民日报》2005年4月30日。

④ 截至2006年10月，这笔军购案中只有四艘基德级驱逐舰已达成交易并交付台湾，其余各项均未成交。

如果两岸关系越来越密切，两岸人民自己来决定台湾的前途，其结果就是在台湾问题上美国逐渐被边缘化。而对军购案的抵制就是美国被边缘化的一个表现。美国方面不能让这样的事情发生，遂不断对台湾施加压力，要求台湾方面尽快就军售做出决定。2006 年 9 月 12 日，美国国务院亚太司台湾协调科科长夏千福在丹佛举行的台湾商会防务工业会议上针对台湾海峡的形势发表演说，强调“中华人民共和国继续从令人瞩目的经济增长所获得的收益中取出相当大的一部分，用来扩充针对台湾的军备，大家为此深感不安……这类扩充军备的活动有破坏现状的危险。随着解放军每部署一个新的导弹、战斗机、潜艇、战舰和坦克，两岸军力上的差距在不断拉大”。他强调美国方面仍然坚持执行布什 2001 年 4 月作出的向台湾销售武器的决定，对台湾来说，“紧迫的需求已成燃眉之势，须立即提供拨款”。他要求台湾领导人痛下决心。①

尽管美国一再催逼，陈水扁当局也反复向立法机构提出，但“泛蓝”占据多数的立法机构仍然加以抵制。情急之下，美国在台协会驻台北办事处主任杨苏棣于2006 年 10 月 26 日异乎寻常地在台北举行记者招待会，声言“台湾加强军事防卫能力的议题，不应受岛内政治的挟持，美方会密切注意发展，看谁反对或借此大搞个人的政治利益”。并称，“就我在华府得到的讯息，现在是通过军购案的最好时机，不然就错过了”。②

杨苏棣的讲话没有达到预期效果，反而引起台湾民众的强烈反感。10 月 31 日，军购案闯关第 62 次遭到立法机构封杀。美国国务院发言人在接受台湾东森新闻台电话采访时，特别念了一份正式声明，声称杨苏棣讲话是基于美方对台海两岸军力的评估，鼓励台湾增加“国防”支出是美方的一贯政策；美方赞赏陈水扁当局为提高“国防”所作的努力，希望各政党领导人负起责任，不受政治议题干扰，尽快就军购案做出决定。③ 陈水扁则表示，军购还是要向美国买，这样才有协防“保单”，如果向其他国家购买就没有保单。④

2008 年 3 月台湾选举和马英九就任台湾领导人以后，美国一方面表示

① Speech to U. S. – Taiwan Business Council Defense Industry Conference, September 12, 2006, Denver, by Clifford A. Hart, Jr., Director, “State Department Office of Taiwan Coordination”.

② 《香港商报》2006 年 10 月 27 日。

③ 林海：《军购不过，美国压马英九》，《环球时报》2006 年 11 月 2 日。

④ 台湾《联合报》2006 年 10 月 27 日。

乐见海峡两岸改善关系，乐见台海地区稳定，一方面又密切注视着事态的发展，生怕两岸关系的发展超出了它的控制。6 月底赖斯在接受访问时表示：“美国和台湾也有关系”，透露出对台湾没有努力改善对美关系的不满。

2008 年一个突出的事例是 10 月初美国宣布向台湾出售价值 64.63 亿美元的六项武器，其中包括：330 枚“爱国者” – III 导弹和相关设备，30 架“阿帕奇”攻击直升机，4 套 E-2 预警机升级套件；32 枚“鱼叉”导弹及两具模拟器，182 枚反坦克导弹。

总之，美国仍然是要在大陆和台湾之间维持一种所谓的平衡，而美国则要扮演两岸之间的制衡者。不仅在两岸之间，就是在台湾岛内，美国也要保持这种制衡者的地位，因为不论“泛蓝”还是“泛绿”，谁要在台湾掌权，都需要美国的支持。美国要把岛内事态和两岸关系操纵在它的手里，这种情况是看得越来越清楚了。

第五节　继续促进互利双赢的经贸关系

布什总统是主张自由贸易、反对贸易保护主义的。在 2000 年美国国会辩论中国永久性正常贸易关系立法时，他作为共和党总统候选人，呼吁国会所有成员，无论民主党人还是共和党人，抛开党派成见，联手合作，使中国成为美国的正常贸易伙伴。布什当政后，他的总政策是继续促进两国互利的经贸关系。

2001 年 6 月上旬，美国贸易代表佐利克访华，就中国加入世界贸易组织的一些遗留问题与中方进行谈判，并于 6 月 9 日达成协定。佐利克表示，“谅解对于中美两国是一个双赢的结果”。① 接着，美国政府宣布恢复美国贸易发展署 1989 年以后暂停的官方对华援助计划，该计划有利于扩大中美两国在能源、基础设施、环保技术等方面的合作。2001 年 7 月 31 日美国商务部和中国外经贸部在北京签署了《中美贸易发展合作框架协议》，具体化了多项援华协议，包括神华液化煤项目、上海空气监测项目、山东空气监测项目、中国石油天然气集团石油污染物排放自动监测系统等

① “U. S. China Reach Consensus on Beijing WTO Accession”, Embassy of the United States of America, Washington File, June 13, 2001, p. 1.

项目利用美国贸易发展署资助的协议。[①] 中国政府则在“9·11”以后加大了与美国经济合作的力度，从而减轻了恐怖袭击给美国经济带来的损失。2001 年 10 月，中国四家航空公司与美国波音公司签订了价值约 20 亿美元的订单，这是在美国的航空和旅游业遭到沉重打击后波音公司接到的第一个大订单。

2001 年底中国加入世贸组织，对外贸易获得新的发展势头。7 年来，中国对外贸易每年都保持 20% 以上的增长率，高的年份甚至达到 30% 多。现在中国稳居世界第三贸易大国、第二出口大国地位。中国对美国的贸易也保持了这样的发展速度。2001 年两国贸易额美方统计是 1215 亿美元，中方统计是 804 亿美元；2007 年这两个数字已经跃升为 3215 亿美元和 3020 亿美元。中美两国互为第二大贸易伙伴，中国连续五年是美国出口增长最快的市场。中美贸易占中国对外贸易的 14% 强，占美国对外贸易的 11% 强。美国在华投资继续快速增长，同时中国企业也开始在美进行投资。

中美两国经贸关系是互利双赢的关系。中国需要美国的投资和美国消费者购买中国产品；美国需要中国来帮助降低包括资本、商品和劳务在内的所有东西的价格。中国价廉物美的商品帮助美国保持了低通胀，一年为美国消费者节省 1000 亿美元；美国零售商通过销售中国商品赚取了巨额利润。中美贸易也为美国提供了大量就业机会。根据美国有关方面统计，中美贸易带动的美国就业人数在 400 万到 800 万。在华的美国公司普遍回报良好，40% 多的公司在华利润率超过它们在世界其他地方的利润率。惟其如此，两国的经贸关系具有持续发展的广阔空间。

但两国经贸关系还有不平等的一面。随着中国经济的发展，中国企业开始走出国门，到海外投资。国际并购本来是常见的商业行为，但由于“中国威胁论”在美国政界尤其是国会还有市场，所以一旦中国公司并购美国公司，就会在美国引起特别关注。2004 年联想公司并购 IBM 公司全球笔记本电脑业务、2005 年海尔公司并购美国家电业巨头美泰公司（未遂），尤其是 2005 年中海油并购美国加州石油公司（优尼科，未遂）都曾经在美国商界和政界引起相当的震动和争论。美国国会一些人把优尼科并购案政治化，竭力加以反对。2005 年 6 月 27 日，美国众议院能源和商务

① 《人民日报》2001 年 7 月 31 日。

委员会主席巴顿等致函布什总统对此表示“严重关注”。信中说，一旦并购成功，中国就会控制美国在墨西哥湾和阿拉斯加州的重要石油资源，并可能使“一系列十分先进的技术”转让给中国，这是“对美国能源和国家安全的一清二楚的威胁”。在参议院，康拉德、波特曼、格拉斯利等人表示，中海油是接受国家巨额补贴的公司，让这样一家公司并购优尼科违反了世贸组织的规定。[①] 为了消除美国国会议员的担心，中海油表示：即使并购成功，优尼科生产的油主要也是在美国销售，美国工人的岗位仍能保留，中海油感兴趣的主要是优尼科在亚洲的油气资源。即便如此，国会中的反对并未减少。美国国会甚至采取立法行动来阻止并购。中海油被迫于8月撤销并购。

近年来中美经贸关系的发展也不是一帆风顺的。突出的问题有四个：贸易逆差、人民币汇率、知识产权和美国对华高技术出口的严格控制。

1. 贸易逆差问题

根据美方统计，从2000年以后，中国已取代日本成为美国最大的贸易逆差国。在美国原先有一种期望，以为中国入世后美国对华逆差会趋向缩小，但这种情况没有出现。虽然美国对华出口一直迅速增长，但中国对美出口增长更快，根据美国统计，2004年的中美贸易逆差为1620亿美元，比2001年中国入世时的逆差830亿美元几乎翻了一番，是美国对日逆差752亿美元的两倍多。于是美国有一些人、尤其是一些国会议员就试图把贸易逆差问题政治化。这种观点的集大成者是美中经济与安全评估委员会2005年1月11日发表的一项研究报告。这项由经济政策研究所国际项目主任罗伯特·斯科特署名的报告名为《美中贸易，1989—2003——在全国和各州对就业和各个行业的影响》。报告指出，中美贸易逆差不断增长，导致美国不但在劳动密集型而且在高科技领域丢失就业岗位，美国各州、各行各业都未能幸免。报告指出，在1989年到2003年的14年间，美国对华贸易逆差增长了20倍，从62亿美元到1240亿美元，导致美国丧失了150万个就业岗位；在中国2001年加入世贸组织后，美国对华贸易逆差增长了一倍多，美国把就业岗位丢失给中国的速度也就比先前快了一倍。报告还逐个行业、逐州地考察了逆差的影响。该委员会主席达马托在公布这一报告时称：“有了这些资料，我们就可以开始评估中国对我们的经济安

① Wayne M. Morrison, China - U. S. Trade Issues. CRS Issue Brief. pp. 12 - 13.

全和国家安全的影响。这一报告是对我们发展这种理解的一个突破性贡献。”①

关于贸易逆差问题，中美两国相关部门在90年代就曾进行过多次会商。近年来，在两国官员的会晤中，中方一再指出，中美贸易不平衡主要是结构性、转移性、互补性的。美中贸易逆差不是引起美国失业的原因，对美国产业也不构成威胁。

布什政府对贸易逆差的看法与贸易保护主义者不同。2004年2月17日公布的《2005年总统经济报告》指出，从中国进口的增长主要是从太平洋地区进口转移的结果，中国现在是亚洲制造商出口产品的最后组装地。美国从太平洋地区的进口90年代中期在美国进口中的比例达到最高峰，现在的比例其实比那时还有所下降。因此美国对华贸易逆差对美国经济的影响微乎其微。② 这种看法是比较符合实际的。

2006年11月中旬，美国商务部长古铁雷斯率领25家大公司首席执行官等高管来中国访问。11月14日在会见记者时被问到两国间的贸易平衡问题，他表示：“我们将通过增加对中国的出口，而不是限制来自中国的进口来实现上述目标。”③ 这是一种对双边贸易的积极态度。

2. 人民币汇率问题

与贸易逆差密切相连的一个问题是人民币汇率问题。美国一些出口商、劳工组织和国会议员认为，中国故意低估了人民币的价值，使中国出口到美国的商品变得便宜，而使美国输入中国的货物变得昂贵，从而削弱了美国商品的竞争力，导致巨额对华贸易逆差。他们认为这实际上是一种变相的出口补贴。2003年美国国会参众两院的诸多委员会举行了十余次相关的听证会。由美国制造商协会牵头、八十多家机构联合组成的“健全美元联盟”还召集会议，对政府和国会施加压力。9月5日，民主党参议员舒默和共和党参议员格雷厄姆等提出一项法案（S.1586），说人民币的人为低估在美国“从2001年3月以来丢失260万个制造业岗位中起了主要

① “Study Criticizes Impact of China Trade Deficit on U.S. Economy”, Washington File, January 12, 2005, pp. 7-9; “U.S. - China Trade, 1989-2003. Impact on Jobs and Industries, Nationally and State by State”, http//usinfo.state.gov.

② “2005 Economic Report of the President, February 17, 2004”, Washington File, February 18, 2005, p. 4.

③ 《人民日报》2006年11月14日。

作用”，法案要求布什政府与中国进行谈判，确保“中国接受以市场为基础来确定货币价值的系统”；在这一法案通过后，将进行 180 天的观察，除非布什总统可以证实中国不再操控人民币汇率，否则美国将对从中国进口的货物额外征收 27.5% 的关税。①

在人民币汇率问题上，布什政府一方面抵制国会和利益集团的压力，在财政部多次向国会提交的报告中都说，美国的重要贸易伙伴中没有国家在操纵汇率。但另一方面又不断向中方施加压力，要求中国加快汇率形成机制的改革，让市场在决定汇率中发挥更大作用。美国财长斯诺在 2005 年 1 月的报告中指责人民币盯住美元的做法是对“世界市场一种实质性的歪曲”，并称“中国现在准备向更自由的汇率发展，而且现在就应该这样做”。②

2005 年 2 月，舒默和格雷厄姆在新一届国会重提 2003 年议案，要求中国在 2005 年 7 月前将人民币升值 27.5%，否则将对中国的进口商品征收 27.5% 的关税。4 月 6 日，参议院以 67 票对 33 票通过了议案。布什政府明确反对这一议案。在 4 月 7 日参议院银行委员会举行的听证会上，财长斯诺说，参议院企图迫使人民币升值的做法是个“严重错误”，因为操之过急可能破坏中国的金融体制。他质问舒默说：“你不希望扰乱中国的金融体制，导致又一场东南亚金融风暴，对吧?”③ 2005 年 7 月 21 日，中国政府根据人民币市场供求关系，决定进行人民币汇率形成机制改革，人民币对美元的汇率升值 2%，人民币将参考一篮子货币进行调节，而不再盯住单一美元，形成有管理的更富弹性的浮动汇率机制。“一篮子”货币主要包括美元、日元、欧元，并参考新加坡、英国、马来西亚、俄罗斯、澳大利亚、泰国、加拿大等国货币。

但舒默和格雷厄姆没有放弃他们的议案。他们原打算在 2006 年 3 月下旬再次表决议案，后又推迟到 9 月 28 日。在这个日子临近前，布什和保尔森一再进行劝说，他们遂宣布放弃表决议案，中美经贸关系中的一个矛盾暂时得以化解。

3. 知识产权问题

改革开放以来，中国的知识产权保护从无到有，逐步建立了一个比较

---

① “Senate Bill Presses Market - Based Value for China’s Yuan”, Washington File, September 10, 2003, pp. 3 - 5.

② “United States Finds No Currency Manipulation by Trading Partners”, Washington File, December 7, 2004, p. 5; Wayne M. Morison, China - U. S. Trade Issues. CRS Issue Brief. p. 1.

③ 参见周世俭《中美经贸关系在摩擦中迅速前进》,《国际问题研究》2006 年第 1 期。

完善的知识产权保护系统，中国已经承诺履行世贸组织《与贸易有关的知识产权协议》，中国知识产权的法规已基本符合世贸组织的规定。

美国拥有世界上最先进的技术、最多的专利，版权产业在美国国民生产总值中占有重要地位。根据美国国际知识产权联盟发表的报告，2002 年美国核心版权产业创造了约 5351 亿美元的产值，占 GDP 的 5.24% 左右；总体版权产业产值估计为 7912 亿美元，约占 GDP 的 7.75%。①

中美两国曾于 1992 年 1 月签署知识产权谅解备忘录，1995 年 2 月和 1996 年 6 月签署知识产权协议。从那时以来，中国政府不断加强打击盗版侵权行为的力度。尽管如此，知识产权保护问题在两国经贸关系中仍很突出。美国近年来对中国一再发起 337 条款调查。2003 年，在国际贸易委员会受理的 13 起有关美国专利的案件中，涉及中国当事人的有 9 起；2004 年前 9 个月，在 23 起 337 条款调查中涉及中国的有 10 起。可见问题之尖锐。② 美方认为，中国保护知识产权的责任分散，各政府机构责任不明、职责重叠，尤其是执法不力。2005 年 11 月，美国贸易代表提出了第四份关于中国履行加入世贸组织承诺情况的报告。报告承认中国采取了一系列重大措施来履行承诺，同时认为“仍有一些严重问题，尤其是知识产权执法”。③

近年来，中国政府在保护知识产权方面进一步加大了力度，采取了一系列切实有效的措施。2004 年 4 月国务院副总理吴仪率中国代表团赴美，出席升格后的第一次中美商贸联委会。吴仪副总理代表中国政府作出承诺，对知识产权法律和法规加以具体改进；加强宣传教育和执法工作；批准加入世界知识产权组织数字公约；建立中美知识产权联合工作小组，以解决执法问题；出台关于刑事责任标准的司法解释，内容覆盖起诉、定罪和量刑三个方面。④ 2005 年中国进行了为期一年的知识产权保护专项行

① 王宵鸣、苗迎春：《中美经贸关系影响因素论》，《哈尔滨工业大学学报（社科版）》2004 年第 7 期。

② “337 条款”最初见于美国《1930 年关税法》第 337 节，“337 条款”由此得名。修正后的“337 条款”规定，如果任何进口的行为存在对美受保护的知识产权的不公平行为，并且对美国产业可能造成抑制或垄断，美国国际贸易委员会可以应美国国内产业的申请进行调查。“337 条款”的制裁方式分为两种：针对列明公司的不公平进口产品的有限排除令，和针对特定类别的所有不公平进口产品的普遍排除令。见《中国商报》2004 年 10 月 15 日。

③ Wayne M. Morrison, China - U. S. Trade Issues. CRS Issue Brief.

④ 赵烨：《八协议为中美贸易减压》，中国人民大学书报复印中心：《外贸经济、国际贸易》2004 年第 6 期。

动。2006 年初，中国政府在集成软件、系统软件和专业软件基本正版化以及通用软件部分正版化的前提下继续推进软件正版化。4 月，中国三大电脑商方正、TCL 和清华同方宣布，在今后三年中，购买总价值 4.2 亿美元的 Windows 操作系统许可。当月，吴仪副总理率领庞大采购团赴美，签订了 107 项采购协议，金额超过 162 亿美元，其中就有 17 亿美元的软件合同。4 月 17 日，联想公司又与微软公司签订正版作业系统授权使用协议，在该年度购买价值超过 12 亿美元的软件产品，联想通过预装的方式在全球 65 个国家和地区销售微软软件，这是微软公司在中国开展活动以来最大的一笔订单。① 当月，中国政府发布《保护知识产权行动纲要》，就 2006 年、2007 年的知识产权保护工作的目标、重点和措施等做出了具体部署。②

2006 年 4 月中旬胡锦涛主席访问美国。胡主席在 4 月 18 日参观微软公司总部时表示，保护知识产权不仅是中国扩大对外开放、改革投资环境的需要，也是增强自主创新能力、实现又快又好发展的需要。中国将认真兑现保护知识产权的诺言。③ 这是中国领导人对国际社会做出的一项庄严承诺。虽然中国的知识产权保护还有许多工作要做，但可以说，两国在这方面的合作在加强，发展前景是乐观的。

4. 对华高技术出口的严格管制

从 1999 年臭名昭著的《考克斯报告》发表以来，美国对中国的高技术出口一直予以严格管制，包括核反应堆、卫星、集成电路和程控交换机、先进机床等都由于美国政府和国会的阻挠而未能成功交易。以 2002 年为例，中国进口高新技术产品 828 亿美元，比上年增长了 29%，而从美国进口的高新技术产品仅为 41 亿美元，占同类进口总额的 4.9%，与中美贸易在中国对外贸易中的比例极不相称。美国国际经济研究所的数据表明，由于对华实施高技术管制政策，美国每年要丧失 35 亿到 135 亿美元的贸易机会。④ 2002 年 2 月，美国审计总署向参议院提交了一份名为《出口限制：美国急需就中国半导体产业快速发展作基本政策评估》的报告，

① （香港）《大公报》2006 年 4 月 12 日 A8、19 日 A2、20 日 A2 版。

② 《人民日报》4 月 27 日第 2 版。

③ （香港）《大公报》2006 年 4 月 20 日 A2 版。

④ 陈宝森等：《中美贸易逆差研究》，第 45—58 页；湛柏明：《中美贸易的互补性与摩擦性》，《国际贸易问题》2004 年第 6 期。

要求政府对华实行更严格的技术出口管制。2003 年，国务院再次指责波音和休斯公司向中国提供可能用于制造洲际导弹的卫星和火箭技术，两公司被罚款 600 万美元。①

美国公司对政府的这种政策非常不满。中国美国商会在《白皮书》中抱怨说，在中国的主要贸易伙伴中，“美国的出口管制政策是最严厉的”，限制美国企业向中国出口双重用途的技术“只会使美国公司将市场拱手让给其外国竞争对手”。他们建议，为了保持美国高科技产品在全球市场的竞争力，美国政府应该取消无效或基本无效的出口管制措施，根据目前中国高科技产业能从国外买到的竞争性产品和技术情况以及未来预测情况，评估现行出口管制政策及程序的效果。②

确实，美国对华技术管制是一把“双刃剑”，受伤害的不仅是中国，而且也包括美国的商业利益。在未来 15 年中，中国电信业、计算机和半导体市场年均增长率可达到 20%—40%，③ 这将为美国企业带来巨大的商机。如果美国政府一味限制美国对华技术出口，必然损害美国企业的全球竞争力，损害美国在这些领域中的领先地位。在美国商界的一再要求下，布什政府考虑了调整对华高技术出口限制问题。在 2006 年 12 月中美战略经济对话期间，美国能源部长博德曼与中国国家发改委主任签订了一份谅解备忘录，中国核工业集团将从美国西屋电器公司购买四座原子能反应堆，价值 50 亿—80 亿美元。这是一个好的征兆。中国将加大在原子能发电方面的投入，两国在核电方面的合作对于深化两国能源合作、减少贸易逆差将产生积极作用。

① 李方安：《美国对华技术出口管制的效果评判与前景分析》，《国际贸易问题》2004 年第 7 期。

② 中国美国商会：《美国企业在中国》，2002 年版，第 15 页；王勇：《2002 年中美经贸关系回顾》，中国社会科学院美国研究所编：《美国年鉴》，中国社会科学出版社 2003 年版，第 253 页。

③ 参见李方安《美国对华技术出口管制的效果评判与前景分析》，《国际贸易问题》2004 年第 7 期。

第六章

中美两国的社会文化关系

中美关系正常化已经走过了三十多个春秋。三十多年来，中美关系经历了风风雨雨，但总的趋势是向前发展的。2006年4月，胡锦涛主席访美期间指出，“中美关系已远远超出双边范畴，越来越具有全球意义”。在中美关系的影响从双边向全球扩展的同时，两国在教育、科技、文化、体育、司法等领域的交流与合作不断深化，社会、民间交往日益密切。中美社会文化关系既依托于两国政治、经济关系的现实，也为两国关系的长远发展增添了活力。

第一节　中美教育、科技和文化交流

中美两国政府一直高度重视双方在教育、科技和文化领域的交流，签署了一系列政府间协定、协议、谅解备忘录等，为中美开展、加强在教育、科技和文化领域的交流与合作创造条件，提供保障。在两国政府积极推动下，数十万中美留学生、学者、文体工作者飞越辽阔的太平洋，为中美教育、科技和文化交流谱写了新的篇章。

一、中美教育交流与合作

中美教育交流的历史源远流长，但在冷战的高潮时期，中美教育交流陷入停顿。自1979年1月1日正式建立外交关系后，中美教育交流与合作得以全面恢复。在两国政府的推动下，中美教育交流与合作不断扩大和深化，成为中美关系的重要组成部分和两国关系发展的重要纽带。

1979年1月，中美两国建交伊始，时任中国国务院副总理的邓小平应邀访问美国，这是新中国成立以来中国领导人首次访美。访问期间，邓小平与美国总统卡特签订了《中华人民共和国政府与美利坚合众国政府科学技术合作协定》。1985年7月，中美两国在该协定的框架内签署了《中华人民共和国政府和美利坚合众国政府教育交流合作议定书》。该议定书到期后由两国代表分别于1990年、1993年、1995年和1998年续签。2000年3月，中国教育部部长（现任全国人大副委员长）陈至立与美国教育部部长赖利分别代表两国政府签署了《中华人民共和国政府和美利坚合众国政府教育交流合作协定》。2006年4月，胡锦涛主席访美期间，教育部部长周济代表中国政府与美国政府续签了该协定。在协定的框架下，中美两国教育部于2006年11月在北京签署了《关于进一步扩大教育合作与交流的谅解备忘录》。根据该备忘录，两国将在教育高层磋商机制、语言教学、高层次人才联合培养和联合科研以及基础教育领域进一步加强合作。备忘录的签署标志着两国教育交流与合作迈上了一个新台阶。

在中美两国政府以及相关部门的推动下，两国建立并执行了一系列教育交流与合作项目，这些项目包括：

1. 富布赖特项目。该项目是中国教育部与原美国新闻署共同商定的教育交流项目。中方每年派遣约20名人文与社会科学领域的访问学者和研究生赴美研究或攻读学位；美方派遣20名人文与社会科学领域的教师来华讲学。

2. 美中友好志愿者项目。该项目是中美两国政府合作项目。1988年，中美双方就美国派遣和平队志愿者来华任教达成原则协议。1998年6月29日，教育部与美方在北京签署《中华人民共和国政府与美利坚合众国政府关于在中国实施美国志愿者项目的协议》。根据协议，志愿教师主要在四川、重庆、贵州和甘肃等西部四省市从事高等师范专科院校基础英语和环保课程的教学，任期两年。1993年首批教师来华。2002年6月，第九批85名志愿者（其中63人从事英语教学，22人从事环境教育）来华任教。项目开展至今，累计已有262人次来华，分布在55所院校工作。

3. 政府代表团交换项目。该项目是教育部与美国教育部及美中关系全国委员会的合作项目，双方商定，从1985年开始中方每年派遣两个教育代表团访美，美方每年派一个教育考察团访华，访问内容涉及两国教育领域的各个方面。

4. 中美网络语言教学合作项目。该项目2002年启动，是中美建交以来双方教育主管部门开展的最具实质性的合作项目之一，它对促进中美两国相互了解和开展教育文化交流及推动两国长期友好具有重要意义。该项目是通过中美专家合作，应用网络、多媒体和模拟等先进技术，开发出一套国际一流的网上英语和汉语学习及教学系统，为美国中学生学习汉语和中国学生学习英语提供良好的学习资源。

5. 中美青年交流项目。该项目的动议是江泽民主席与克林顿总统1998年6月会晤时提出的，旨在加强中美两国青年的相互了解和交流，建立中美学校及社区间持续、长久的联系。该项目于2001年正式启动，活动方式是：双方高中学生开展为期一年的网上专题交流，同时，每个参与学校选派9名学生及两名教师前往各自的伙伴学校进行为期3—5个月的互访、学习。2001年9月，确定了参与项目的25对中美学校。

6. 孔子学院项目。2004年底，为发展中国与世界各国的友好关系，增进世界各国人民对中国语言文化的理解，为各国汉语学习者提供方便、优良的学习条件，中国国家汉语国际推广领导小组办公室开始推广孔子学院项目。自2004年底美国第一家孔子学院即马里兰大学孔子学院成立以来，孔子学院在美国得到迅速发展，现已正式建成42所。首次美国孔子学院联席会议于2007年1月在纽约举行，目前已经举行了两届会议。

留学生与学者是中美教育交流的主体。1979年以来，中美留学生与学者交流从无到有，规模由小到大，呈现出蓬勃发展的局面。

1978年6月23日，邓小平在听取教育部工作汇报时，做出了扩大派遣留学人员的指示。1978年7月美国总统卡特的科技顾问弗兰克·普雷斯（F. Press）向国务院副总理方毅发出邀请，请中国政府派代表团赴美商谈留学生计划。与美国达成协议后，1978年8月底9月初，教育部、外交部、国家科委召开了部分驻外使馆文化参赞会议，研究落实扩大派遣留学人员工作。1978年12月，首批50名赴美留学人员到达华盛顿，进入各高等院校。中国大量派遣留学生的决定得到了海外科学界的热情支持。80年代初，李政道先生发起中美联合招考物理研究生计划，到1986年按此计划安排了700多名学生进入美国大学。1981年，康奈尔大学的吴瑞教授又倡议把此计划扩展到中美生物化学和分子生物学领域。同年，复旦大学名誉教授、哈佛大学化学系主任、美国科学院院士多林教授发起中美化学研究生计划。丁肇中先生于1982年提议设立实验物理研究生培养计划。同年，陈省身先生倡议并组织实施选择赴美数学研究生项目。[①] 自1981年

① 宋健：《十代留学生百年接力留学潮》，http://www.10thnpc.org.cn/chinese/ch－yuwai/313757.htm。

起，出国留学有了单位公派的形式，此外，自费留学也成为培养人才的一条渠道，通过这两种渠道出国的留学人员很快超过了国家公派留学人员的数量。多渠道、多层次、多类别的出国留学局面逐渐形成。中国教育朝着邓小平提出的“面向现代化，面向世界，面向未来”方向发展。据美方统计，1979—1990 年间，赴美的中国大陆公费留学生和访问学者 60967 人，自费留学生 41501 人，共计 102468 人。[①] 进入 20 世纪 90 年代，中国留美学生不断增加，从 1994—1995 学年约 3.9 万人增加到 2003—2004 学年近 6.2 万人。中国留学生占外国留美学生全部人数的近 11%。[②]

“9·11”事件后，美国实行了一系列新安全措施，收紧了留学签证的发放，加大了对科学和技术专业留学申请的限制，使得 2005 年中国学生录取数减少 5%。这期间，美国自身意识到来自英国、加拿大以及澳大利亚等国吸引包括中国在内的外国留学生的激烈竞争，随即着手协调签证的发放。2005 年 6 月，中美达成了互相为对方留学人员颁发“一年多次”有效入境签证的谅解。美国放宽签证政策的做法很快收到了成效。2006 年秋季，美国的研究生院录取的中国学生人数增加两成。中国学生申请数和录取数分别增加 19% 和 20%，在各国中名列第二。[③]

在协调签证政策的同时，美国也加大了吸引外国留学生的工作力度。2006 年 11 月 16 日，美国教育部和国务院首次联合组团访问中国，大力推广美国教育，旨在吸引更多中国优秀学生赴美留学，并进一步促进两国在教育领域内的交流与合作。中国国内也出现了推动赴美留学的新变化：其一，高中毕业生申请美国本科的人数高速增长。以顺欣·美中国际 2005—2007 年为例，本科学生申请人数每年增长比例都在 20% 以上；2007 年秋至 2008 年春季，本科学生比例占到总留美人数 2/3 以上。据成都一些留学机构的数据显示，这一时期申请赴美读本科的人数和申请研究生的人数持平，各占 50%。[④] 其二，中国“国家建设高水平大学公派研究生项目”

① 顾宁：《评冷战的文化遗产：中美教育交流（1949—1990）》，《史学月刊》，http://www.10thnpc.org.cn/chinese/ch-yuwai/313757.htm。

② 石洪涛：《美国欢迎中国学生赴美留学》，http://www.gmw.cn/CONTENT/2004-11/24/content_137729.htm。

③ 代小琳：《中美教育交流促成中国学生赴美读研增两成》，http://www.eol.cn/dongtai_3322/20061121/t20061121_205893.shtml。

④ 参见 http://www.uscampus.com.cn/liuxue/liuxue2008news.asp?id=335。

于 2007 年 1 月立项并开始实施，旨在推进人才强国战略，促进高水平大学建设，增强为建设创新型国家服务的能力。按照计划，从 2007 年至 2011 年，国家将从清华大学、北京大学、浙江大学等 49 所重点高校中每年选派 5000 名研究生，有计划、成规模地到国外一流大学学习。两年来，共有 8008 名学生受该项目资助赴国外深造。

受上述诸因素的影响，中国赴美留学以及进行学术访问的人数都有显著增加。据美国国际教育协会统计，2006—2007 年度，在美学习的中国留学生有 67723 人，比上一年度增加了 8.2%。同期，在美访学的中国学者人数也有明显增加，达到 20149 人，超过韩国在美学者的两倍，而后者是向美国派遣访问学者人数位居第二的国家。2007—2008 年度，中美富布赖特学者计划所覆盖的人数也进一步增加。其中，中国向美国派出了 46 名学者，美国向中国派出了 41 名学者。相对于 1998—1999 年度中美互派 20 名富布赖特学者，这十年间，中美富布赖特学者计划规模已经翻了一番多。中美学术交流不仅使中国学界受益，而且为美国师生获取中国在全球许多重要领域的影响的第一手资料创造了更多机会。①

学生交流是双向的，目前美国在华学习的学生总人数还较少。但是，到中国留学日益成为美国学生的热门选择。在过去十年间，在华的美国留学生人数不断上升，其增加幅度在 500% 以上。根据美国国际教育协会最新报告，在最受美国学生欢迎的国家排行榜上，中国位列第七。中国吸引了大约 4% 的美国留学生，而十年前，这项数字仅为 1.6%。2006 年，中国吸收了近 6400 名美国留学生。

中美教育交流与合作的蓬勃发展得益于中美关系的发展和中国的改革开放政策。2001 年中国加入世界贸易组织以及中国教育部出台的一系列宽松政策都有利于吸引包括美国在内的各国留学生。②

改革开放三十多年来，中国取得了举世瞩目的巨大成就，并因此而引发了世人对它的空前浓厚的兴趣。无论是在学术界，还是在政界、商界，中国的内政外交特别是其未来走向，日益成为人们关注的焦点。随着中国在国际舞台上政治、经济影响力的扩大，各国对中国的关注会进一步增

---

① Michelle J. Nealy, Rising Student Interest Propels Growth in U. S. – China Educational Exchange, http://www.diverseeducation.com/artman/publish/article_ 11472.shtml.

② Ibid.

加，“中国热”会进一步升温，这将促使包括美国在内的更多外国留学生来华学习。

中美大学的校际交流是中美教育交流的另一重要组成部分。南京大学和美国约翰斯·霍普金斯大学合办的中美文化研究中心是中国改革开放以来最早建立的高等教育国际合作机构，旨在培养从事中美事务和国际事务的专业精英，以及国际政治、国际经济、国际法和美国研究等领域的教学科研人才。

自 1986 年以来，该中心的联合证书项目已连续招收了 22 届学生，来自中国、美国和其他国家的 1000 多名具有杰出才能的学生从中美研究中心毕业，他们活跃在中美两国以及世界各地的政府、企业、高校、科研机构、媒体、非政府组织。在一个开放的学术环境中，这些学生不仅学习了知识、理论和技能，而且亲自参与了促进中美两国间的合作与理解的项目。

清华大学与美国一些大学的交流与合作是中美大学校际往来的一个闪光点。1997 年 7 月，清华大学与美国中西部大学国际活动集团签署关于信息高速公路国际教育交流项目的协议，与美国中西部 10 所著名大学合作，在中国开展信息高速公路讲座，以推动中国信息高速公路技术的运用与发展。2002 年 1 月，由国务院发展研究中心牵头，清华大学公共管理学院和哈佛大学肯尼迪政府学院合作举办“中国公共管理高级培训班”。按计划，自 2002 年起的 5 年内，“公共管理高级培训班”每年一期，每期为中国政府培训 60 名左右的地方和中央官员，有资格接受这项培训的官员基本前提之一是应当具备副厅以上级别。目前，清华大学经济管理学院、材料系、环境系等都与哈佛大学有合作项目。

民间组织的推动也为中美大学校际交流拓展了渠道，1 +2 +1 中美人才培养计划就是一个范例。该计划是中国教育国际交流协会（CEAIE）、中教国际教育交流中心（CCIEE）和美国州立大学与学院协会（AASCU）共同合作与管理的新型中美高等教育双向交流与合作项目，CCIEE 和 AASCU 选择中国和美国有条件的公立高等院校作为该计划的成员单位，具体承担教学任务。1 +2 +1 中美人才培养计划于 2001 年 3 月正式启动，截至 2008 年 6 月，共有 66 所中方大学和 17 所美方大学参加了该合作项目。中方大学本科生和研究生分别在中、美大学完成规定课程的学习，可同时获得中美两国大学毕业证书和学位证书。

中美教育交流是一项互利共赢的事业。20世纪八九十年代，曾有一些中国留美学生学成未归，成为美国国家建设的支持力量。但是，这些海外游子与中国的联系是无法割断的。近年来，中国留美学生的毕业去向选择发生了新的变化。据有关人士介绍，“公派留学生大多数回国发展，自费留学生毕业后有1/4回国发展”。[①] 更为重要的是，中美教育交流不仅有利于培养人才，使其更好地服务于中美两国社会，而且也极大地促进了中美两国之间的了解，成为中美关系中的一个重要组成部分。

二、中美科技交流与合作

自1979年1月中美两国政府达成《中美科技合作协定》以来，在双方政府的推动下，两国科技合作取得了长足发展。中美两国已实施数个科技合作项目，数万名科学家参与双边交流。中美科技合作体现了“全方位、多层次、宽领域、高水平”的特点，形成了政府间合作、科研院所和大学间合作、企业间技术合作以及科技人员交流并举的良好局面。中美科技合作与两国商务、经济合作并列为双边关系的三大支柱，在推进中美关系方面发挥了极其重要的作用。

中美科技合作早在中美正式建立外交关系之际就已经拉开了帷幕。1972年2月尼克松总统访华，中美发表《上海公报》。在《公报》中双方承诺推动非官方往来以及科技、文化、体育和新闻业之间的交流。在此背景下，到1972年底，100名美国科学家、学者访问中国，首批中国科学家也踏上了访美之旅。[②] 中美科学家的互访推动了中美科技合作的发展。1978年，中美两国签署了《农业交流谅解备忘录》、《空间技术合作谅解备忘录》以及《学生、学者交流协定》[③]。1979年1月31日，邓小平访美期间与美国总统卡特签署了《中美科学技术合作协定》，正式开启了中美两国的科技合作。根据《中美科学技术合作协定》，两国的科学家、学者、专家和学生之间可以进行包括科学、学术和技术信息与文件的交流。协定还提出，中美合作制订、执行计划和项目，联合开设课程、举办会议、论坛，合作进行研究、开发和试验，以及合作伙伴之间交流研究成果和经

---

① 中国留学生美国就业分析，http://www.uscampus.com.cn/liuxue/liuxue2008news.asp?id=335。

② United States - China Science and Technology Cooperation, December 2006, http://www.state.gov/documents/organization/96437.pdf, p.5.

③ 这三份协议签署不久即被并入1979年签署的《中美科技合作协定》。

验。简言之，《中美科技合作协定》是一份中美科技合作的指导性文件，其主旨是通过为中美两国科学家之间的合作提供便利，来构建健康的中美科技关系。

《中美科学技术合作协定》总揽中美科技交往全局，每5年续签一次，最近一次续签是在2006年4月30日。在实践中，中美科技关系通常由两个机制来协调，即中美科技合作联委会和中美科技执行秘书（中美各设一个秘书）。中美科技合作联委会每两年在两国轮流召开会议，召集中美两国的决策者，协调双方的科技合作事宜。中美科技合作执行秘书会议也是每两年召开一次，其主要功能是执行具体的合作计划。迄今为止，中美科技合作联委会已经举行了12次会议。2006年10月，在北京召开了中美科技合作联委会第12次会议。在会议上，双方就多个合作热点问题取得了新的突破并达成了广泛共识。中国科技部部长徐冠华在会上正式宣布，中方将就中国加入由美国发起的“未来发电”计划政府指导委员会一事与美方展开谈判，并希望早日达成共识和签署协议。双方还签署了《环境保护领域科技合作谅解备忘录》，并就尽早启动中美在对地观测、全球变化等领域的合作以及加强在基础研究和纳米科技领域的合作达成了一致意见。美国国务院在会上提出了“先进科技研究日程”计划倡议。该计划旨在加强中美基础研究领域合作和增派美国科学家赴中国开展合作研究工作，中方对此给予了积极回应。会上中方介绍了中国建设“天津滨海国家生物医药国际创新园”和“济南国家信息软件国际创新园”的有关情况。中美双方还就高能物理（大亚湾核电站中微子实验）、新能源、替代能源和可再生能源（特别是生物质能）等领域进一步加强交流与合作进行了探讨，一致同意未来在能源科技合作领域开展合作研究、关键技术合作示范项目、产业化项目并推动技术转让。①

三十多年来，中美科技合作联委会为两国的科技合作与交流搭建了一个良好的平台，为双方政府间开展科技合作建立了一个稳定的对话和联络机制，创造了有利环境，为增进了解、探讨合作提供了论坛，既保持了双方科技领域的高层接触，也带动了各个层次的民间科技交流与合作的开展。中美科技合作联委会中方牵头执行机构为中国科技部，美方为美国白

① 中美科技合作联委会第12次会议在京召开，http://houston.china-consulate.org/chn/kj/t276980.htm。

宫科技政策办公室。两国均派高级代表出席联委会会议。

中美科技合作从一开始就得到两国政府的积极推动，科技交流一直是中美两国领导人晤谈的主要内容之一。继 1979 年 1 月邓小平访美并签署《中美科学技术合作协定》之后，1984 年 1 月 12 日，中国国家科委副主任赵东宛和美国总统科学顾问基沃斯在华盛顿签署了《关于延长两国政府科学技术合作协定的协议》。同年 4 月 26 日—5 月 1 日，美国总统里根访华，中美草签了《中美和平利用核能合作协定》。

1985 年 7 月，中国国家主席李先念对美国进行国事访问，这是中国国家元首首次访美。访问期间，双方正式签署《中美和平利用核能合作协定》。1997 年 3 月，美国副总统戈尔访华期间，与李鹏总理共同主持了“中美环境与发展讨论国际交流会”并发表讲话。与会者交换了两国在环境与发展问题上的看法，进一步探讨了两国在科技、环境、能源和商业方面合作的可能性。

1997 年 10 月，江泽民主席访问美国期间，中美发表了《联合声明》，对两国科技交流与合作的成果予以肯定，赋予中美科学技术联合委员会继续指导双边科技合作项目的职能，并指出中美将进一步运用科学技术来解决国家和全球问题。两国确定了利用空间对地球进行科学研究和实际应用的合作领域，还签署了《中美能源和环境合作倡议书》；1998 年 6 月，美国总统克林顿访华，中美两国就签署《中美和平利用核技术合作协定》、《中美城市空气质量监测项目合作意向书》达成一致。

1999 年 4 月朱镕基总理访美期间与戈尔副总统共同主持了中美环境与发展讨论会第二次会议开幕式。朱镕基首先肯定了中美环保合作所取得的成果，但他同时指出，中美双方在环境领域的合作，无论从深度和广度上都与中美两个大国的地位不相称，双方合作的潜力远未打开；美国拥有环保技术、资金和人才方面的优势，中国拥有环保市场的巨大潜力，只要双方共同努力，扫除障碍，创造条件，中美两国在环境领域的合作必然会有广阔的前景。[①] 开幕式后朱总理和戈尔副总统出席了美国十多家主要能源环保公司负责人举行的能源环保圆桌会议。两位领导人还出席了环境保护意向性合作文件签字仪式。

---

① 朱总理和戈尔共同主持中美环境与发展讨论会，http://www.grchina.org/gbj/spot/spo1205.htm。

2005 年 11 月，胡锦涛主席在与布什总统会晤中明确提出进一步发挥中美科技联委会的作用；鼓励两国政府主管部门、科研机构和产业界加强科技合作 。2006 年 4 月胡锦涛主席访美期间两国政府代表签署文件，将《中美科技合作协定 》再次延期五年。中国科技部长徐冠华与美国白宫科学和技术政策办公室主任兼总统科学顾问马伯格 18 日在华盛顿代表两国政府签署《〈中美科技合作协定〉延期议定书》和《谅解备忘录》。同日，双方还签署了《卫生健康医药科学合作谅解备忘录》并举行会谈。备忘录旨在加强两国在艾滋病、新发和再发传染病、传统医药、可用疫苗预防的疾病、组织器官工程和再生医学等领域的科研合作。双方在会谈中交流了两国在人口健康领域的科研状况，并就如何落实备忘录达成共识，中美科技交流与合作进一步加强。

在《中美科技合作协定》的框架下，两国政府已签署近 50 个合作议定书（协议、谅解备忘录），[①] 双方参与中美科技合作的机构几乎涵盖所有与科技有关的政府机构。合作项目涉及能源、环境、农业、基础科学、科技信息和政策、交通、卫生医药、核安全与民用核技术、材料科学和工程计量科学、生物医学、地震、海洋、大气、中医药等众多领域，合作方式包括合作研究开发、联合调查、技术转让、技术示范、数据资料交换、学术会议、技术咨询、人员交流等多种形式，取得了中科院遥感卫星地面站、北京正负电子对撞机、中国数字化地震台网、海洋沉积作用调查、西太平洋海气相互作用联合调查、大熊猫繁殖等一大批在国际上具有先进水平的成果。在一些高科技领域，中美也进行了有益的合作与交流，如气象卫星研制、磁流体发电、流化床燃烧、钕铁硼永磁材料的制造和应用。随着科技合作的发展，双方还开展了一大批经济技术合作项目，如山西平朔露天煤矿、上海麦道民用客机、北京吉普车以及中国运载火箭发射美制卫星等。

近年来，环境保护合作一直都是中美科技合作的重点，在近几届中美科技合作联委会上均被列入会议议程并得到两国科技界领导人广泛关注。继 2006 年 10 月中美共同签署《环境保护领域科技合作谅解备忘录》后，

---

① 根据美国国务院 2006 年 12 月向国会美中经济与安全评估委员会提供的报告，当时美中正在执行的合作议定书约有 26 个，附加议定书约 60 个。United States – China Science and Technology Cooperation, December 2006, http://www.state.gov/documents/organization/96437.pdf, p. 13.

由中国科技部、美国环保局联合主办的第一届中美环境科技合作研讨会2008年4月1日在北京召开，这是自备忘录签署以来双方首次举办的重要活动，旨在进一步推动双方在该领域科技合作的实质性进展。2008年6月举行第四次中美战略对话，双方签订了《中美能源环境十年合作框架》文件，这一文件的签署必将对《环境保护领域科技合作谅解备忘录》的落实起到积极推动作用。

在政府间科技合作的推动、示范和鼓励下，两国半官方及民间科技合作交流也取得了很大发展。两国省市和州之间、高等院校之间、研究所和实验室之间，以及公司企业之间已经建立了多层次、多种类、多形式的科技合作和交流关系。20世纪80年代中期以来，中美双方又发展了研究所与公司或企业之间的合作。目前，美国杜邦公司、惠普公司、西方石油公司、微软公司、数字设备公司、国际商用机器公司等都与中国科学院建立了联系，开展项目合作，促进了科研成果的商品化。1998年，联想集团与美国微软公司签订了在其产品全部预装 MS Windows95 软件的合同，两家著名厂商之间的战略伙伴关系已经形成。通过政府间科技合作以及半官方及民间科技交流合作，双方取得了一批具有重大科技意义和经济意义的成果，其中相当一部分达到了国际水平。①

三十多年来，中美科技交流与合作获得了长足发展，取得了丰硕成果。但是，美国对高技术出口特别是军事敏感技术出口的限制，还是严重阻碍了中美科技交流与合作。美方一直对中美科技合作对中国的影响十分关注，尤其是对这一合作可能增强中国军力保持警觉。根据2003财年鲍勃·斯顿普国防授权法的要求，美国国务卿每两年须向国会提供一份报告，对《中美科技合作协定》框架下的科技交流活动作出全面评估，包括对中国经济、军事以及工业基础从该协定中受益的程度作出评估。美国国务院2006年12月向“美中经济与安全评估委员会”提供的报告指出：“与2004年的报告一致，国务院没有发现《中美科技合作协定》促进中国军力增长的直接证据。”② 尽管如此，中美科技交流仍因种种因素的限制而

① 搭建横跨太平洋的科技之虹，http://kjj.zhuhai.gov.cn/download/dwkjhzk/hzgkcg/china_usa_hz.doc。

② United States - China Science and Technology Cooperation, December 2006, http://www.state.gov/documents/organization/96437.pdf, p.5.

无法取得更快更好的发展。

中国学者在 2006 年 10 月 16 日举行的首次“中美科技政策论坛”上指出，中美科技合作中尚存在一些问题：一是美国对华政策中包含的一系列矛盾，使得美对华政策的两面性严重制约两国进一步科技合作。冷战结束后，美国一方面从外部施加压力，企图制约和防范中国；另一方面以交往为手段，企图促进中国从内部发生美国所期望的变化。在这种软硬兼施的政策里，华盛顿内部经常贯穿关于遏制还是接触的辩论，加之美国媒体和政客对中国威胁论的渲染，中美关系总是存在着干扰。只要中美战略关系定位不清晰，双方科技关系必然受到严重制约。二是美国在高技术领域对华合作与贸易的限制，阻碍了中美科技合作的扩大和深入。三是中国科技工作者赴美签证状况虽有所改善，但仍然严重影响两国科技交流与合作，以至于许多中国科学家对美国的科技合作在一定程度上失去信心。四是合作中双方在经费共同使用方面的协调机制仍不完善，尚未建立起对合作活动进行共同资助的有效机制。①

由于中美在能源、农业、卫生、对地观测、环境与可持续发展、基础研究、青年科技人员交流、科技政策与管理等众多领域的科技合作符合双方的共同利益，因此两国在这些领域的科技合作应该会得到进一步的扩大和深入。

三、中美文化交流

1979 年 1 月 31 日，邓小平和美国总统吉米·卡特在美国签署《中华人民共和国和美利坚合众国政府文化协定》，同年 8 月 28 日，邓小平和美国副总统沃尔特·蒙代尔在北京签署中美文化协定的第一个执行计划，即 1980 年和 1981 年中美文化交流执行计划，② 为全面恢复和拓展中美文化关系掀开了新的一页。此后，中美两国在文艺表演、工艺美术、文物展览、广播影视、新闻出版以及体育等方面的交流不断推进，两国人民之间的了解也不断加深。

1971 年 4 月 10 日，美国乒乓球代表团应邀访华，打开了中美文化交

---

① 中美科技合作顺利 高技术领域限制阻碍扩大深入，http://www.yaodu.gov.cn/Article_Show.asp?ArticleID=5310。

② 根据《中华人民共和国和美利坚合众国政府文化协定》，中美签署文化交流执行计划，以便商定具体的合作项目。迄今，中美先后签署了 8 个文化交流执行计划，最近的执行计划是在 2007 年 6 月 11 日签署的 2007—2009 年文化协定执行计划。

往的大门。随着中美关系的正常化以及《中美文化协定》的签订，中美两国长期被压抑、阻碍的相互了解与交流热情得到迅速释放。中美关系正常化第一个十年间，两国在音乐、舞蹈、戏剧、影视、图书等方面的交流全面展开，互动往来十分频繁。1979 年 3 月，美国美中艺术交流中心派出包括音乐、舞蹈、戏剧、博物馆专家组成的美国艺术团一行 32 人来华考察，确定交流与合作的领域和项目，并邀请文联副主席林默涵率中国艺术教育代表团于 1980 年 4 月访美。

在表演艺术方面，1979—1989 年间，美国来华访问的交响乐团、芭蕾舞团、民间舞蹈、合唱团以及魔术团等表演艺术团体大约有 58 组。其中，1979 年 3 月，美国著名指挥家小泽征尔率波士顿交响乐团一行 183 人在中国上海、北京等地举行四场音乐会，并同中央乐团合演贝多芬、柴可夫斯基、威尔第等音乐大师的欧洲古典乐曲，以及美国作品和中国琵琶协奏曲《草原小姐妹》。1981 年 7 月，美国纽约大都会歌剧院享有“美国歌剧第一夫人”美誉的萨拉·劳德威尔访问中国。同期，中国京剧团、中国民族艺术团、中央民族歌舞团等 23 个中国表演艺术团赴美访问演出。其中，1980 年 8 月，北京京剧院演出团一行 74 人、广东杂技团一行 65 人相继赴美演出，把“国粹”杂技和“国剧”京剧艺术推向美国各地，在美国 27 个城市共演出两百场，观众达 36 万人次，获社会、经济效益双丰收。1982 年 2 月，中国派出作曲家茅源、舞美设计家李克瑜等以及部分演员赴美与美国休斯敦芭蕾舞团合演史蒂文森编导的《郑板桥》，实现了中美芭蕾艺术的交融。

这一时期，中美两国在视觉艺术、广播影视、文学出版以及体育等方面的交流也取得了一定的进展。

在视觉艺术方面，中美通过举办画展、摄影展、文物展等形式进行交流。1980 年 4 月，中国 105 件青铜器、八件秦兵马俑等珍贵文物组成的题为《伟大的青铜器时代》大型文物展，在美国纽约大都会博物馆展出。同年 6 月，齐白石、吴昌硕、潘天寿、刘海粟四位绘画大师和亚明、娄师白等画家组成的现代中国画原作展在美国纽约、华盛顿等 7 个城市展出。1981 年 9 月，美国官方首次在中国举办波士顿博物馆收藏名画原作展。1983 年 5 月，“六千年中国艺术品——上海博物馆珍藏”在美国旧金山展出，随后在 4 个城市巡展一年半，观众逾百万人次。特别值得一提的是，1981 年 6 月，坐落在美国纽约大都会博物馆北翼二楼、仿中国苏州明代古建筑修建的“明轩”作为永久陈列物正式开放，使美国人无须跨出国门，只要漫步在曼哈顿区就可领略中国古建筑之美，这是中美文化交流史上的一大盛事。

在广播影视方面，中美通过举办电影周、电影节、派遣导演代表团以及电影技术考察团等方式开展交流。1979 年 4 月，包括美国影视界著名制片人、编导和著名影星组成的 19 人代表团由诺曼·利尔率领访华。11 月，中国广播事业管理局局长张香山率中国广播电视代表团访问美国，在广播、电视方面开始了实质性的交流与合作。同年，美国三大广播公司——全国广播公司（NBC）、哥伦比亚广播公司（CBS）、美国广播公司（ABC），以及收视率占公共电视台第三位的旧金山 KQED 电视台的负责人访问中国。1981 年 5 月和 10 月，中国与美国成功地互办首届电影周。1983 年 9 月，中国电视片《大鸟在中国》获美国第三十五届艾米金像奖。20 世纪 80 年代，《没有航标的河流》、《黄土地》、《穿越中国的长跑》等多部中国影片在美国举办的国际电影节上获奖。1988 年 2 月，中国影片《湘女潇潇》在美国纽约林肯电影院公映。这是美国电影商购得版权在全美发行的第一部中国影片，标志着中国影片正式打入美国电影市场。80 年代初，《大西洋底来的人》、《加里森敢死队》、《神探亨特》以及《成长的烦恼》等美国电视剧也开始进入中国荧屏。在这一时期，美国好莱坞影片再次进入中国。

在文学出版方面，中美通过出版图书、举办图书展、图书馆业务研讨会以及作家会晤等方式进行交流。1981 年，《一个美国人在中国》（英文），由新美国图书出版公司出版发行，这是美国首次出版中国公民著作。1984 年 6 月，美国记者索尔兹伯里夫妇和美国友人谢伟思来华沿红军长征路线采访，出版了《长征——前所未闻的经历》一书。1983 年，英文《中国日报》在美国发行。1983 年 3 月，美国向中国北京图书馆赠送 1938—1977 年主要大学博士论文缩微胶片十万张。80 年代，美国文学艺术院先后授予中国作家巴金、丁玲、张治以荣誉院士称号。在 1982—1988 年间，中美作家举行了 4 次会晤，就文学创作与交流问题进行对话。

在体育方面，1984 年 7 月，中国参加在美国洛杉矶举行的第 23 届奥运会，中国运动员共获得 15 枚金牌、8 枚银牌、9 枚铜牌，所获金牌数在各国奥运代表团中名列第 4 位，实现了中国运动员在奥运会上金牌“零”的突破。

20 世纪 90 年代，中美关系经历了三次重大危机：1989 年政治风波后，以美国为首的西方国家对中国实行政治经济全面制裁；1995 年李登辉访美的低潮期及随后的“台海危机”；1999 年中国驻前南斯拉夫大使馆被炸后的困难期。然而，中美高层的不断会晤和互访则使动荡的中美关系趋于稳定并获得发展，尤其是中美元首互访有力地推动了两国文化交流的发展。

在这期间，中美表演艺术团体之间的交流继续保持活跃态势，影视界的交流也保持着良好势头。1992 年 3 月，中国电影《菊豆》、《大红灯笼高高挂》获得第 64 届奥斯卡金像奖最佳外语片提名，导演张艺谋、演员巩俐赴美参加颁奖仪式。1993 年 12 月，中国导演孙周参加第 12 届美国夏威夷国际电影节，《心香》获评委特别奖。《大红灯笼高高挂》获纽约影评人协会 1992 年最佳外语片奖。《霸王别姬》获该协会 1993 年最佳外语片奖、最佳女配角奖。《秋菊打官司》获最佳外语片二等奖。1994 年 11 月，在美国第 14 届夏威夷国际电影节上，中国导演何平执导的《炮打双灯》获大奖。但是，中美在视觉艺术、文学出版方面的交流则较 80 年代降温。1994 年中国做出以分账方式进口大片的决定。当年 11 月 12 日首部进口分账影片《亡命天涯》在中国放映。1997—1999 年间，美国分账影片从中国获得约 14. 5 亿元人民币的票房收入，占这三年中国电影票房总收入的 44%。可见，这一时期好莱坞影片给中国电影业带来极大冲击。

在视觉艺术方面，1991 年肇东国画在美国旧金山市豪威艺术公司展出。1998 年 2 月，《中华五千年文明艺术展》在纽约开展，这是中国迄今在海外举办的规模最大、历史涵盖最宽的中华文明艺术展览，共展出了 500 多件中国历代艺术珍品，有力地宣传了中国及其悠久的历史文化。5 月 5 日，美国向中国归还了 47 件被美国海关查获的中国古代文物。1999 年 9 月 14 日至 2000 年 1 月 2 日，“中国考古黄金时代展”在美国华盛顿国家美术馆展出，展品都是新中国考古出土文物的精品，包括史前彩陶艺术和玉雕品，夏商周时期的青铜礼器、玉器、漆器、丝织品，秦始皇兵马俑，西汉诸侯王玉衣，北朝时期的贴金彩绘造像，唐代佛教文物与王室供养品中的金银器，以及唐末的高浮雕彩绘艺术品等，总共 234 件（组）。这些展品是历次境外中国考古文物展中等级最高的，是中国多年来在美国举办的最重要的展览之一。中美两国政府对此次展览给予了高度重视和支持，中国国家主席江泽民和美国总统克林顿分别向展览会发出贺词。“中国考古黄金时代展”在华盛顿的展出结束之后，继续到美国休斯敦和旧金山市展出。

“2000中华文化美国行”是世纪之交中美文化交流的一大盛事。这项活动是自1979年中美两国建交以来，中国在美国举办的规模最大、范围最广、时间最长的活动，江泽民主席、联合国秘书长以及美国前国务卿基辛格等重要人士出席，活动在美国主流社会产生了较大的影响。2000年，在联合国千年首脑会议召开之际，中国国务院新闻办以“走近中国”为主题，在纽约、华盛顿、得梅因、芝加哥、圣路易斯、印地安纳波利斯、洛杉矶、旧金山、圣何塞等美国主要城市举办“中华文化美国行”大型文化交流活动。活动包括展览、文艺演出、主题演讲三个部分，共有四百多人参加，活动时间为24天，让美国人第一次在本土大规模地领略到了中华文化的神韵，感受到了中华民族的智慧。这场鲜活生动的东西方文化对话，被美国人赞为“是对中国文化最好的一次切身体验”。

进入新世纪，中美关系先是因撞机事件的影响而陷入紧张，紧接着又受到美国“9·11”事件以及2003年春中国“非典”的影响，直到2004年，中美文化交流才重新活跃起来。这一年，大型图片展《把目光投向中国》先后在华盛顿、芝加哥等地举办。

2005年10月1—31日，中国文化部与美国肯尼迪表演艺术中心（John F. Kennedy Performing Arts Centre）在华盛顿合作举办为期1个月的“中国文化节”（Festival of China）。这是肯尼迪中心有史以来以一个国家或地区文化为主题举办的活动中规模最大的一次，也是中国文化部采取与对方主流文艺机构合作的方式、按照商业运作规律进行文化交流的尝试。文化节以肯尼迪中心为主场地，兼用中心室外空间，推出十多套舞台表演、视觉艺术展示、小型当代电影展示等，中国派出了700多人的演职员代表团。

2007年6月，美国总统艺术人文委员会代表团访华，成员包括美国5个主要官方文化机构和国务院负责对外文化教育关系的主要负责人。这是美国有史以来首次向国外派出的规模最大、级别最高的官方文化代表团。访问期间，中美双方就全方位推动中美两国在文化领域的交流与合作达成了共识，明确了两国政府和官方机构参与交流的对口机制与管道，确定了合作领域，并就下一步交流与合作提出了具体设想。肯尼迪表演艺术中心在中国召开了该中心国际艺术委员会年会，充分显示出该中心与中国良好的合作关系。同时，肯尼迪表演艺术中心国际艺术委员会向中国文化部部长孙家正颁发了奖章，以表彰孙家正和中国文化部对中美文化交流所作出的积极贡献。2007 年，中美文化交流项目达 130 起 3312 人次。这些友好交往，推动了两国文化关系发展，开启了中美文化交流新阶段。①

2008 年 8 月 8 日，第 29 届奥运会在北京召开，这是中国体育界和世界体育界的盛事，也是中华民族的盛事，更是中国对外文化交流进程中的盛事。有 204 个国家和地区派出参赛代表团，运动员 10078 名，是历史上参赛运动员人数最多的一届奥运会。美国派出 596 名运动员参赛，是除中国之外派出运动员人数最多的国家。在北京奥运赛场上，人们看到，美国总统布什偕夫人及家人为运动员呐喊助威、昔日的中国女排名将郎平在美国女排的教练席上叱咤风云，姚明、易建联等与 NBA 球友同场竞技，这是中美体育交流的一个生动展示。

总之，三十多年来的中美文化交流取得了丰硕成果，双边文化交流加深了中美之间相互理解，也推动了中美关系的健康发展。

但是，与中美频繁的政治互访和密切的经贸往来相比，中美文化交往还有较大差距，甚至是严重的“逆差”。就文化产品而言，2001—2005 年，中国从各种渠道进口的影片 4332 部，美国影片占 40%—50%；中国中央电视台和各地电视台播放的外国影片 4000 余部，40% 以上是美国的。在电影院放映的 211 部影片，53% 是美国片。这 5 年中以分账方式进口的影片 88 部，美国影片为 70 部，占 80%。② 中美文化产品贸易上的逆差是一个缩影，它呼唤着中国进一步加强对美文化交流，最终消除中美文化交流中的这种“逆差”。

第二节　中美议会和司法的交流

在中美关系中，两国的议会交往与司法合作是两个引人注目的亮点，中美在这两个领域交往与合作的加强，对中美关系起着积极的影响。

一、中美议会的交流与合作

国会是美国的三大权力中心之一，在美国的政治生活中处于举足轻重

① 《文化部发布 2007 年我国对外文化交流工作十大亮点》，http://www.china.com.cn/policy/txt/2008-01/10/content_9513683.htm。

② 孙家正：《中美交流需要心灵沟通》，http://www.gscn.com.cn/Get/gdmtpl/084547259.htm。

的地位。国会的作用不仅表现在它的立法权威上，而且表现在它对美国外交政策的影响上。在美国对华政策方面，国会的影响力尤其突出，而且很长时期以来，这种影响力对中国而言主要是负面的，如在《与台湾关系法》、取消中国的贸易最惠国待遇、李登辉访美、核间谍案、考克斯报告、《加强台湾安全法》等诸多问题上。这一切都说明，加强两国议会之间的交流与合作是推动中美关系发展过程中不能回避的挑战之一。

然而，在中美关系正常化后的相当长一段时间内，两国议会间的交往并不多。20 世纪 70 年代，两国议会间没有进行过互访。美国议员偶有访华者，也多使用旅游者或美国驻华使馆客人的身份。80 年代后，两国议会间的接触逐渐增多，但未形成固定的交往机制，美国参、众议员仍多以个人身份访华。① 其间，1983 年 3 月美众议院议长小托马斯·奥尼尔率众议院代表团访华，邓小平在接见该代表团时解释了中国对台湾问题的政策，他明确表示："我们不再有'解放台湾'这个提法，只要台湾回归祖国，我们将尊重那里的现实和现行制度。"②

自 20 世纪 90 年代起，中方开始重视与美国国会的关系。全国人大外事委员会、中国人民外交学会、中国驻美使馆等相关部门加强了对美国国会的工作，采取"请进来、走出去"的方针，推动与美国国会议员之间的交流。1991 年 3 月 4—17 日，全国人大常委会委员、人大外事委员会主任曾涛率全国人大代表团访问美国，这是全国人大第一个高级代表团访美。3 月，应中国人民外交学会邀请，由 6 名众议员组成的国会代表团访华。9 月，应中国人民外交学会邀请，美众议员佩洛西、琼斯和米勒一行 3 人访华。

1992 年 12 月，美国参院情报委员会主席博伦率领的参议院访华团一行 3 人应邀访华。1994 年 1 月，众院多数党领袖理查德·格普哈特率美国众议院代表团、参院能源和自然资源委员会主席贝内特·约翰斯顿率美国参议院代表团相继访华，参议院代表团成员有包括 7 名参议员在内的 25 名人士。1997 年 1 月，由 15 个州 22 名两党众议员组成的代表团来华进行为期 10 天的访问，在华期间会见了中国领导人、在华企业家，除北京外，

① 《中美议会交往渐行渐近 美国国会对华显示积极态势》，http://news.tom.com/2006－02－06/000T/74759690.html。

② 参见 http://www.china.com.cn/zhuanti2005/txt/2004－08/03/content_ 5625990.htm。

代表团还访问了西安和上海。4 月，美众议院议长金里奇访华，8 月 7—10 日，美参议院临时议长瑟蒙德也应全国人大的邀请访华。据统计，1996 年有 39 名参议员访华，1997 年则有 100 多名美国参众两院议员访华，其中 1 月份就有 35 人。[①] 1997 年 10 月 30 日，正在美国进行国事访问的中国国家主席江泽民应邀出席美国国会参、众两院联合举行的早餐会并致辞，50 多名议员出席了早餐会。早餐会上，美国议员们纷纷发言，认为江主席对美国的访问很重要，美中两国在一些地区和国际问题上进行了很好的合作，为世界的稳定共同做出了努力；在当前国际形势发生很大变化的情况下，美中两国各界人士应继续就各种问题坦诚交换意见。议员们认为，美中两国在政治、经济上的合作还具有很大潜力，两国关系前途光明，希望双方做出进一步努力，推动两国关系发展。[②]

在上述交流互访的推动下，中美两国的议会交往逐渐走向深入。1999 年 4 月，全国人大与美众议院建立了正式交流机制。同年，美国众议院成立了美中议会交流小组，成员包括来自共和、民主两党的 15 位议员，由资深众议员唐纳德·曼祖洛任主席。2000 年，中国全国人大成立了由外事委员会主任委员担任主席的中美议会交流小组。1999 年 10 月，全国人大外事委员会主任委员曾建徽率领中国全国人大代表团访美，开启了中美议会间正式交流之门。

中国全国人大与美参议院的交往也在深入发展。2003 年 1 月 1—3 日，中国全国人大常委会副委员长兼秘书长盛华仁与美国参议院临时议长史蒂文斯和资深参议员井上健在美国夏威夷举行会谈，双方高度评价中美关系保持改善和发展的良好势头，并就全国人大与美国参议院建立正式交流机制达成一致。双方签署了《谅解备忘录》，决定成立中国全国人大—美国参议院议会小组。盛华仁担任中方小组主席，史蒂文斯出任美方小组主席，井上健出任美方小组共同主席。双方每年各派遣 12 名资深议员参加会议，地点分别在北京和华盛顿。7 月，美参议院临时议长史蒂文斯在《2004—2005 财年国务院授权法》中联合提出关于成立参院与中国全国人大交流小组的修正案，并获得通过。2004 年 8 月，史蒂文斯率团对中国进行了正式访问，标志着双方交流机制的正式启动。中国全国人大与美参议

---

① 楚树龙：《冷战后中美关系的走向》，中国社会科学出版社 2001 年版，第 589—590 页。

② 参见 http://www.csp.fudan.edu.cn/data/chinese/num98.doc。

院的交往实现了历史性的突破。至此，中国全国人大成为美国国会参众两院都与之建立了正式交流机制的少数几个外国议会之一。

截至2007年6月，全国人大—美国会众议院的定期交流机制已经举行了9次会晤。该定期交流机制第九次正式会议于2007年6月13日在华盛顿举行。全国人大外事委员会主任委员姜恩柱与交流机制美方新任主席克罗利众议员共同主持了会议。双方就中美关系、台湾问题、议会交流、经贸合作、应对全球气候变化以及共同关心的国际和地区问题深入交换了意见。双方一致认为中美关系是最重要的双边关系之一。中方强调，双方应从战略高度和长远角度看待和处理两国关系，牢牢把握共同利益，妥善处理分歧，推动中美建设性合作关系长期健康稳定发展。美方表示高度重视对华关系，愿继续通过交流和对话，加强双方在各个领域的合作。①

全国人大—美参议院交流机制已经举行了4次会议。2007年6月4—8日，以盛华仁副委员长为团长的全国人大代表团访问美国，与美国参议院举行了会议机制第四次正式会议，并分别会见了美国副总统兼参议长切尼、临时参议长伯德及参众两院其他领导人和重要议员。双方就中美关系、台湾问题、议会交流、经贸合作、能源、环保以及共同关心的国际和地区问题深入交换了意见。双方回顾了近年来中美关系的发展，强调认真落实胡锦涛主席与布什总统达成的重要共识，对全面推进21世纪中美建设性合作关系具有重要意义。

进入新世纪，中国的发展日益引人注目，美国国会的关注点也为中国日新月异的变化所吸引，为此成立了多个针对中国的组织。“美中经济安全评估委员会”是2000年10月组建的跨党派审议委员会。它是美国国会为填补中国获得永久性最惠国待遇后，在全面审议美国对华政策渠道方面出现的空缺而设立的机构。尽管该委员会主要关注中美经贸关系，但总是从负面角度来分析对美安全利益的影响，并大肆渲染“中国威胁论”。

2000年10月，美国国会根据给予中国“永久性正常贸易关系”授权法案，建立了“国会—行政中国委员会”，这个委员会由参众两院议员和行政部门官员组成，其宗旨是“监督中国人权状况、鼓励中国法治发展”。该委员会在2002年10月发表报告，对中国的“人权发展状况”进行大肆污蔑和攻击。

---

① 参见http://www.nihaotw.com/xw/xwfl/dl/200707/t20070701_257172.htm。

2005 年 5 月 27 日，美国众议员福布斯与沃尔夫等 9 名众议员，共同成立了“众议院中国小组”，也称“中国连线”。“众议院中国小组”成立以后，福布斯在众议院的官方网站上设立了专门网页，其中有关中国的资料极为详尽，进入该网页如同进入中国问题专用图书馆一样。福布斯表示，该小组不会成为“亲中”或“反中”的团体，主要目标是确保美国的决策者与人民能获得关于中国的“真实信息”，维护美国的利益。①

同年 6 月 30 日，美国国会众议院美中工作小组成立仪式在美国众议院举行。工作组发起人共和党众议员马克·柯克和民主党众议员里克·拉森在成立仪式上表示，美中关系是美国最重要的双边关系之一，成立美中工作小组旨在增进美中外交和经贸关系，促进美国国会议员对中国的了解，以实现美中双方相互尊重彼此的看法并共同解决分歧。美中工作小组的成员现已有 20 多名国会议员，今后还会进一步增加。美中工作小组定期举行由美国各界人士参加的研讨会，讨论美中两国间有关经济、贸易和太空探索等方面事宜。②

2006 年 1 月 3 日，共和党参议员科尔曼与民主党参议员奥巴马宣布成立“参议院中国工作小组”，旨在使其成为讨论中国在地区和全球政治、经济、军事领域发挥作用及对美国影响的论坛。同时，在“美中议会交流小组”的框架下，参与美中立法机构的对话。

在中美两国议会的共同努力下，美国会议员来华访问者明显增多。继 2004 年史蒂文斯临时参议长访华后，哈斯特尔特众议长也于 2005 年成功访华。据不完全统计，2005 年访华的美国参众两院议员有 20 余批，总数达近百人。双方讨论的议题也逐渐深入，既包括两国议会之间的立法合作和人员交往等问题，也包括台湾问题、人权、经贸合作、军事交流等敏感问题。③ 2006 年是美国国会的中期选举年，受选举影响，这一年访华的美国会议员较上一年明显减少。统计显示，2006 年有 22 名美议员访华。④

2007 年 4 月 3—11 日，美国国会代表团访问中国，众议院国际关系亚太小组委员会主席埃尼·法莱奥马维加 5 日在记者会上说，美国和中国同为世界上

---

① 参见 http://www.ip255.com/Article/39512.html。

② 参见 http://www.cacs.gov.cn/cacs/news/xiangguanshow.aspx?articleId=32511。

③ 参见 http://news.tom.com/2006-02-06/000T/74759690.html。

④ 据《产经新闻》调查，2006 年，到访过日本的美国国会议员只有 9 人，参见 http://www.ce.cn/culture/focus/200707/31/t20070731_12371614.html。

最重要的国家，此次访华希望与中方探讨如何进一步推进双边关系。①

8月25日至9月1日，应全国人大外事委员会邀请，美国国会众议院美中工作小组共同主席里克·拉森和马克·柯克众议员率领的代表团访问中国。代表团在京期间，全国人大常委会委员长吴邦国、副委员长盛华仁分别会见代表团成员，全国人大外事委员会主任委员姜恩柱主持工作会谈。代表团还与外交部、公安部、质检总局等有关部门负责人进行了座谈，参观了中国航天员科研训练中心。双方在会见和会谈中积极评价两国关系的发展，认为中美关系是世界上最重要的双边关系之一，双方应共同努力，进一步推动两国在各领域的交流与合作。中方强调台湾问题是中美关系中最重要、最敏感的问题，阐述了中方在台湾问题上的原则立场。美方重申坚持一个中国政策。

2008年3月25日，由美国亚洲协会组织的第71批美国国会议员助手代表团访华，就中美贸易、产品安全等问题与中国有关部门和企业交换意见。美亚学会致力于促进美国和亚洲国家间在国际问题上的对话和理解，该协会自1985年至今，一直与中国人民外交学会合作，组织美国国会议员助手团访华。

尽管中国全国人大与美国参众两院建立了定期交流机制，中美两国议会往来交流频繁，但是，美国国会内反华声浪仍然很高。“近5年，（美国）国会平均每年提出80多个涉华议案，超过其他任何一个国家，其中95%以上的是批评、指责中国，或者是对白宫的对华政策表示不满的。”② 2008年4月9日，美众议院通过了众议长佩洛西提出的涉藏反华决议案。7月30日，又通过了由极少数反华议员推动的有关北京奥运会的决议案。

在美国国会中处于举足轻重地位的议员助手们对中国的看法也不容乐观。根据2005年“百人会”的调查，在美国国会助理人员中，有79%的人对于中国过去的发展和进步持负面看法，认为中美关系得到改善的只有27%；认为中美关系恶化的有34%；认为中国廉价商品让美国受益的有57%；认为中国对美国经济造成危害的有54%；认为中国是美国严重的或

① 《美国国会代表团访华欲架美中“沟通之桥”》，http://tzb.zhangye.gov.cn/xwzx/200705/35092.html。

② 参见丁孝文《走进国会山》，复旦大学出版社2004年7月版，http://houston.china-consulate.org/chn/zt/twwt/t185438.htm。

潜在的经济威胁的有 80%；认为中国政府导致中美贸易不平衡的有 54%；认为中国军事现代化威胁美国的有 47%；认为应将贸易与人权挂钩的有 77%；认为中国经济增长有害于全球环境的有 71%；反对欧盟解除对华武器禁运的有 76%；认为“反分裂国家法”加剧台湾海峡关系紧张的有 87%。此外，有 64% 的国会助理人员认为中国在反恐战争中不是美国的可靠朋友；54% 的人最关注中国的人权问题；69% 的人不同意中国人权在过去 10 年得到了改善。[①] 这一切说明，美国国会仍然是中国外交的一个难题，做好美国国会的工作，任重道远。

二、中美司法交流与合作

中美在司法领域的交流与合作始于 20 世纪 80 年代初。近年来，两国司法机构互访和会晤不断增加，交往日益密切，中美执法合作已经成为中美关系的重要组成部分，并已成为两国关系中的亮点。

1997 年 10 月江泽民主席访美期间，中美两国发表《中美联合声明》指出：促进法律合作符合两国的利益和需要，双方愿意加强在打击国际有组织犯罪、毒品走私、非法移民、制造伪币和洗钱等方面的合作。为此，双方拟设立一个由两国政府主管部门代表组成的执法合作联络小组。双方同意开始磋商，以达成一项法律互助协定。中美两国将在对等的基础上在各自的大使馆指派缉毒事务的法律官员。鉴于中美两国都重视法律交流，双方拟设立一个联络小组，以寻求在该领域进行合作。这一合作可以包括法律专家的交流、法官和律师的培训、加强法律信息系统、交流法律资料、交换对法律协助的看法、就行政程序相互进行咨询以及加强商业法和仲裁。[②] 双方决定建立两国政府间执法合作机制。同年 11 月，中国司法部长肖扬应美国司法部长的邀请访问美国，中美双方就落实《中美联合声明》中提出的法律合作计划举行会谈，取得了积极成果。

中美司法合作主要在三个方面展开：中美执法合作，特别是在打击有组织跨国犯罪、毒品走私、伪造货币、非法移民、洗钱等犯罪活动方面；法律交流与合作，主要是加强中美两国专家的互访考察、讲学、座谈，两国法官、检察官和律师的培训，法学教育、法学研究、信息资料共享、防止腐败、仲裁和执行商业法等方面的合作，以及对两国律师在对方境内设

---

① 参见 http://news.xinhuanet.com/world/2005-10/21/content_3659645.htm。

② 《中美联合声明》，《人民日报》1997 年10 月31 日，第1 版。

立办事机构等；缔结引渡条约和司法协助条约的问题。

在执法合作方面，1998 年 5 月，中美执法合作联合联络小组首次会议在华盛顿召开。双方经过商谈，正式签署《关于建立中美执法合作联合联络小组的谅解备忘录》，并成立了中美执法合作联合联络小组（China-U. S. Joint Liaison Group on Law Enforcement Cooperation）。

自成立以来，中美执法合作联合联络小组已经召开了六次会议。双方逐步确定了联络小组全会每年定期召开年会及各分工作组不定期会晤的工作方式，加强了机制的稳定性和灵活性。各工作组的会晤成果丰富，涉及追逃打击非法移民、网络犯罪、知识产权刑事执法、禁毒、反腐败、多边框架下的执法合作和引渡的变通措施等广泛议题，及时、有效地适应了新形势的发展和双方的实际需要。

2007 年 6 月 14—15 日，联合联络小组第六次会议在北京举行。中方代表团团长由外交部条法司司长段洁龙和公安部国际合作局副局长薛东征共同担任，成员来自外交部、最高人民检察院、公安部、监察部、司法部、信息产业部、海关总署、中国人民银行和我驻美使馆。美方代表团由国务院国际毒品和执法事务局助卿办伊丽莎白·弗薇尔和司法部长助理帮办布鲁斯·施沃茨任团长，成员包括国务院、司法部、国土安全部、财政部、政府道德署、国际开发署、联邦调查局、缉毒署、移民和海关执法局及美驻华使馆的主管人员。双方就追逃遣返非法移民、知识产权刑事执法合作、反腐败、禁毒、贩运人口、中美刑事司法协助协定的执行和网络犯罪等议题进行了深入讨论，并就将来的重点合作领域和具体工作安排达成多项共识。双方商定，联络小组第七次会议于 2008 年在华盛顿举行。

2005 年以来，中美执法机构的领导层加强了互访和会晤，就海上执法合作、警务信息化建设等问题交换意见。应美国司法部长冈萨雷斯邀请，公安部副部长孟宏伟 2005 年 9 月 20—25 日率中国公安代表团访美，与美国有关部门负责人就双方共同关心的反恐、缉捕和遣返犯罪嫌疑人、打击非法移民、保护知识产权、打击网络犯罪、打击拐卖妇女儿童犯罪、打击毒品犯罪、打击假币犯罪、反洗钱，以及中美执法合作联合联络小组会晤机制、执法培训、安全保卫等一系列问题深入交换了意见，达成了重要共识；签署了中华人民共和国公安部边防管理局与美利坚合众国国土安全部海岸警卫队关于海上执法人员互访与合作的会谈纪要。2006 年 7 月 26—29 日，应冈萨雷斯的邀请，周永康对美国进行了正式访问。访问期间，双方签署了一系列文件，其中包括《中国公安部与美国联邦调查局关于反恐情报信息交流与合作的谅解备忘录》、《中国公安部与美国联邦调查局关于打击网络犯罪的谅解备忘录》、《中国公安部与美国联邦调查局关于加强执法人员联络与交流的谅解备忘录》、《关于加强中国国家禁毒委员会与美国白宫国家禁毒政策办公室合作的意向备忘录》、《中国公安部国际合作局与美国国土安全部移民海关执法局关于加强合作的谅解备忘录》。2007 年 3 月至 10 月间，中美双方还先后举行了关于追逃和打击人口贩运、知识产权刑事执法、计算机犯罪和反腐败四个专家组会议，就中美执法合作中的一些具体问题进行了深入务实的探讨并达成共识。

在高层互访的推动下，中美海上执法合作取得突破性进展。2006 年 5 月 21 日，美国海岸警卫队“美洲杉”号远洋浮标供应船抵达上海进行港口访问。美国驻上海领事馆声明称，这是美国海岸警卫队有史以来首度派遣舰艇访问中国。同年 6 月 11 日，美国海岸警卫队“急流号”应中国公安部邀请，抵达山东青岛进行为期 5 天的友好访问，并邀请一名年轻的中国海警执法官随舰赴北太平洋执法，检查在北太平洋公海作业的各国渔船是否遵守国际法进行捕捞作业。

中美在缉毒执法协作方面也取得了进展。2006 年 5 月 9 日，中国和美国的缉毒人员宣布，在中国逮捕了 9 名贩毒者，这是中国当局破获的最大一起走私可卡因案件。两国官员一致认为，这是中美双方在缉毒方面首次进行的实质性执法协作，也是这方面的一个成功范例。

中美在知识产权上的合作也是双方执法合作的重要内容。对于知识产权问题，中美双方一直有固定的制度化磋商机制，这些机制都发挥了很好的作用。以商标方面的合作为例，国家工商总局商标局和美国专利商标局有固定的沟通机制，我国的商标法目前正在修改，修改草案也征询了美国专利商标局的意见，以了解他们的关注点。为了鼓励中国企业到美国去注册商标，美国专利商标局把美国商标注册《审查准则》翻译成中文，提供给中国商标局。同时，为了便于美国商标权利人在中国获得商标注册，美国专利商标局希望中国国家工商总局商标局的网上查询系统能够提供英文指南，对此，我国相关部门正在处理，近期即将推出。这些活动为双方国家的商标权利人提供了方便，也使他们能够获得实实在在的利益。①

① 参见 http://www.chinado.cn/ReadNews.asp?NewsID=936。

在司法协助方面，在中美执法合作联合联络小组机制下，中美分别于1998年9月和1999年3月就中美刑事司法协助协定展开了两轮谈判。2000年6月19日，中美在北京正式签署《中美刑事司法协助协定》，2001年3月8日协定的正式生效为中美两国在执法领域的合作提供了法律基础。此后，中美在联手打击腐败方面取得了成效。“开平案”是协定生效后，中方向美方提起的第一起刑事司法协助请求。2002年11月，中国司法部请求美国司法部在查找逃犯下落、冻结及扣押犯罪资产等方面提供协助。2004年4月16日，美国联邦执法机关执法人员在北京首都国际机场与中国警方办理了案犯移交手续，将余振东移交给中国警方。但是，引渡问题在中美之间还没有正式谈判。

在法律交流方面，近年来，中美两国之间包括经贸关系在内的各种关系不断深入发展，双方的联系越来越密切。为此，通过加强双方的法律交流活动以增进对彼此法律制度、执法情况的了解，对于促进中美各领域关系发展十分必要。在法律交流方面，中美通过举办法律交流研讨会、联合培训法官、律师等加强交流。

中美经贸法律交流活动是根据1984年中美商贸联委会协议和1994年中美商事法律合作声明的要求，轮流在两国举行的部级双边法律交流活动，目前已成功举办了13届。

2006年度中美法律交流研讨会12月1—8日先后在美国西雅图、俄亥俄州克利夫兰以及华盛顿召开。中美双方就反垄断法和合伙企业法立法及修订情况展开研讨。双方还对反垄断法三大支柱——禁止垄断协议、禁止滥用支配地位、经营者集中控制以及有限合伙、特殊普通合伙等合伙企业法新修订内容进行了深入的探讨。

2007年度中美法律交流研讨会10月22—26日先后在西安、北京和上海举行。研讨会期间，美方代表先后就美国关于外国投资的法律框架、促进和推动外商在美国直接投资，以及美国商业秘密保护问题作了报告。中方代表介绍了中国的外商投资法，其中着重介绍了外资待遇和对外资的鼓励措施等方面情况，并就中国的商业秘密保护作了报告。双方还就美国于2007年10月24日生效的《外商投资与国家安全法》中关于外国控制的内涵界定等问题展开了讨论。双方代表在热烈的讨论中进一步增进了相互了解。

根据国家法官学院与美国坦普尔大学（Temple University）联合签署的“司法培训协议备忘录”，最高人民法院于2003年7月12日至8月17日组织来自全国各地的26名法官赴美国进行了WTO专题学习、考察。此项目中美双方称之为“坦普尔项目”，是美国参议院批准拨款并责成美国坦普尔大学承办的专门培训中国法官、检察官及律师的培训项目。在美期间授课的主要内容有：美国法律制度介绍及怎样阅读美国案例、美国法律研究基础、民事诉讼法、刑事诉讼法、司法职业、世界贸易组织法、劳动法、公司法及股东诉讼、公司法及商业犯罪、司法道德与司法职业以及司法判决制作、美国商标法介绍、与贸易有关的知识产权协议和商标、关于打击计算机跨国犯罪等课程。中国法官们参观了美国联邦最高法院、联邦第三巡回上诉法院、纽约州最高法院、纽约市曼哈顿小额索偿法庭、国际贸易法院、弗吉尼亚西区地区法院以及有关律师事务所，并与美国法官、律师及法学教授进行了座谈。此外，2003年10月17日至2004年2月14日，“北京市政法系统高层次专业人才赴美培训团”一行20人在美国进行了为期120天的培训。2006年7月，浙江省选派13名律师及2名外经贸工作人员赴美进行为期6个月的反倾销法培训实习。2007年10月26日，江苏省选派33名律师赴美国马里兰大学及美国律师事务所等机构进行实务培训。2008年6月15日，山东省选派24名律师赴美进行为期70天的反倾销法律培训。

第三节　中美社会、民间往来

1971年4月10日，美国乒乓球队应邀访华，打开了中美两国人民友好交往的大门。“乒乓外交”创造了“小球转动大球”的奇迹，也成为中美关系史上的一段佳话。1979年中美正式建立外交关系以来，中国政府对于扩大、深化中美民间往来高度重视。中美两国在宗教、友好省州、城市以及其他方面的民间往来日益密切。

一、中美宗教交流

近年来，中美关系在多方面取得了对双方有利的突破和进展。唯在宗教问题上，双方却越绷越紧，甚至上升到元首对话层次的较量，成为“全面推动中美建设性合作关系”中的严重障碍。[①] 在这一背景下，中美宗教界之间的交流往来就尤显可贵并引人注目。

---

① 参见 http://www.china.com.cn/book/zhuanti/qkjc/txt/2006－11/13/content_ 7352009.htm。

自2004年以来，以中国人民大学、美国普度大学为中心，海内外多家大学、研究机构和研究基金鼎力支持，以培养中国的宗教研究人才为己任的中美欧暑期宗教学高级研讨班已经连续举办了5年，成为促进中国宗教研究、增进中外学术与文化交流的重要平台。

2004年8月7—9日，中国无神论学会和北美华人教会组织有关学者在北京举行了题为《中美宗教文化的现在与未来》学术研讨会。会上，中美代表互相尊重，研讨气氛热烈而亲切。双方表示希望有机会能作更深入的交流。研讨会后，美国学者参观了北京的著名道观“白云观”和佛教著名寺院“雍和宫”。

2006年6月25日至7月19日，应北美华人基督教学会的邀请，中国无神论学会组织代表团赴美国访问，参加“第二届中美学者宗教对话”。

为了“通过事实，见证中国基督徒充分享有宗教信仰自由，基督教的福音在中国传播，中国的信徒热爱圣经，教会在圣经的指引下建立起来，并贡献社会”，[①] 由中国基督教“两会”（中国基督教协会、中国基督教三自爱国运动委员会）主办、美国基督教组织协办的“中国教会圣经事工展”赴美巡展，分别于2006年4月27日至5月11日、5月19—24日和6月5—12日在洛杉矶水晶大教堂、亚特兰大第二庞塞·里昂浸信会教会和纽约圣约翰主教堂隆重展出。通过展板（图片和文字说明）、实物、场景模型、多媒体演示等形式，展览全面真实地展示了中国教会出版、印刷、发行圣经的工作。展览共展出历史照片200多幅，70多件《圣经》珍藏品以及大量与《圣经》有关的工艺品。现场还有云南傈僳族信徒歌舞、中国民乐和中国书画表演。“中国教会圣经事工展”在美展出期间受到了广泛的支持和好评，所到之处不仅吸引了美国教会的知名人士，还吸引了美国广大普通市民。在洛杉矶展出的8天时间里，逾七千人参观了展览。在亚特兰大展出的六天中吸引了4000人前来参观，在纽约圣约翰大教堂的展出吸引人数达1万人，最多的一天有2000人前来参观。20多年来，中国教会印刷了4000万册《圣经》，但这一事实却不为美国人所知。很多美国人参观后表示，美国人以为中国人无法看到圣经，或者他们所使用的圣经并不是真正的圣经，但这次展览纠正了这些误会。“中国教会圣经事工

① 《我国教会将首次在美国举办大型圣经事工展》，http://news.xinhuanet.com/newscenter/2006-04/18/content_4441662.htm。

展”是中国内地教会第一次在国外举办大型展览，也是中美两国教会交流史上具有历史意义的大事。它架起了中美两国教会间交流和互相了解的桥梁，也架起了中美两国人民之间了解和友谊的桥梁。

2007年4月，中国基督教协会会长曹圣洁牧师、中国基督教三自爱国运动委员会副主席高峰、中国基督教协会执行副理事长陈美麟访问美国。此行目的是为了加强中美宗教界的交流，消除美国对中国信仰等方面的误解。访问期间，曹圣洁牧师一行与美国教会、国家大教堂、布鲁金斯学会、国际战略研究所等机构的信众、国会议员及智库学者等进行了广泛交流，还接受了美联社记者的专访。在交流中，曹圣洁等中国基督教两会领导人介绍了中国目前基督教和其他宗教和睦相处、为中国建设和谐社会作出努力的情况，还就美国朋友感兴趣的中国宗教发展问题进行了坦诚的探讨。

应美国乔治敦大学等有关方面邀请，由叶小文率领的中国国家宗教事务局代表团于2008年2月18日访问美国。19日，叶小文局长在乔治敦大学发表演讲，从文化角度阐述中国和谐世界理念。在访美期间，叶小文局长与美国副国务卿多布里扬斯基和国会众议员福布斯等政界、宗教界和学术界人士进行了广泛交流，并向美方表示，中国走的是和平发展、科学发展与和谐发展之路。叶小文局长还在纽约出席了记录中国国务院前新闻办主任赵启正和美国神学家帕罗对话的《江边对话》一书英文版在美首发仪式。

二、非政府组织推动中美关系

中美两国关系的发展离不开官方推动，也离不开中美两国民间组织的推动。多年来，一些非政府组织如美中关系全国委员会、美中贸易全国委员会、福特基金会等在中美两国之间开展活动，为中美关系的健康发展做出了贡献。

美中关系全国委员会成立于1966年，它宣称其首要任务是致力于构建建设性的中美关系，而其实施的一系列计划表明，它正在为实现这个目标而努力。

从1976年起，美中关系全国委员会就开始与美国国会、中国全国人大、中国驻美使馆合作组织美国国会议员助手团的访华活动。最近一次组织的国会议员助手团于2008年3月来华，代表团在8天时间里先后访问了北京、云南和上海。访问期间，代表团与来自全国人大的官员及公安部、外交部的代表举行了会谈。

美中关系全国委员会于1996年首次组织美国国会议员访华。2006年1月，该委员会重新激活了这一计划，组织、资助并陪同一个国会代表团访华，这个代表团由国会美中工作小组共同主席里克·拉森和马克·柯克以及一位工作小组成员汤姆·菲尼组成。访问期间，代表团访问了酒泉卫星发射中心，这是1989年以来首个访问该发射中心的外国代表团。

2007年9月30日至10月13日，美中关系全国委员会首次实施了“领导者导向计划”，组织了一个由年轻的中国官员组成的代表团，在为期两周的时间里，访问了美国的威廉斯堡、华盛顿特区、葛底斯堡、兰开斯特、哈利斯堡和纽约等城市，了解美国的历史、文化、价值观、多样性和政治。“领导者导向计划”的前身是始于1980年的“学者、领事导向计划”，该计划旨在向在美的中国留学生和外交官介绍美国政治、社会和文化制度，并为他们提供与广大美国公民交流的机会。

此外，美中关系全国委员会还连续举办“青年领导者论坛”，组织“学生领导交流”活动等。通过这一系列努力，美中关系全国委员会在加强中美议会、年轻领导者以及学生的交流方面发挥了积极作用。

美中贸易全国委员会成立于1973年，致力于推动中美两国发展贸易和经济技术合作。该委员会为非官方机构，其主要职能是向美国商务部提出开展中美经济贸易方面的咨询和建议，协助美国工商界人士与中国有关机构联系和接触。它以会员制的形式协助美国企业拓展对华业务，2006年共有会员公司约250家。它在有关对华经贸的重要政策性事务的分析和导向上发挥着中心作用，这些事务不仅对美国商界，也对美中关系的未来具有重大影响。美中贸易全国委员会通过与国会议员及工作人员的教育性会晤、代表美国商界在国会或其他场合作证、参加主要的传播节目并向媒体提供统计和分析材料等方式，推动美中经贸关系。

美国亚洲协会成立于1956年，总部设在纽约，其宗旨是增进美国与亚洲人之间的了解。该协会于1995年与中国建立非官方关系，1999年在上海建立办事处。多年来，美国亚洲协会一直致力于推动中美关系的发展。该协会自1985年至今，一直与中国人民外交学会合作，组织美国国会议员助手团访华。截至2008年3月25日，美国亚洲协会已经组织了71批美国国会助手团访华。美国亚洲协会还通过举办研讨会、展览等方式探究中国的历史与现实。2007年1月30日，亚洲协会美中关系中心正式成立，该中心开展有关中美关系的独创性研究，向美国及其他国家和地区的公众介绍中国，并对相关的重要问题和实事发表评论。随着美中关系中心的建立，美国亚洲协会在推动中美两国人民的相互了解和中美关系的发展方面将发挥更大的作用。

福特基金会与中国的关系渊源已久，早在 1952—1979 年，福特基金会就向美国、英国、澳大利亚、印度和日本总计拨款 4000 多万美元用于对中国的研究。1979 年中美关系正常化之后，福特基金会开始实施直接资助中美学术和专业交流的计划。起初的目标是通过各种短期访问、研讨会以及会议等来推动中美两国人员接触以及相互了解。中国社会科学院和中国农业科学院是主要的受资助对象，资助研究的领域集中在经济、法律和国际关系。近十年来，福特基金会将其在华的合作对象扩展到知名大学、国务院和部委的研究所。其项目的地理范围也从美国扩大到亚洲、中东以及非洲的一些国家。1979—1988 年，福特基金会用于与中国有关的活动的资助总额达 1800 万美元。自 1988 年在北京设立办事处以来，福特基金会除继续支持经济、法律和国际关系的研究之外，还发起资助贫困地区的经济发展以及改善贫困地区生殖健康和儿童存活计划。近两年，福特基金会资助的款项大约为 1000 万美元。

卡特中心成立于 1982 年，它是一个以推动人权、减轻人类的不必要痛苦为宗旨的民间组织。1987—1992 年，卡特中心“全球 2000 计划”与中国残疾人联合会合作，培训了 9000 多名教师，用以改善中国残疾儿童的教育。卡特中心“中国特殊教育项目”共建成 886 所特殊教育学校和 1239 个特殊教育班级，使 85000 名残疾儿童得以入学。1988—1991 年，卡特中心还资助中国残疾人康复计划，帮助建设北京康复中心。1996—1997 年，卡特中心派专家组到中国考察农村的基层选举。1998 年 3 月，卡特中心与中国民政部合作启动了“中国村民选举项目”，该项目致力于使村民选举程序标准化。应全国人大外委会的邀请，卡特中心还派员考察中国的乡镇和区县的选举，帮助培训选举官员和当选的人大代表，并邀请全国人大的官员到中心工作，观察美国的选举。2002 年，卡特建立了“中国选举与治理”中英文网站。2005 年，“中国村民选举项目”更名为“中国计划”，卡特中心与中国有关各方的合作进一步深化、扩大。

美中人民友好协会（National U. S. —China People's Friendship Association）是美国规模最大、历史最悠久的全国性民间对华友好组织之一，

1974年在洛杉矶成立，分为美国东部、南部、中西部和西部四个地区分会。其宗旨是促进和加强美中两国人民的友谊和了解。2001年10月，协会第13届年会在华盛顿举行。2002年4月，该协会全国委员会主席芭芭拉·哈里森女士率团访华。2008年3月29日，该协会长堤分会召开“北京奥运”座谈会，中国驻洛杉矶领馆总领事张云、南加华人社团联合会主席张素久发表感言，共同弘扬“同一个世界，同一个梦想”的奥运理念。

中国教育救援基金会成立于1992年10月，它是一个非营利性、非政治性、非官方、独立的民间慈善组织，以慈善和教育为目标。基金会的宗旨是募集资金，帮助促进中国的教育发展，特别专注于帮助中国农村贫困地区孩子们入学及使学校得到基本的教育条件。基金会享有美国联邦政府的免税账号，它的会员分布在美国、加拿大等地，会员们都是自愿无报酬为基金会服务。中国教育救援基金会在中国大陆建立了一套完善的协调员、校方代表、监察员、资金发放员和资料回收员的系统。到目前为止，基金会已资助1051名学童，资助的省份有：湖北、湖南、安徽、河南、福建、浙江、内蒙古、云南、四川、江西、贵州、吉林等。该基金会于1998年在江西省建立起一个乡村小学图书馆，1999年设立奋进奖学金以奖励长春大学的残疾大学生，2000年资助了贫困地区的部分教师。

成立于1995年的美中政策基金会致力于增进中美两国的相互理解，并出版有《美中政策研究》杂志。1996年10月，美中政策基金会代表团应中国国际文化交流中心的邀请来华访问。1999年2月，基金会在华盛顿举行中美关系研讨会和该基金会第3次年度午餐会，纪念中美建交20周年。在美中政策基金会的支持下，“中文资料服务中心”于2006年9月在中国国家图书馆正式建立，旨在促进东西方学术交流，弘扬中华文化，加深西方学术机构对中国的研究和了解。“中文资料服务中心”定期向客户提供关于中国历史、文化、政治、经济等方方面面的图书及文化资料。2007年2月27日，美中政策基金会在华盛顿国家记者俱乐部举办午餐会，纪念中美《联合公报》（又称《上海公报》）发表35周年。

三、智库、学者为促进中美关系搭建“第二轨道”

许多美国智库在美国制定对华政策中的影响力很大。因此，中美学者之间的“第二轨道”沟通作用不可低估。特别是在中美关系出现波折时，“第二轨道”的交流能起到官方渠道无法起到的作用。近年来，中美智库、学者之间的交流日趋活跃，“乔治·布什中美关系研讨会”就是这种交流的一个范例。

“乔治·布什中美关系研讨会”由美国前总统乔治·布什于2003年倡议发起，是中美建交以来由民间举办的参与者级别最高的两国关系研讨会。研讨会由中国人民对外友好协会、中国教育国际交流协会、美国得克萨斯农业机械大学、乔治·布什总统图书馆基金会等单位联合主办，每两年一次，轮流在美国和中国举行。第一届研讨会于2003年11月在美国得克萨斯州大学城举行，中国前国务院副总理钱其琛率团参加。来自中美两国政界、学术界和商界的代表就地区安全、军队现代化、经济环境和商业合作等众多议题开展了广泛交流。美国前国务卿科林·鲍威尔、亨利·基辛格等均出席了这次盛会。第二届研讨会于2005年11月移师北京，主要议题为贸易、外交和科研。主要发言人有钱其琛、杨洁篪、阿诺德·施瓦辛格、英国前首相约翰·梅杰等。

2007年10月22—25日，第三届“乔治·布什中美关系研讨会”在美国首都华盛顿召开，中国前外长李肇星、对外友协副会长李小林率100余名来自政府部门、高等学校、企业界以及军事部门的中方代表赴美参会。美方包括布什政府6名内阁部长在内的政界、学术界和商界人士出席会议，就双边关系和共同关心的大事进行讨论。本次研讨会的主题为“发展、能源和安全”，会议内容涉及中美关系、亚太地区安全、经贸合作、能源和可持续发展等对世界局势有着深远影响的焦点议题。布什政府的6名内阁部长分别出席了为期3天的会议，并发表主题讲话。美国财政部长鲍尔森率先就中美经贸关系发表主题演讲。商务部长古铁雷斯、贸易代表施瓦布、能源部长博德曼、农业部长康纳和卫生部长利维特也在随后几天陆续发表演讲。美国前国防部长科恩，前国家安全事务顾问斯考克罗夫特将军，太平洋舰队司令基廷上将等重量级人物均出席会议并在分论坛发表主题演讲。

四、友好省州、城市的缔结扩大了中美交流

中美两国城市和各级地方政府之间的交往是中美交流的重要载体。近年来，中美两国结成友好省州、姊妹城市的数量不断增加。自1979年中美建交至2008年4月21日，两国先后有167对省州和城市建立了对口友好关系，其中35对友好省州和132对姊妹城市，这些友好省州和城市之间的联系不断加强。2007年6月27—29日，重庆市外经贸委与美国美中国际合作交流促进会、美国中小企业管理局、美国城市协会联合举办的

“2007中美经济合作（中国西部）洽谈会”在重庆隆重开幕。洽谈会举行了2007中美经济合作高峰会暨中美中小城市经济合作签约仪式、中美中小城市推介会、中美企业对接洽谈等一系列活动。同年12月10—12日，纽约市长布隆博格先后访问北京和上海，探讨环境问题是他此次访华的主要议题。

2006年5月13日，中国安徽黄山风景名胜区与美国加利福尼亚州约塞米蒂国家公园在人民大会堂举行建立友好公园关系签字仪式，这是中美历史上第一对友好公园。双方表示将共享公园管理的手段和管理理念，共享文化和自然资源的管理办法和技能，并在电子通信和技术信息交流、环境教育以及休闲和生态旅游管理及规划等方面开展合作。黄山是集世界文化遗产、世界自然遗产和世界地质公园于一身的著名风景名胜区，约塞米蒂国家公园则于1984年被联合国教科文组织列入世界自然遗产名录。

五、华人华侨、留学生是推动中美文化交流的重要力量

在中美关系中，在美华人是一个特殊的群体。据统计，目前在美国的华人华侨约有400万人，占美国总人口的1%强，其中居住在加州的有100多万人，[①] 留学生6万多人。由于华人、留学生居住、生活、工作、学习在美国，又由于他们与中国有着千丝万缕的联系，他们本身就是中美经济、文化交流的参与者。在美华人不仅是中美经济、文化交流的主体，而且相当程度上也是中美关系的推动者，是联结中美两国关系的纽带。无论是在支持北京奥运会的行动中，还是在为汶川地震赈灾筹款的义举中，华人华侨所表现出的拳拳赤子心和骨肉同胞情都使中美两国之间的纽带更为紧密。多年来，华裔美国人还组织各种民间团体，这些团体为中美关系的发展贡献着自己的力量，其中“百人会”就是一个典范。“百人会”1989年成立于纽约，它是一个独立、无党派、非营利的会员制组织，其会员是来自于不同领域的杰出美籍华人，其中包括贝聿铭、马友友、杨振宁、何大一、杨雪兰、田长霖、骆家辉、陈香梅、李昌钰等。“百人会”致力于两大使命，一是推动美国与大中华地区人民建立良好的、建设性的关系，二是推动美国华裔全面融入美国社会。“百人会”通过举办报告会、拜会议员以及提供政策建议等来增进中美两国之间的了解，推动中美关系的发展。

---

① 楚树龙：《冷战后中美关系的走向》，第597页。

20 世纪 80 年代中期以来，留美中国学生学者创建了许多专业学会，如中国留美学者经济学会、政治和国际关系学会、金融学会等。90 年代，又有一些跨专业和行业的学术机构与团体诞生，如中国旅美科技协会及各地分会、海外学协、世界银行与国际货币基金组织中国工作人员协会、硅谷中国工程师协会、华盛顿中国问题研究中心等。此外，在美国各地还成立了中国留美人员各大专院校校友会和地区校友联合会，各种中文学校和全美中文学校联合会，各专业和业余文艺团体，以及各地华人同乡会等。

全美中文学校协会是以一大批自中国改革开放以后赴美的留学人员和华裔新移民为主组成的一个全国性非营利性公益组织，成立于 1994 年。截至 2007 年 8 月，其会员学校已达 300 余所，几乎遍布美国 41 个州的所有大、中城市，在校学生人数已达 6 万以上，服务和影响遍及在美的千千万万华裔家庭。学校积极组织学生参与美国主流社会的各类国际文化交流活动，在多元文化环境中，起到了凝聚华人力量、传播中华文化、促进美中友好的重要作用。

华盛顿华人专业团体联合会（以下简称“华专联”）成立于 1998 年，目前由 27 个华人团体组成，其中相当多的一部分专业团体为全国性组织，如华人生物医药科技协会、美国华人全国委员会等。华专联成员团体所代表的专业领域涵盖了政治、经济、社会科学、文化教育、资讯工程、网络、通信、电脑科学、电子工程、生命科学、生物制药、现代医药、交通、环境保护、金融投资、财会、法律、艺术和工商等各个方面。其宗旨是作为一座民间的桥梁，依据美中两国法律，通过各项活动促进美中之间在经贸、科技和文化等方面的广泛合作。自成立以来，华专联及其成员团体组织了 100 多个代表团回国访问考察，参加高科技交流会和各种专业论坛。华专联在华盛顿举办的“北美高科技项目和人才交流大会”为海外专业人士回国创业创造了机会。华专联还参与组织在华盛顿主办“北美中国论坛”，定期介绍、讨论和研究与中国以及中美关系有关的问题与最新发展。

在新世纪成立的美国华人社团中，美国华人收藏协会的作用引人注目。该协会是 2005 年 5 月 22 日成立的一个民间组织，自成立以来，它先后多次将流失海外的珍贵历史文物捐赠给祖国，为促进海内外的文物交流和中国文物回归作出了积极贡献。2008 年 5 月 31 日晚，美国华人收藏协会在屋仑市银龙酒家举行 3 周年会庆，同时为四川地震举办募捐赈灾筹款拍卖，将会员捐出的书画、陶瓷、邮票等全部拍出，筹得 5000 多美元捐往四川地震灾区，以表达美国华人收藏协会全体会员对四川灾区人民的爱心。

六、旅游为中美民间交往敞开大门

旅游是沟通中美关系的又一座桥梁。据统计，从 20 世纪 70 年代末到 1996 年，约有 500 万美国人来过中国，5000 多家美国公司在中国做生意。1995 年一年内就有 40 万美国人来华访问，16 万中国人访问美国。[①] 进入 20 世纪 90 年代以来，来华美国游客逐年增加，年接待量由 1990 年的 23.3 万人次增加到 1997 年的 61.6 万人次。1990—1997 年底，中国共计有组织接待美国旅游者 346.78 万人次。2004 年，美国访华游客达到 131 万人次，占入境游客总数的 7.7%，比 2003 年增长 59%。2004 年，中国公民首站赴美人数为 44 万，比 2003 年增长 28%。截至 2005 年 10 月，中国公民首站赴美人数已经超过上年全年，为 44.6 万人次，比上年同期增长 19%。[②]

2004 年 12 月 6 日，中国国家旅游局局长何光在华盛顿会见美国商务部副部长格兰特·奥尔多纳斯，双方就进一步推进中美两国旅游合作进行了友好坦诚的交谈，并签署了《旅游合作谅解备忘录》。何光指出，备忘录的签署将促进中美两国文化交流和经济发展，标志着中美两国旅游业的合作和交往进入一个新阶段。这是中美两国首次在旅游领域进行实质性对话。[③] 2005 年 1 月 15 日，美国驻华大使馆及四个驻华领事馆，以及美国驻世界各地的使领馆将为合格的临时赴美商务（B-1）或观光（B-2）的中国内地公民签发 12 个月多次入境签证。

2005 年，中美两国人员往来规模超过 200 万人次，中国公民出境首站前往美国的人数为 53 万人次，同比增长近 20%；中国接待美来华旅客 155.5 万人次，同比增长 19%。[④]

2007 年 5 月 24 日，美国运输部长彼得斯（Mary Peters）与中国民用航空总局局长杨元元在华盛顿达成美中航空协定，内容包括增加美国飞往

---

① 楚树龙：《冷战后中美关系的走向》，第 593 页。

② 《携手合作，共创中美旅游业的美好明天》，http://www.cnta.gov.cn/html/2008-6/2008-6-2-21-18-31-98.html。

③ 《中美签署旅游合作备忘录　美国将开放对华旅游》，http://www.usatrip.cn/newswebsite/infon/597.html。

④ 参见 http://news.xinhuanet.com/photo/2006-07/19/content_4856381.htm。

中国的航班、航点及航空公司数目，未来5年内中美航线将由目前的每天10个往返航班增至每天23个。

2007年10月，中国国家旅游局与美国旅游行业协会在美国夏洛特市联合召开“中美省州旅游局长合作发展对话”会议，双方签署了《构建中美旅游战略性合作框架倡议书》，中美旅游合作与交流的发展前景日益广阔。

2008年6月17日，美国首次对中国游客开放，美国政府及旅游业界对未来中国游客访美充满期待。为此，中国首批游客受到了美方的特别礼遇，原本不向一般游客开放的国会山，也成为首批中国游客参观的景点之一。当地时间19日傍晚，美国商务部部长古铁雷斯在游船上亲自对来自大洋彼岸的首批中国游客表示，此次中国旅游团队赴美旅游业务的开展，是中美旅游迈出的历史性一步，必将进一步促进中美两国人民在文化和历史方面的了解与交流，加深两国人民之间的友谊与合作。①

据美国驻华大使馆领事处领事安丽珊介绍，美国旅游对中国开放三个月以来，已有1400多位中国公民通过北京、上海、广州三地的领事馆得到了赴美旅游签证，150个旅游团赴美，赴美旅游的情况非常好。美国方面希望将中国公民赴美旅游的范围进一步扩大。这样，中美两国人民之间交往的渠道将会更加畅通，双方的了解也将进一步加深。

① 《中国首批访美游客进入国会山，美国高官做导游》，http://www.17u.net/news/newsinfo_54401.html。

结　　语

寻求中美关系的长期稳定

中美关系经历了三十多年的风风雨雨，发展到现在，现状究竟如何呢？

一、中美关系的基本面

第一，中美关系的基础在不断扩大。现在的中美关系与建交初期相比，甚至与20世纪90年代相比，一个明显的特征是内容丰富得多、范围宽广得多了。现在的两国关系已经远远超越了双边关系的范畴，有着越来越多的地区性和全球性的内涵。美国是最大的发达国家，中国是最大的发展中国家，中美两国都是安理会常任理事国，都对国际社会负有重要责任。在地区和国际上出现重大安全、经济问题时，中美两国应当对问题的解决起到重要的作用。责任随国力而增长。随着中国国力的增长，国际社会对她的期望也会增加，中国对地区和世界和平与繁荣的作用也会随之增加，这是很自然的事情。

冷战结束以后，非传统的安全威胁上升，包括：自然灾害与环境破坏、流行性疾病、有组织的跨国犯罪、恐怖主义、大规模杀伤性武器的扩散，以及现在各国正在面对的金融危机等。所有这些都是全球性的挑战，没有一个国家可以单独地应对，也没有一个国家可以独善其身。在应对所有这些挑战方面，中美两国都有共同利益。所以，中美两国共同利益的扩大是一个客观的事实。中美关系基础的扩大增强了两国关系抵抗风浪的能力，有利于两国关系的长期稳定。90年代初期人权问题拖累了两国关系，90年代中期台湾问题使两国关系跌入低谷。今后再出现类似的纷争，两国决策者就要考虑到整个的中美关系，考虑到两国在其他方方面面的合作和共同利益，因为某一个问题导致双边关系全面下降和冷却的可能性比过去减少了。

第二，两国关系越来越机制化。首先是首脑会晤机制化。从2001年乔治·沃克·布什总统入主白宫以来，两国首脑会晤了 20 次，互通电话 20 次，互致书信 40 多次。除了正式访问，凡有国际会议的机会，两国首脑必定进行会晤。他们可以就所有问题坦率地、开诚布公地进行讨论，不断增进了解，为两国关系的发展注入新的动力。其次是两国有各个方面的合作机制，如教育、科研、能源、环保、减灾等等。两国之间有多种联委会，如科技合作联委会、经济联委会、商贸联委会等。这些联委会的定期举行对于推动两国各方面的合作起了重要作用。它也能有效防止两国之间的分歧尖锐化，防止让这种分歧成为两国关系进一步发展的障碍。2006 年初，在美国关于对华贸易逆差、人民币汇率、知识产权保护问题炒得十分热闹，国会中的贸易保护主义明显上升，提出了种种针对中国的法案，贸易代表、商务部长等都发表讲话对中国施加压力。中国政府及时采取了有力措施，其中一项重要措施就是举行第 17 届商贸联委会。这次会议有效地解决了一些分歧，使另一些分歧得到缓解。

在两国的双边合作平台中，战略对话和战略经济对话尤其令人瞩目。战略对话从 2005 年发起以来已经进行了五次。它使双方能够就涉及中美关系的战略性、长期性、全局性的问题深入交换意见，加强两国在各领域的对话、协调与合作，为双方增进互信提供了一个很好的平台。战略经济对话的机制是 2006 年建立的，迄今已经进行了四次。双方超越了对短期经贸热点的简单关注，从战略高度对今后一段时间内两国经贸关系的发展进行综合思考，在诸多经济领域达成广泛共识，既产生了看得见、摸得着的成果，又有意义重大的对未来经贸关系的长远规划。所有这些机制化的做法使两国关系具有更多的可预测性，不会因为某些意外事件或人事变动而发生大的震荡。在过去，中美关系常常受到一种“周期率”的影响，即由于两国关系常常成为美国大选中两党争斗的焦点，成为“政治足球”，因此美国政府换届常常使两国关系受到损害，而在经过了与新政府一段时间的磨合之后，中美关系才又回复到正常轨道上来。克林顿政府和乔治·沃克·布什政府时期的情况都是这样。现在由于两国关系机制化的发展，中美关系受这种周期律影响的可能性降低了。

第三，中美关系是一对趋于成熟的双边关系。中美两国相互都曾经对对方有过不切实际的看法和想法。在 20 世纪 80 年代，许多美国人戴着玫瑰色的眼镜看待中国的改革开放，以为中国正在转变成西方式的民主社会，美国人期待已久的梦想就要实现了。北京政治动乱以后，许多美国人又从一个极端走向了另一个极端，把中国看得一无是处，甚至认为中国会像苏联一样崩溃。一些美国人则以为，既然中国的建设需要美国的市场、资金和技术，美国就可以以此为杠杆向中国施压，中国必然会在人权问题上就范，这才有把中国的最惠国待遇与人权状况挂钩这样一种既无道理、又无效果的做法。一些美国人还以为，可以动员国际社会来共同对中国施压，迫使中国在人权问题上做出让步，因此才有美国十一次向联合国人权委员会提出对中国人权问题的指控，自然每次都未获国际社会认同。在经过了所有这些尝试之后，美国人对中国、对中美关系的看法变得现实多了。反过来也是一样。现在中美两国互相都有了更多的了解，双方对对方的看法，包括对对方国内政治运作的了解，都比较符合两国的实际情况。两国之间虽然对一些问题还有不同意见，但可以做到求同存异，而两国之间的分歧不会从根本上妨碍它们的合作。这是两国关系趋向成熟的一个重要标志。

第四，两国在战略上和经济上的共同利益不断拓展。在双边关系方面的主要表现是在台湾问题上，反对和遏制“台独”、维护台海和平与稳定符合两国的共同利益，这一点在过去几年中表现得相当突出。在地区事务中主要表现在关于朝核问题的六方会谈上。在经济领域，有如上述，两国的共同利益和相互依赖表现得更加明显。在90年代，两国的经贸关系就是两国关系的稳定器；现在，经贸关系继续为两国关系的改善提供强大的动力。尽管两国经贸关系中也存在着一些问题，但其发展的势头是不可阻挡的。

二、两国之间的分歧

现在的中美关系并非晴空万里。实际上，仍然有一些比较根本性的问题阻碍着两国关系的发展。

首先，中美两国是两个社会制度和意识形态不同的国家，中国新时期的外交政策主张不以社会制度和意识形态来区分国家关系的亲疏远近，只有超越社会制度和意识形态的异同，普遍实行和平共处五项原则，才能发展正常的国家关系，增进国际合作，维护世界和平。[①] 但美国却依然强调价值观因素。布什政府把国家分成两类，一类是“民主国家”，一类是“非民主国家”。与“非民主国家”的关系建立在共同利益的基础之上，

① 田曾佩主编：《改革开放以来的中国外交》，世界知识出版社1993年版，第6页。

而与“民主国家”的关系是建立在共同的价值观念之上的，后者是美国“永恒的盟友”。推广民主和自由是美国外交的“首要任务”，“民主国家的建设是美国国家利益的急迫组成部分”。① 在对华关系中，布什政府也强调人权。2002 年 2 月布什访华时在清华大学的演讲中对中国的宗教信仰提出指责。② 2005 年 11 月布什出访东亚三国时在京都发表演说，还特地夸奖了台湾的民主。③ 这几年的一个突出问题是西藏问题。达赖是一个从事分裂祖国活动的政治和尚，但在美国却受到官方和民间非政府组织的广泛追捧。1979 年达赖第一次到美国活动，1991 年他第一次走访白宫，老布什总统在白宫的住处会见了他。此后，达赖多次到美国活动，多次受到美国总统的接见，美国国会更屡次通过决议对他表示支持。2007 年 10 月中旬，布什不顾中国方面的坚决反对和多次交涉，在白宫私人会客室会见达赖喇嘛，出席国会向达赖颁奖的仪式，并说“美国人民无法对宗教压迫的苦难熟视无睹，或无动于衷。这是我将继续敦促中国领导人欢迎达赖喇嘛访问中国的原因”。④这是无视西藏的现实，是对中国内政的粗暴干涉。布什和国会的行为受到美国一些主流报纸的追捧，认为这“既对达赖表示尊重，也彰显了美国价值观”。美国的一些智库和学者也在推动“建立一个法治下的自由世界”，也是强调价值观因素。⑤ 2008 年 7 月，布什来北京出席奥运会开幕式之前，还在华盛顿接见了热比亚、魏京生、吴弘达等臭名昭著的人权活动分子。

其次，美国是当前唯一的超级大国，美国政府的对外政策目标是不允许任何一个国家挑战美国在地区和全球的霸权地位。因此，美国对于中国的发展总是疑虑重重，生怕中国的发展会削弱美国在东亚的存在，甚至会影响美国在全球的地位。这种疑虑在美国官方文件中表达得很清楚。

---

① Condoleezza Rice, “Rethinking the National Interests—A”, *Foreign Affairs*, January/February 2008, pp. 9 –10.

② “President Bush Speaks at Tsinghua University”, February 22, 2002.

③ “President Discusses Freedom and Democracy in Kyoto, Japan”, http://www.whitehouse.gov/news/releases/2005/11/20051116 –6.html.

④ Stephen Collision, “Bush Defies China in Public Meeting with Dalai”, October 18, 2007. French News Agency.

⑤ 参见 John Ikenberry and Anne – Marie Slaughter, co – ed., *Forging A World of Liberty under Law*. The Princeton Project on National Security. The Woodrow Wilson School of Public and International Affairs, Princeton University.

2001 年 9 月《四年防务评估报告》在讲到地区安全态势时说："在亚洲维持一种稳定的平衡是一项复杂的任务。存在着一种可能性，一个拥有巨大资源基地的军事竞争者将出现在这个地区。东亚沿岸，从孟加拉湾到日本海是一个特别具有挑战性的地区。"① 这里说的"竞争者"当指中国无疑。如果说，这个报告是在"9·11"以前已经准备好的，那么在以后美国的一些文件中，在每年国防部发表的关于中国军力的评估报告中，对中国的疑虑则表现得更加坦率和明显。佐利克 2005 年 9 月 21 日讲话中也提到："对美国和全世界来说，一个根本问题是，中国将如何运用自己的影响力？"接着，他列举了美国人对中国的种种担心，从重商主义到中国军事现代化不透明。② 在 2006 年发表的新的《四年防务评估报告》和白宫《国家安全战略报告》中，美国一方面继续表示"欢迎中国成为和平的繁荣的大国，一个与美国合作来应对共同挑战的大国"，"两国之间的共同利益能够指导我们在反对恐怖主义、大规模杀伤性武器的扩散和能源安全等问题上的合作"；同时又对中国军事发展"不透明"、"锁定"能源供应、"支持资源丰富的国家而不顾其国内的弊政"等做法表示不满。③《四年防务评估报告》在论述中国军力的部分称："作为一个主要的新兴的大国，中国最具有与美国进行军事竞争的潜力；如果美国没有反制措施，中国很可能发展破坏性军事技术，从而打破美国在传统武器方面的优势。"④ 为了加强对中国的防范和牵制，美国采取的一项措施是进行军事部署的调整，增强在太平洋的兵力，60% 的潜艇向太平洋转移，11 艘航母中至少有 6 艘要能随时在太平洋地区展开作战，不断增强关岛的军事力量，计划把关岛建设成为西太平洋地区的"战略堡垒"。另一项措施是加强驻日美军力量，加强美日军事一体化，把冲绳基地建成美国在海外的一个主要军事指挥中心。

第三，中美两国在台湾问题上的分歧。如前所述，近年来中美两国在反对和遏制法理"台独"、维护台海稳定方面做出了共同努力。但无论从

---

① Department of Defense, *Quadrennial Defense Review Report*, September 30, 2001, p. 4.

② "United States Urges China to Be Responsible World Citizen. States's Zoellick Says U. S. – China Cooperation Benefits Both Partners, the World", pp. 3 – 4. http://usinfo.state.gov/eap/Archire/2005/Sep/22 – 290478.html.

③ The White House, The National Security Strategy of the United States of America, March 2006, pp. 41 – 42.

④ Department of Defense, *Quadrennial Defense Review Report*, February 6, 2006, pp. 29 – 30.

眼前还是长远来说，两国在台湾问题上都存在着分歧。

眼前的主要问题是美台之间的军事合作与美国售台武器，这是两国尤其是两军发展关系、增进互信的最大障碍。从长远来说，美国有《与台湾关系法》，有对台湾的所谓“安全承诺”，而且在可预见的将来这个国内法还会继续存在。

中美两国在台湾问题上的目标是不同的。对于中国来说，实现台湾回归、完成祖国统一大业的目标是坚定不移的，这是21世纪中国要实现的三个伟大历史任务之一。

美国对台湾的政策目标则有四种不同意见。主流意见是，美国对于最后如何解决台湾问题没有预设立场，美国所关心的是解决过程必须是和平的，最后的解决办法必须是两岸共同接受的。也就是说，美国的政策是只问过程，不问结果。① 这是从尼克松访华以来历届美国政府公开宣布的政策，是美国主流的观点。但在中国对此却存在着广泛的怀疑，认为美国不会轻易放弃台湾，会长期利用台湾问题来牵制中国，即实行“以台制华”的方针。②

在美国另外还有两种很不相同的观点。极端保守派人士提出，美国的一个中国政策是在1972年尼克松访华时提出的，当时海峡两岸都认为只有一个中国，台湾是中国的一部分；现在的形势与当时很不相同，在台湾很多人不认为只有一个中国了，美国当时提出的一个中国的政策框架已经不再适用，这个政策现在“既不反映台湾的形势，也不反映美国的利益和价值观”，美国要重新思考“一个中国”问题。国会众议院中“台湾连线”的一些头面人物甚至主张与台湾“重新建立外交关系”。③ 这部分人数量极少，对美国政策也没有什么影响，他们的主张无非是制造一些噪音而已。另一种意见认为，台湾对美国具有战略上的重要性，一旦中国控制了台湾，“中国将能在冲突中有效阻止美国及其盟国进出关键的海上航道，并能让中国人民解放军的势力深入亚太地区”。他们鼓吹全面提升美台关系，加强与台湾的军事关系，改善台湾的武器装备，尤其是不要把与台湾

---

① 采访卜睿哲。尼克松1972年月访华时即已表示，美国支持任何和平解决台湾问题的方案。见陶文钊：《冷战后的美国对华政策》，重庆出版社2006年版，第68页。

② 参见钱其琛《外交十记》，第396—397页。

③ John J. Tkacik, Jr., *Rethinking "One China"*, Heritage Foundation, 2004, p. 17 and others.

的关系置于美中关系的框架之中，而要把它分离出来，实际上是实行“一中一台”的政策。[①] 这是要从根本上颠覆从两国关系正常化以来美国处理台湾问题的政策框架。这派意见是可能对政策产生影响的。2008 年共和党竞选纲领在讲到亚太地区时，先讲了美国的盟国日本、韩国、澳大利亚等，然后讲到印度、巴基斯坦，接着就是台湾，然后是中国，台湾与中国是分别叙述的。在“台湾”这一部分没有提到“一个中国”政策，却两次提到《与台湾关系法》，并称美国对台湾的政策“必须以《与台湾关系法》的条款为基础”，所有问题都必须和平解决，“如果违反这些原则，美国将根据《与台湾关系法》帮助台湾自卫”。[②] 从这个党纲中可以清楚看出这些保守派学者的影响力，所以他们的动向值得关注。

另一派学者表达了非常不同的意见。他们认为，美国并没有把台湾当成不可或缺的战略资产。台湾与中国大陆的统一固然可能给美国带来战略上的负面影响，比如使中国加强海空军力量的投放能力；一个更强大的中国自然会在其利益诉求方面表现得更加自信，而不管这种诉求是否与美国利益相符；也可以使中国把现在用于两岸关系上的资源转用于别的方面；但统一也消除了美中关系中的一个爆炸点。如果台湾选择与大陆统一，美国是很难加以阻止的，不论是通过军售或是通过民主化都难以阻止。只要是在台湾人民可以接受的条件下达成两岸和解，美国应该可以接受。[③]

后两种观点还不是主流的看法，但它们对以后的美国对台湾政策可能产生某些影响，值得我们关注。由于存在着这些分歧，我们对中美关系要有一个现实的期望值。也就是说，在可以预见的未来，中美关系不可能发展成如同美国与其盟国那样的关系。

三、牢牢把握两国的共同利益

回顾三十多年来的中美关系，我们看到，两国关系虽然经历了许多风雨，走过了坎坷的道路，但总的说来是向前发展的。其根本的原因就在

---

① Dan Blumenthal and Randall Schriver, Strengthening Freedom in Asia. A Twenty – First Century Agenda for the US Taiwan Partnership （ Report of Taiwan Policy Working Group）, February 2002, pp. 3, 6 – 7, 14.

② 2008 Republican Platform, p. 10.

③ 较早提出这种观点的是乔治大学教授唐耐心。见 Nancy Tucker, “If Taiwan Chooses Unification, Should the United States Care?” *The Washington Quarterly*, Summer 2002, pp. 17 – 27。前美国在台协会驻台北办事处主任、现任卡内基基金会中国中心主任包道格最近也表示了这种看法。《参考资料》2008 年 7 月 7 日，第 15 页。

于，和则两利，斗则两伤；改善两国关系是符合两国共同利益的，损害两国关系则是违反两国共同利益的。

一个国家的外交政策服务于它的国家利益。从根本上说，国与国之间的关系是建立在两个国家的共同利益基础上的。只有符合各自国家利益的国际关系才能得到本国人民的拥护，才能持久。国家利益既是客观的，又是主观的。它是客观存在的，无时无刻不以有形和无形的方式表现在国家的主权和领土完整、国家的安全、人民的经济福祉、文化生活等方方面面。但它又是主观的，需要由决策者加以判断和认定，并用一定的标准进行衡量。自《上海公报》发表以来，中美关系的历史就是两国不断确认共同利益的历史。每当两国都认定中美关系符合各自国家利益时，两国关系就改善、就发展；相反，每当有一方对此产生怀疑或否定，中美关系就倒退、就会颠簸不稳。冷战结束后的情况就是一个明显的例子。由于冷战的结束，美国失去了 40 多年的主要战略对手（苏联），这导致美国安全战略框架的解体和美国总体外交政策的迷惘和混乱，中美关系也进入一个不稳定的时期，其根本原因就是美国决策者和政界、学界人士对中美两国还有没有共同利益、中美关系对美国有多少重要性产生了怀疑。克林顿就任总统后对中美关系的认识比较肤浅，在他任期的头三年，中美关系实际上处于一种“漂浮期”。而中国领导人一再强调中美两国的共同利益。1993 年 11 月，江泽民主席在出席西雅图亚太经合组织（APEC）领导人非正式会议时与克林顿会晤。江泽民在阐述了人类面临的和平与发展两大主题后强调：“在这些重大问题上，中美是有共同利益的。中国不搞军备竞赛，不搞军事集团，不会对美国的安全构成威胁。相反，如果中美增加信任，可以在世界上做些事情。”“国际形势有了变化，但中美在许多问题上有着共同利益这一点并没有改变。”他还针对当时双方的一个争论焦点说：“最惠国待遇不是单方面的给予，更不是一种恩赐，而是对双方都有利的，应该继续下去。”① 克林顿政府在实践中逐渐认识到了这一点，并相应地调整了对华政策。② 1997 年 10 月 24 日（江泽民访问美国前夕），克林顿在“美

---

① 江泽民：《把一个和平繁荣的世界带到二十一世纪》，载《江泽民文选》第 1 卷，人民出版社 2006 年版，第 333—334 页。

② 刘连第编著：《中美关系的轨迹——1993 年—2000 年大事纵览》，第 93 页；江泽民：《当前国际形势和我们的外交工作》，载《江泽民文选》第 2 卷，人民出版社 2006 年版，第 203 页。

国之音”就中美两国共同利益发表长篇演讲，这是美国总统第一次这样全面、系统地阐述中美共同利益。[①] 这表明，中美关系发展的实践已经使克林顿对两国的共同利益有了比较深刻的认知。

美国是一个高度多元化的社会，克林顿政府的认识未必代表得了共和党人。得克萨斯州州长乔治·沃克·布什及其团队在竞选中就不赞成建立中美“建设性战略伙伴关系”的说法，认为中国是美国的“战略竞争者”，至少也是“竞争者”。赖斯在一篇名为《促进国家利益》的文章中写道：“中国不是一个‘现存的’大国，而是一个试图改变亚洲力量的均势并使自己得到好处的大国。仅凭这一点，它就是一个战略竞争者，而不是克林顿政府所称的‘战略伙伴’。”[②] 这说明，当时布什及其团队在中美两国共同利益的认定方面是有偏差的。

形势比人强。中美两国的共同利益是客观存在。小布什执政以后，在处理中美关系具体问题时，尤其是当面对地区和国际问题需要中国合作时，也就真实地体会到了与中国的共同利益。2001 年 10 月，中美“建设性合作关系”的提出正式表明两国领导人对两国的共同利益达成了共识。2002 年 2 月，布什在访华时表示，美国政府期望在各个领域扩大和加强与中国的合作，这不仅对美中两国有利，对维护世界和平与促进合作都是十分重要的。[③] 这再次表示了他对两国共同利益的确认。后来，赖斯国务卿不止一次地称中国是美国的“全球伙伴（global partner）”，[④] 从而表明中美两国的共同利益是在不断扩大和增进。最近，在美国大选中，民主、共和两党候选人奥巴马和麦卡恩也都认同两国的共同利益，都表示要与中国合作共事。[⑤] 因此，从总体上说，我们对于 2008 年大选后中美关系继续保持稳定是有信心的，对于中美关系的长期稳定也是可以谨慎乐观的。

---

① William J. Clinton, “Remarks to the Asia Society and the United States – China Education Foundation Board”, Public Papers: Clinton, 1997, October 24, 1997, pp. 1424 – 1429.

② Condoleeza Rice, “Promoting the National Interests”, *Foreign Affairs*, January/February, 2000, p. 50.

③ 《人民日报》2002 年 2 月 22 日。

④ 2008 年 6 月 29 日，赖斯在访问中国时举行的记者招待会上说：“我们之间（中美两国）有分歧，但这些分歧没有模糊一个非常重要的事实。这个非常重要的事实就是，美国与中国就是必须合作共事，如果我们要解决我们在国际社会中面临的许多挑战的话。” http://www.aerica.gov/st/peacesec – english/2008/June/20080630132640abretnuh0.8307611.html.

⑤ 如见两人为中国美国商会写的文章：“U. S. -China Relations under an Obama Administration”，“U. S. -China Relations under an McCain Administration”。